L'AMPHITHEATRE SANGLANT

OV SONT REPRESENTEES
PLVSIEVRS ACTIONS
Tragiques de nostre temps.

Par I. P. C. EVESQVE
de Belley.

A PARIS,
Chez IOSEPH COTTEREAV, ruë
S. Iacques à la Prudence.

M. DC. XXX.
Auec Priuilege du Roy.

L'AVTHEVR
AV LECTEVR.

EN cet Amphitheatre Sanglant où sont representées plusieurs Actions Tragicques de nostre siecle. Vous ne verrez autre chose, Lecteur, qu'vn ramas de quelques Occurrences funestes que i'ay triées dans la masse de plusieurs autres que i'ay remarquées dans mes Memoires. En cela ie marche apres les pas de François de Belleforest & de François de Rosset qui ont auparauant moy escrit des Histoires tragiques auec vn succés assez heureux. Mais si i'imite leur forme, ie ne touche nullement à leur matiere; car ie ne mets point le ciseau sur des estoses que d'autres ont desia taillées, les

ã ij

Euenemens que ie descris estants presque tous nouueaux & qui n'ont point encore esté diuulguez. Si ceux-cy te sont agreable i'en ay encore d'autres que ie te presenteray sous diuers tiltres. Ie ne m'arresteray point à te faire voir les vtilitez qu'apportent au public les Narrations des suiets tragiques, veu qu'elles sont aussi euidentes que la lumiere du soleil en plein midy. Le monde est le Sanglant Amphitheatre de semblables Actions qui arriuent tous les iours deuant nos yeux & qui sont d'autant moins remarquées qu'elles nous sont plus familieres. Il en est de ceux qui considerent les actiōs humaines auec attention comme de ceux qui cōtemplent les œuures de la nature auec vne speculation particuliere; car comme ceux-cy descouurent mille secrets que le vulgaire ignore encore qu'il les voye aussi bien qu'eux. Ceux là de mesme remarquent dans ce qui se passe dedans le mōde beaucoup de choses signalées & capables d'occuper les esprits qui ne sont nullement apperceuës par ceux qui ne les enuisagent que superficiellement. Les Anciens qui ont amusé les peuples par les Spectacles des Theatres, ou se representoient des Actions tantost Tragiques, tantost Comiques, en faisoient vn mystere Politique non seulement pour recreer la populace, mais pour imprimer dans les esprits des spectateurs l'horreur du mal, & le desir du bien par les divers succés de la Vertu & du vice. Et à dire la verité toute la Morale roulant sur ces deux Poles, la fuitte de ce qui est mauuais, & la suitte de ce qui est bon; il n'y a point de doute que l'exemple soit leu, soit representé, a vn grãd aßendat de persuasion sur les esprits. Et c'est la raison principale qui faict que l'on punit en public & à la veuë de tout le monde les criminels que l'on condamne au supplice, afin que leur punition serue de frein aux meschans & donne vne sainte horreur des crimes qu'ils ont commis & qui ont attiré de tels cha-

ã iij

stimens sur leurs testes. Et comme le monde est composé de plus de meschans que de bons, il est besoin de donner de la crainte & de la terreur à ceux-là par la veuë des peines que les loix ordonnent & font souffrir à ceux qui s'escartent de leur deuoir. C'est le but ou visent les Histoires funestes representées en cet Amphitheatre dont tu vas estre le Spectateur. Face le Ciel que par leur veuë soient destournez du precipice des malheurs, ceux qui se laissent emporter aux aueugles mouuemens de leurs passions desreglees.

TABLE
DES HISTOIRES,
LIVRE PREMIER.

I.	L'Auare infortuné.	1
II.	L'Infidele chaſtié.	16
III.	La ſanglante Chaſteté.	33
IV.	Les iniuſtes Parens.	50
V.	La Fin miſerable.	66
VI.	L'Innocente Egyptienne.	85
VII.	La Confeſsion reuelee.	106
VIII.	Le faux Amy.	118
IX.	Le Parricide mal-heureux.	129
X.	Le Puant Concubinaire.	148
XI.	La Tardiue Repentance.	162
XII.	La Couſtillade.	178
XIII.	La Iuſte Douleur.	191
XIV.	L'Inconſtant Attrapé.	204
XV.	Le Pere Maudiſſant.	217
XVI.	L'Amant Deseſperé.	228
XVII.	La trahiſon Renuerſée.	241

LIVRE DEVXIESME.

I.	L'Inepte Vanterie.	255
II.	L'Esprit Partagé.	270
III.	Le Rauisseur Ingrat.	281
IV.	La Princesse Ialouse.	297
V.	La funeste Supercherie.	310
VI.	La Genereuse Vengeance.	319
VII.	Le Tesmoignage du Sang.	328
VIII.	L'Intemperance Precipitée.	337
IX.	La Mortelle Amour.	349
X.	L'Enfant Desbauché.	360
XI.	L'Impudent Adultere.	392
XII.	Le Despit Inconsideré.	402
XIII.	La Belle Mort d'vne Beauté.	422
XIV.	Les Deux Poisons.	430
X.	La Fortune Infortunée.	437
XVI.	La Promte Credulité.	452
XVII.	Le Violement.	467
XVIII.	L'Intrigue Funeste.	484

AMPHI-

AMPHITHEATRE SANGLANT.
LIVRE PREMIER.

L'Auare Infortuné.

HISTOIRE I.

NTRE les beaux & riches fleuues dont la France est arrosée, la Garonne tient vn rang principal, à la teste & à la fin de son courant elle est ornée de deux grandes Citez, Tholose & Bourdeaux, & sur ses riuages on ne void

que Villes & Bourgades qui l'embellissent de tous costez. Parmi les vallees & les campagnes baignées de cette fameuse riuiere on ne rencontre que des maisons de Noblesse, & des peuples tellement nez à la guerre que Mars prend quelquefois cette contree pour la Thrace, parce que les hommes y naissent soldats & comme enuironnez de flamme & de fer. En ces quartiers là nasquit le Gentilhomme dont l'auarice infortunée fera l'ouuerture de cet Amphitheatre Sanglant. Son nom sera Crispian, dont nous nous seruirons comme d'vn crespe pour voiler sa renommée sans perdre le fruit que nous pouuons retirer de son funeste exemple. Son pere le laissa vnique en son sexe auecque deux sœurs à qui il legua par testament dix mille escus de dotte pour chacune, instituant Crispian pour le reste son heritier vniuersel. Les amples facultez qu'il recueillit de cet heritage ne purét estancher sa soif, il tascha de les augmenter en espousant vne femme fort riche appelée Eugenie, & pour engloutir encore les biens de ses sœurs il taschoit par toutes sortes d'inuentions de leur persuader de se ietter dans des Cloistres. Voyant que ses industries ne seruoient de rien & que ces vocations là qui deuoient venir du ciel n'estoient point reuelées par des raisons de chair & de sang, il vsa de tant de rigueurs & de mauuais traittemens enuers elles que Marthe la cadette pour auoir la paix & ne pouuant plus resister à tant de tempestes se resolut en fin de suiure l'inclination de son frere & pour luy complaire de prendre l'habit Religieux. Crispian composa auec le Monastere pour la reception de sa sœur & en tira le meilleur marché qu'il pust, l'an du Nouiciat estant passé Marthe fit profession, mais auparauant elle fit vn testament par ou elle faisoit heritiere sa sœur Spinelle son aisnée, non seulement en haine de son frere qui l'auoit si mal traittée: mais parce qu'elle le voyoit assez riche, & que d'ailleurs aymant sa sœur elle souhaittoit de la voir plus auantageusement pourueuë. Crispian qui pensoit que les Loix le fissent heritier se contenta de payer ce qu'il auoit conuenu auecque l'Abbesse qui estoit enuiron quinze cens escus, s'attribuant le reste des dix mille escus cóme s'il en eust esté le Maistre. De là neantmoins à quelque temps le testament parut & Spinelle voulut iouyr de cet auantage, son frere surpris de cette nouuelle non attenduë la tient pour vn affront, s'en prend à celle qui ne demandoit rien que de iuste & qui ne faisoit que recueillir la bonne volonté que luy tesmoignoit celle que les mauuais traittemens de Crispian auoient comme trainée dans le Cloistre. Au lieu de se conduire doucement en cette occurrence la colere animée de son auarice le porte à outrager sa sœur de fait & de parolle: car non content de luy auoir dit toute sorte d'iniures sans considerer que la honte de sa sœur reiallissoit sur son propre visage il la frappa cruellement, & de là en auant la tempesta auecque tant de rigueur qu'elle fut contrainte de s'enfuir chez vn de ses parens, & de faire authoriser sa retraitte par la Iustice. Cela dépluſt extremement à Crispian qui pensoit par ses violences ranger aussi bien celle-cy à son point qu'il auoit fait l'autre. Estant donc sous la conduitte de la femme d'vn de ses cousins dame fort honorable, mais dont la ieunesse ne prenoit pas grand ascendant ny authorité sur Spinelle, aussi-tost se voyant pleine de

A iij

biens, (car elle fit declarer bon en iugement le testament de sa sœur, son frere estant neantmoins conserué en la qualité de tuteur iusques à ce qu'elle fust mariee) elle ietta les yeux sur diuers partis, comme aussi plusieurs poursuiuans attacherent leurs pretensions sur elle. Crispian qui la voyoit eschapee de sa suiection se mit dans les artifices pour tascher de dissiper toutes ces recherches, & d'effect il en escarta vne grande partie, tantost par de faux rapports, tantost par prieres, tantost par menaces, mais comme il est mal aisé de chasser tout à fait les mouches d'vne cuisine, ou la fortune fait reluire des commoditez il est difficile que ceux qui pretendét de s'en enrichir s'en d'espartent. Entre les autres qui perseuererent en leurs poursuittes malgré les oppositions, les ruses & les violences de ce frere, Sidoine cadet de bonne maison, mais cadet de Gascogne, c'est à dire, plus chargé de valeur que de vaillant, fut vn des principaux. Il ne s'estonna point pour les menaces parce qu'il estoit fort adroict aux armes & plein de courage, le desir de s'auancer par ce grand mariage le pressoit, le bon accueil & le gracieux visage que luy tesmoignoit Spinelle esleuoit ses pensees & enfloit ses esperances, & certe il ne se trompa pas en l'opinion qu'il conceut qu'elle luy vouloit du bien plus qu'à aucun de ses Riuaux; car dans peu de iours il entra si auant dans ses bonnes graces que ce feu qui ne se peut cacher dans le sein se manifesta, & sortant par la bouche de Spinelle il apprit quelle part il possedoit en ses affections. Sans m'arrester à despeindre la naissance ny le progrez de cette amitié qui ne pouuoit estre que iuste puis qu'elle auoit le mariage pour visée, ie me contenteray de dire que Spinelle declara

A iiij

quelle preferoit Sidoine à tout autre & quelle desiroit l'auoir pour mary. Aussi-tost Crispian s'oppose à ce desir de sa sœur & à la recherche que ce cadet faisoit à camp ouuert, & pour l'empescher il allegue la pauureté de Sidoine comme estant vn party inegal aux richesses de sa sœur, il se sert de la Iustice pour obtenir des deffences, il y auoit du credit parce qu'Eugenie sa femme estoit fille d'vn Magistrat fort authorisé dans sa compagnie. Cependant la difficulté accroist la flamme des deux Amans, comme l'eau des forgerons augmente l'ardeur de leur braize, plus on leur contredit la communication plus ils se voyent plus fortement il nouent leurs affections, & plus subtilement pratiquent ils des intelligences, Sidoine à ce qu'on tient ayant gaigné l'esprit de cette cousine qui auoit la conduitte de Spinelle auoit par son moyen l'accez libre vers sa Maistresse bien que ce fust dans les termes de l'honneur. A la fin voyans qu'ils ne pouuoient desmesler les nœuds des difficultez que Crispian faisoit naistre tous les iours au moyen de la chicane pour empescher leur mariage. Ils se resolurent à vne fuitte, se promettant que les nopces estant faittes & le mariage consommé ils rameneroient en fin Crispian à la raison, & au pis aller qu'ils composeroient auecque luy de l'heritage de Marthe. La ieunesse aueuglee d'amour se laisse assez facilement aller aux desirs de son cœur & se promet des roses de facilité où les espines des difficultez se trouuent sans nombre. Ils ne furent pas plustost escartez que Crispian prend cette occasion aux cheueux pour crier au rapt pour faire faire le procés à Sidoine & reduire sa sœur dans vn Cloistre comme estant deshonorée apres auoir fait declarer le mariage nul comme fait par fraude & clandestinement, on luy fait parler d'accord, on luy offre la carte blanche, mais son extreme auarice l'aueuglant il ne voulust iamais se relascher de rien, son beau-pere mena l'affaire si dextrement qu'il fait declarer le mariage de nul effect & condamner Sidoine comme rauisseur à perdre la teste, ce qui ne fut executé qu'en effigie, & pour Spinelle quelle seroit iettée dans vn Monastere comme ayant consenty à son enleuement au preiudice des deffences qui luy auoient esté faittes d'espouser Sidoine. Que pouuoit desirer dauantage Crispian, mais souuent la fortune esleue au plus haut ceux qu'elle veut precipiter au plus bas de sa rouë. Il ne se contente pas d'auoir obtenu ce qu'il souhaitte son auarice passe dans la cruauté, il est bien aise que sa sœur demeure en vn perpetuel exil pour espargner ce qui luy couteroit à l'entretenir dans vn Cloistre, il va plus outre & veut que l'infamie de Sidoine dure long temps, estant marry que les parens & les amis de ce Gentilhomme eussent durant la nuict osté le tableau de son supplice du lieu public où il auoit esté attaché, il y en fait mettre vn autre & il entretient des gardes durant la nuict pour empescher qu'on ne l'enleue. Les parens du condamné s'en offencent, & apres auoir fait prier Crispian d'accoiser sa colere & de moderer sa rigueur, sans auoir rien auancé sur ce farouche courage ils deliberent de s'assembler de donner la fuitte aux gardes & d'arracher cet infame portraict qui deshonnoroit toute leur race & exposoit leur nom à l'opprobre. Ce qu'ils entreprennent ils l'executent, mais le mal heur voulut que les Archers qui estoient en garde se mirent en deffence, & vn ieune

Gentil-homme appelé Eleazar cousin de Sidoine en coucha un sur le carreau. Crispian fait aussi-tost informer & à l'aide de son beau-pere fait une si chaude poursuitte contre Eleazar qu'il le fait condamner à la mesme peine que Sidoine il l'euita par sa fuitte, & son effigie fut mise en une mesme potence auprés de celle de Sidoine. Eleazar ayant appris cet affront se resolut de s'en vanger à quelque prix que ce fust, il fait appeler Crispian qui faisant semblant d'aller au lieu de l'assignation y fait mettre des Archers en embuscade pour prendre Eleazar, lascheté indigne d'un homme de sa naissance. Comme ils sont en presence ceux qui estoient aux embusches paroissent, alors Eleazar se voyant trahy & sans moyen d'euader un peril si manifeste & en suitte une mort infame entre de fureur sur Crispian & l'appelant traistre & perfide luy donne vn coup de defesperé, luy paffant l'efpée au trauers du corps & s'enferrant foy-mefme dans celle de fon ennemi, Crifpian mourut à l'inftant & Eleazar fut pris blecé à mort, & mené dans la prifon en ce fanglant equipage, fon procés eftoit tout fait, fon crime redoublé par ce duel, le beau-pere de Crifpian picqué de la perte de fon beau fils fit vne fi chaude pourfuitte que le lendemain Eleazar perdit la tefte fur vn efchafaut. Crifpian laiffa vn fils & fa femme enceinte, qui à la nouuelle de la mort de fon mary tombant de fa hauteur toute efuanouye fe bleffa de telle forte que dix iours apres elle accoucha auant terme d'vn enfant mort qui la traina incontinent apres au fepulchre, le beau-pere prit le foin & la tutelle de celuy qui reftoit, mais elle fut de peu de duree. Pendant ce temps-là Sidoine & Spinelle tafcherent de s'accommoder auecque ce tuteur pour mettre fin à la misere de leur exil, mais soit qu'il fust outré de la mort de son gendre & de sa fille, soit que l'ardeur de posseder tant de biens luy eust donné la mesme passion qu'auoit euë Crispian, il ne voulut iamais ouïr parler d'accord. Cependant Sidoine s'estoit sauué auecque Spinelle dans les Pyrenees, & de là dans la Nauarre ou ayant pratiqué quelques intelligences pour le seruice du grand Henry (car ce fut sous son regne qu'arriua cette Occurrence Tragicque) il obtint pour ses seruices & par la faueur de ses amis sa grace de ce Monarque tres-clement, grace qui le remit en son honneur & Spinelle sa femme en ses biens. A peine furent-ils de retour au païs pour recueillir le fruict de cette grace, que le fils qu'auoit laissé Crispian mourut entre les bras de son grand pere qui fut contrainct malgré toutes les chicaneries de lascher cette grande succession qu'il deuoroit en pensee, & de la voir venir à celle qui y estoit appelee par les Loix & la nature. Ce n'est pas à nous d'entrer dans les secrets de la Prouidence: mais s'il est permis de faire des coniectures raisonnables sur les euenemens il me semble que l'auarice de Crispian est le suiet fondamental de toutes ces infortunes, & que Dieu qui punit l'iniquité des peres sur les enfans a fait sentir sa Iustice à sa posterité. Cet impitoyable frere ne meritoit pas vn moindre chastiment pour auoir esté si cruel à ses sœurs qui estoient sa chair & son sang propre. La trahison aussi qu'il auoit brassee contre Elzear ne meritoit pas vn moindre chastiment, puis que Dieu a en abomination les hommes trompeurs & sanguinaires. O combien il est vray que toutes les voyes de Dieu sont Misericorde &

Iustice. Voyez-vous celle-là sur Spinelle, & celle-cy sur Crispian. Les yeux du Seigneur sont sur les iustes pour les tirer de tribulation, & son visage sur ceux qui font mal pour effacer leur memoire de la terre.

L'Infidele Chastié.

HISTOIRE II.

Egnoit en cette Monarchie ce rare & vertueux Prince que ses merites auoient fait eslire & esleuer sur le trosne de la Pologne auant qu'vne legitime succession l'appelast sur celuy de la France lors que Formose Cheualier principal & qui auoit de belles charges en la Cour de Charles Neufuiesme y fut continué sous le regne de Henry Troisiesme

L'Infidele Chastié.

Troisiesme son successeur. Il estoit de ces Mars qui ont tousiours quelques Venus dans la fantaisie. Mais en fin cette volage humeur qui luy auoit fait brusler les aisles de ses desirs a tant de diuers flambeaux qui brilloient à la Cour, estant aucunement passée il arresta ses vœux sur Mandalis l'vne des belles filles de son temps, & qui eust esté vne perle inestimable si elle eust pû conseruer l'honneur auecque la beauté. Sa vertu au commencement la rendit de difficile accés à Formose, mais s'il n'est point de si farouche animal qui ne s'appriuoise à la fin par vn doux traittement beaucoup plus facilement se pourra vaincre, le courage d'vn sexe qui est né pour la douceur & nourri dans la mignardise & la delicatesse. L'eau qui est si molle caue la pierre qui est si dure, non par la force, mais par vne cheute cõtinuée, l'assiduité des seruices de For-

B

mose amollit en fin le cœur de Mandalis qui perdit peu à peu cette iuste rigueur qui sert de bouclier à vn chaste ouurage. Ce Cheualier estoit vn parti si auantageux pour elle que pour faire vne telle conqueste elle estima qu'elle deuoit mesler ses attraits auecque toute sorte d'honneste condescendance de peur d'effaroucher & de chasser cet oyseau qui venoit donner de luy mesme dans ses filets, heureuse si elle en fust demeurée à ces termes, mais en voulant prendre elle fut prise, & le voulant surprendre auec artifice elle se laissa tromper tout naïfuement. Formose estoit de ces galands de la Cour qui chassent de haut vent, & qui ne prenans alliance que par ambition & pour appuyer leur fortune ne se laissent pas ordinairement attraper par les yeux. Ce rusé ayant remarqué aux regards, aux gestes & aux parolles de Mandalie qu'il estoit bien auant dans son ame & quelle le desiroit passionnement pour mary, commença à tendre ses rets pour la posseder comme ami ne manquant pas d'accortise & de soupplesse pour arriuer à ce dessein. Apres auoir donc fait autant prendre de ce doux poison que l'on appele aymer à cette fille, qu'auparauant pour elle il en auoit humé par les yeux, il luy fut aisé de faire passer en sa creance ses fausses promesses pour de veritables oracles; car qu'est-ce que la folie d'aymer ne persuade à vn cerueau qui en est attainct, elle luy parle, elle l'escoute, elle reçoit de ses lettres & luy fait des responces, elle consent qu'il luy parle à secret, à l'escart, à des heures tenebreuses, elle luy permet au commencement toutes les libertez qu'il eust pû desirer son honneur estant conserué, mais qui n'en presageroit la ruine parmy tant de priuautez, qu'eſt ce que la nuict, la ieuneſſe, & la paſſion peuuent auoir de moderé, ſi d'vn coſté Formoſe la preſſe de luy accorder ce que les amans ſouhaittent auecque plus d'ardeur, elle luy oppoſe ſon honneſteté & le coniure s'il veut cueillir cette fleur que ce ſoit dans le partere du mariage, Formoſe luy iure & luy proteſte par millē ſermens qui ne valent pas vn bon ouy, qu'il n'a point d'autre intention mais que ſes affaires ſont pour lors en tel eſtat qu'il ne peut l'executer ſi promptement, & d'autre part ſa paſſion ſi vehemente que s'il ne la guerit par le violent & dangereux remede de la poſſeſſion il ne peut plus viure, la ſotte Mandalis trop credule ſe laiſſe piper aux parolles de cet infidelle, & ſe contentant d'vne promeſſe de mariage auec vn terme aſſez court, elle perd ſa fortune par le meſme moyen que ſon inconſideration luy dicta quelle deuoit employer pour l'eſtablir. Vous entendez bien ce que ie ne puis voiler auec aſſez de pudeur, de maiſtreſſe elle deuint eſclaue, de deſirée meſpriſée, & comme ce qui eſt violent dure peu, cette exceſſiue ardeur que luy teſmoignoit Formoſe ſe changea dans peu de temps en glace apres qu'il euſt aſſouui ſes deſirs deſreiglez. Les Troyens dit l'ancien prouerbe ſe repentent, mais trop tard. Mandalis ſe void au rang des belles mal-heureuſes elle qui auparauant triomphoit de ce cœur volage & dont elle eſtoit adorée comme vne Deeſſe. Et voyez la miſere de cette imprudente ſi elle euſt perſeueré encore quelque peu en ſon honneſteté, Formoſe eſtoit ſur le point de l'eſpouſer ne pouuant plus reſiſter à la violence de ſon appetit. Mais depuis il paya d'vn ingrat meſpris celle qu'il auoit laſchement ſeduitte par vne promeſſe ſolemnelle

B iij

& qui sans cela ne se fust iamais mise en sa puissance, elle eust beau se vanger sur ses yeux qu'elle pensa noyer de larmes de sa trop lasche facilité, si ne pût elle effacer cette belle forme de Formose que l'amour auoit grauee sur son cœur. Encore qu'il éuitast sa rencontre auecque les mesmes soins dont il auoit auparauant recherché de la voir, si est-ce que le malicieux sçauoit destremper l'amertume de son rebut en de feintes douceurs qui charmoient cette pauure fille & qui la nourrissoient de vaines esperances de voir l'effect de ses promesses. Tandis qu'il l'amusoit ou plustost qu'il l'abusoit de la sorte. Il auint qu'vn grand de cet Estat ayant receu quelque mescontentement à la Cour se retira d'aupres du Roy & s'en alla en son Gouuernement en intention de s'en ressentir & de faire des monopoles. Et parce qu'il sçauoit que Formose estoit vn esprit de faction & vn homme de main, il tascha de le gaigner & de l'attirer à son seruice, il le caiolle, il fait briller deuant son humeur naturellement ambitieuse des grandeurs imaginaires qu'il pourroit acquerir dans vn remuement, & pour se l'attacher auecque de plus forts liens il luy propose de luy donner pour femme vne de ses niepces, parti auantageux & illustre pour nostre courtisan. Formose suit cet ardant infortuné qui le conduira en des precipices. Il quitte la Cour & Mandalis qu'il laissa mere & qui accoucha d'vn fils de là à quelque temps. Il ne fut pas plustost arriué en la Prouince où le mena ce grand que nous appelerons Almansor que le voila dans les nouuelles amours de Triphile, c'est le nom de la Niepce du Gouuerneur, elle estoit belle, elle estoit riche, elle estoit de bonne maison, son Oncle luy fait esperer des

B iiij

merueilles, tout cela satisfaict son ambition. S'il presse ce mariage Almansor y consent & il fut conduit si promptement que Mandalis en sceut presque aussi-tost la consommation que la nouuelle. C'est ici ou vne plume de loisir representeroit le creue-cœur & les regrets de la deplorable Mandalis. Si le ciel n'eust eu soin de sa conseruation combien de fois le desespoir luy proposa-t'il le fer & les precipices. Mais elle est reseruee pour vn spectacle de bonté & de loyauté qui esclatera, opposé à l'infidelité de Formose qui noyé dans les plaisirs de sa nouuelle alliance là tout a fait ostee de son ame pour y loger les perfections de Triphile. Ces contentemens passerent comme l'ombre & ne durerent qu'vn an, les menees d'Almansor ne purent estre si secrettes que le Roy qui a les yeux aussi ouuerts que les mains longues ne les descouurist.

Pour éuiter que ce petit feu par le progrez ne deuint vn grand embrasement on enuoya pour l'esteindre, la faction estoit encore si foible qu'Almansor iugeant qu'il ne pourroit faire grande resistance se sauua auprès du grand Henry qui n'estoit encore lors que Roy de Nauarre & Prince de Bearn. Il auoit confié vne place assez bonne & forte à Formose qui estoit deuenu son nepueu par le mariage que nous auós dit, en voulant tesmoigner son courage & sa foy à celuy qui luy en auoit donné la garde, il ne s'auisa pas qu'il se reuoltoit contre son Roy qui estoit le souuerain & le Maistre de son Maistre. Il se laissa assieger iusques à voir pointer le canon, alors tous les Capitaines & les soldats conclurent à vne composition qui donna la vie aux gens de guerre, mais les Chefs furent contrainéts de se remettre à la misericorde du Roy, dont on leur promettoit vn traittement fauorable. Formose fut ainsi amené prisonnier auec quelques autres. La reuolte est vne chose si odieuse qu'il trouua peu d'amis qui voulussent parler pour luy, ses parens mesme luy estoient peu officieux, craignans de desplaire à sa Majesté à qui ils estoient redeuables de beaucoup de bienfaicts. Ouystes vous iamais parler d'vne generosité semblable, l'amour de Mandalis qui deuoit estre conuertie en vne haine mortelle luy fit entreprendre la cause de celuy qui l'auoit si laschement trahie & plongee dans le des-honneur, elle auoit esté quelque temps aupres d'vne Princesse qui auoit vn tres-grand credit aupres du Roy, elle la coniure de demander la grace de Formose. Cette Princesse qui sçauoit le mal-heur de cette Damoiselle rauie de son incomparable bonté luy promet d'en parler au

Roy à qui elle representa naïfuement par quel mouuement elle estoit poussee à luy demander cette faueur, luy racontant sommairement l'histoire de la disgrace de Mandalis & de la legereté de Formose. Le Roy qui auoit quelquefois veu Mandalis à la Cour à la suitte de la Princesse admira cette prodigieuse courtoisie & desira parler à cette Damoiselle pour sçauoir plus particulierement d'elle quel estoit le ressentiment de son cœur, il reconnust à ses discours & à ses larmes que la veritable amour qu'elle auoit tousiours portee à cet ingrat Gentilhomme n'auoit pû s'esteindre parmi les eaux de tant d'outrages, & qu'elle demandoit sa vie auec autant d'instance que si elle en eust tousiours esté bien traictee, le Roy qui estoit d'vn naturel fort humain fut touché de pitié & dit à cette infortunee Damoiselle qu'il donnoit la vie de Formose à son amour, & qu'il vouloit que ce Gentil-homme luy en fut redeuable, & ordonna qu'il fit autant de part de ses biens à l'enfant qu'il auoit eu d'elle qu'à aucun de ceux qui naistroient de Triphile, puis qu'il auoit esté conceu sous vne promesse qui deuoit estre inuiolable. Representez-vous l'estonnement de Formose quand il se vid secouru & sauué par celle qu'il auoit ruinee d'honneur & qu'il tenoit deuoir estre sa plus mortelle ennemie. Que sa malice luy parut noire auprés de la candeur de Mandalis, que de regrets deuorerent son cœur, par combien de pleurs & de souspirs tesmoigna-t'il le desplaisir de son ingratitude, combien volontiers se fust-il attaché à celle s'il n'eust point esté lié autrepart, il faudroit trop de parolles pour exprimer l'estat de son esprit en cette rencontre. Il fut mené sur les lieux pour faire entheriner sa grace par le

Parlement ou s'eſtoit faicte la rebellion. Mais la Iuſtice ſans auoir eſgard à cette grace tirée de la clemence du Roy par les pleurs d'vne fille qui l'auoient attendri, & conſiderant combien cette reuolte euſt cauſé de feux, de ſang & de carnage dans la Prouince ſi la trame n'euſt eſté deſcouuerte, declara Formoſe & deux de ſes complices atteints & conuaincus de crime de leze Maieſté au premier Chef, & ſans auoir eſgard à leurs graces leur fit à tous trois trancher la teſte. Quand cet Arreſt fut prononcé à Formoſe il reconnuſt alors la main de Dieu ſur luy, ſes yeux furent ouuers ſur ſon infidelité & fermez à toutes les pretenſions du monde, il ſe rangea à la penitence & ſe conuertit à Dieu de tout ſon cœur faiſant vne fin tres-Chreſtienne, il proteſta hautement meſme ſur l'eſchafaut que l'ambition l'auoit aueuglé, qu'il meritoit la mort pour s'estre reuolté contre son Prince, remerciant mesme les Iuges qui l'auoient condamné, loüant leur equité & benissant Dieu qui le preparoit à receuoir des effects de sa misericorde, par les rigueurs de sa Iustice, il reconnust que quand il n'y auroit autre suiet de le faire mourir que l'infidelité qu'il auoit commise enuers Mandalis il estoit assez suffisant, demandant mille pardons à cette Damoiselle, à qui sous le bon plaisir du Roy il donna tous ses biens & à l'enfant qu'elle auoit de luy (car de Triphile il n'en eust point) & iusques aux derniers traicts de la mort il eust son nom dans la bouche. En montant mesme sur l'eschafaut où il alloit sacrifier sa vie pour l'expiation de ses fautes il s'escria ha ! Mandalis, Mandalis. Et puis ayant demandé pardon à Dieu, au Roy, à la Iustice & à cette Damoiselle, il donna courageusement sa teste à l'executeur

L'Infidele Chaſtié.

qui l'enleva de deſſus ſes eſpaules. Le Roy ſçachant cette execution fut marry que ſa clemence n'euſt trouué plus de douceur parmi ceux qui exerçoient ſa Iuſtice, & remettant la conſiſcation des biens de Formoſe en faueur de Mandalis & de ſon enfant, il reſtitua cette pauure eſploree en ſon honneur, & voulut que ſon fils ſuccedaſt au nom, aux armes, à la qualité & aux biens de ſon pere comme legitime. Depuis Almanſor fit ſa paix à loiſir par le moyen du Roy de Nauarre. Les grands ont des reſources qui manquent aux petits, & ils ſe ſauuent ou les autres periſſent, ceux-là ſont mal conſeillez qui ſe fient à eux puis qu'ils ſe ſeruent des hommes comme de pelotes pour s'en ioüer. Leur grandeur qui deuroit aggrandir leurs fautes les rend moindres, & ce qui ne leur eſt que ieu eſt vn grand crime à ceux qui ſont dans vne fortune plus basse. C'est s'appuyer sur des bastons de roseau que de se reposer sur eux, ils laissent ordinairement au besoin ceux qui se sont embarquez dans leurs menees, & quand le vaisseau de leur dessein vient à faire naufrage ils ont tousiours quelque esquif pour se sauuer, & laissent noyer les autres deuant leurs yeux. Sage celuy qui a pour maxime ce mot du Roy Prophete, ne vous confiez point aux Princes, car il n'y a point de seureté, ny de salut en eux.

La sanglante Chasteté.

HISTOIRE III.

CE fut la vanité qui porta Caton d'Vtique & encore cette belle Reine d'Egypte à se tuër plustost que de tomber en vie entre les mains de leurs ennemis. Ce fut le regret de sa pudeur violee qui rendit Lucrece meurtriere d'elle mesme. Mais ce fut l'amour de la Chasteté qui par vn estrange accident causa la mort d'vn des vertueux adolescens, que le Soleil éclairast du temps de nos peres. Il me déplaist que cet euenement ne soit François & que nostre nation ne l'ait produit, elle qui est en effect incomparablement plus chaste que la Sicilienne. Ce fut en cette belle Isle, la gloire de la Mediteranee & dont la fertilité nourrit la meilleure part de l'Italie, que nasquit Cadrat, miracle de continence en vne region diffamee du vice contraire. Et ce qui est de plus admirable c'est qu'il estoit fils d'vn pere qui toute sa vie auoit tousiours esté dans le desordre & la desbauche, comme s'il n'eust point esté Chrestien mais esleué parmi les Orientaux où la Poligamie est en regne. Il ne se contenta pas durant son mariage de sa seule femme, mais comme si elle ne luy eust serui que pour irriter son desir effrené, il couroit apres les autres comme vn estalon, & dissipoit la meilleure partie de son bien à l'entretien des femmes de mauuaise vie. Sa femme estant morte de qui il auoit eu Cadrat & quelques filles, il ne remit plus son col sous le ioug d'Hymen, qui sembloit trop dur à

son esprit libertin & amoureux du change; mais laschant la bride à son incontinence & imitant ces vieillards poursuiuans de Susanne abbaissant les yeux pour ne voir pas le ciel, bannissans de son cœur & la crainte de Dieu & la pudeur humaine, il attira chez luy plusieurs femmes perduës auec qui il menoit vne vie non moins scandaleuse que desbordee. Pour ne donner point vn si mauuais exemple aux yeux de ses filles il les fit esleuer; (selon la mode d'Italie) en des Monasteres. Quant à son fils tant s'en faut qu'il craignist de luy donner de mauuaises impressions, qu'au contraire il se faschoit de le voir si continent & si sage, attribuant à sottise & à stupidité ce qui procedoit d'vne eminente vertu, plus forte que la nourriture vicieuse. Car vous deuez sçauoir que ce ieune garçon auoit eu dés son enfance vne si forte
C ij

inclination à la pieté & à l'honnesteté, qu'en despit de tant de mauuais obiects qui donnoient tous les iours dans ses yeux, il ne laissoit de pratiquer tous les exercices de deuotion les plus recommandables, viuant dans vne maison desbordee ainsi que le bon Loth dans vne ville abominable. C'estoit vne mere perle qui conseruoit sa beauté, son integrité & sa netteté au milieu de la mer, & par la lumiere & la bonne odeur de sa vie, vous eussiez dit qu'il auoit pris à tasche de reparer tout le scandale dont le mauuais exemple de son pere emplissoit le voisinage, c'estoit en somme vn sainct enfant d'vn pere desbauché. Que le monde est iniuste n'aymant que ceux qui le suiuent en ses mauuaises actions & qui imitent ses œuures de tenebres, A cela ie cognoistray, dit le Sauueur à ses Disciples, si vous estes des miens, quand le monde vous haïra, parce qu'il m'a eu premierement en haine. Si vous estiez ses suiuans il vous cheriroit, mais parce que vous detestez ses voyes vous luy serez en abomination. Tant s'en faut donc que ce miserable fit reflection sur la vertu de son fils, qu'au rebours il luy estoit mauuais pource qu'il estoit bon, & non contant de courir à sa perte il vouloit encore entrainer apres soy cet adolescét au precipice du vice, mais Dieu qui estoit de son costé empeschoit ses mal-heureux desseins. Il inspira à Cadrat le desir de donner du pied au monde & de se faire Religieux, frequentant sur cette pensee diuers Monasteres, pour faire election de l'ordre où il se rangeroit, le pere qui auoit pour luy des sentimens de chair & de sang, & qui n'ayant que ce fils le destinoit au mariage pour pousser par luy son nom & ses armes dans la memoire de la posterité, descouurit aussitost que ses conuersations ordinaires estoient dans les Cloistres, & qu'il minuttoit sa retraitte dans quelqu'vn. Le voila aux alarmes, comme s'il eust redouté de perdre par cette voye celuy qui desiroit par ce sainct moyen asseurer son salut, sans considerer qu'en le conseruant en la maniere qu'il eust voulu il l'eust poussé dans la perte eternelle. Il luy parle, & luy fait entendre que ses entretiens ordinaires auecque les Religieux luy sont suspects, & qu'il craint qu'à la fin les Moines par leurs douces parolles ne gaignent son esprit & ne l'attirent à leur genre de vie. Le sainct adolescent sans rougir de Dieu, deuant les hommes, & sans faire aucun d'estour de parolles confessa franchement à son pere, que Dieu luy auoit donné le desir de cette vocation, & qu'il n'en estoit que sur l'election du genre de vie plus conforme à sa nature & à son esprit, parlant en suitte du mespris du monde & de l'excellence de l'estat Religieux auec tant de zele & de ferueur que si son pere eust eu des oreilles pour comprendre son discours il eust sans doute esté porté à quelque amendement de vie, mais estant enuieilli en ses mauuais iours sa malice le rendoit sourd & aueugle, & luy ostoit toutes les dispositions necessaires pour tirer du profit de si saintes remonstrances, n'ayant donc que des raisons humaines à opposer aux mouuemens diuins qui sortoient de la bouche de Cadrat comme des éclairs & des carreaux de foudre, voyant qu'il ne pouuoit resister à la force de l'esprit de Dieu qui parloit par la langue de ce ieune homme, il se mit à tempester, à crier, à iurer, à menacer, à faire sonner son authorité paternelle pour faire peur à son fils, qui ne craignant que Dieu se mocquoit en son ame de toutes les apprehensions humaines. Imitant donc ces grands arbres qui fortifient leurs racines, plus ils sont battus des vents & des orages, plus il estoit contrarié par son pere en son pieux dessein, plus sa resolution se rendoit ferme, des-ia son election l'auoit porté vers l'ordre de S. Romuald appelé de Camaldoli, où l'on mene vne vie presque semblable à celle des Chartreux, il en faisoit la poursuitte assez ouuertement, & les Peres voyans sa ferueur & sa perseuerance commençoient à incliner à sa reception, lors que Siluestre (nous appelerons ainsi son pere) redoublant ses crieries & ses violences, & voyant que cela n'esmouuoit non plus l'esprit de son fils que les vents & les vagues esbranlent vn rocher qui esleue sa pointe au milieu de la mer, estima que pour l'empescher d'executer son entreprise il n'y auoit point de plus asseuré moyen que de se saisir de sa personne & le mettre dans vne chambre qui luy seruiroit de prison iusques à ce qu'il eust passé cette fantaisie, ainsi appeloit-il la vocation diuine. Ce qu'il pensa il l'executa auecque facilité, Cadrat faisant aussi peu de resistance à cette force qu'vn doux agneau que l'on meine à la boucherie. Estant enfermé encore que son pere eust soin de luy faire presenter de bonnes viandes, le bon enfant ne se repaissoit neantmoins que du pain de douleur & de l'eau des larmes, il passoit le iour en prieres & vne grande partie de la nuict, affligeant son corps de ieusnes & autres austeritez pour le tenir tousiours suiet à l'esprit, & imitant les trois enfans compagnons de Daniel qui ne viuoient que de legumes au lieu des viandes Royales qui leur estoient presentees. Siluestre faisoit à dessein presenter des mets delicats & friands à cet enfermé, sçachant que la chair bien repeuë se reuolte aisement contre la raison, & que Bachus & Ceres sont les fourriers de Venus. Mais l'adolescent conseillé par vn esprit aussi bon que celuy de son pere estoit mauuais recognoissant, le hameçon couuert de cette amorce n'y prenoit pas, mais chastiant son chaste corps pour le reduire en seruitude il preuenoit ses rebellions par vn sobre traittement. Syluestre voyant qu'il n'auançoit rien de ce costé-là s'auise d'vne autre batterie aussi forte quelle est infame, & dont la violence consistoit en l'excés de sa douceur. Il luy fut aisé de persuader son intention à vne femme perduë; car ces mal-heureuses louues sont tousiours prestes à la curée, & souffrent vne faim canine de la chair humaine. Quand il ne luy eust point proposé d'autre recompense, le brutal

La sanglante Chasteté. 43

aiguillon de la volupté estoit assez puissant pour la porter à la recherche de la iouissance de Cadrat, dont la ieunesse & la beauté estoient vn morceau friand pour vn semblable gouffre. Elle entreprend donc auecque grande ioye de corrompre l'honneteté de cet adolescent, & à ce dessein estant durant les tenebres d'vne nuict introduitte toute nuë dans sa chambre lors qu'il s'estoit mis dans le lict pour prendre son repos, elle se coula à ses costez & l'embrassant où plustost l'embrasant auecque des ardeurs impudiques, representez vous en quel peril estoit le champion de la Chasteté. Il tasche de se tirer d'entre ces bras lascifs, comme d'entre les replis de quelque serpent execrable. Mais cette mal-heureuse qui par beaucoup d'experiences auoit appris l'art de plaire aux hommes & de les charmer par ses attraicts, ne laschant point sa prise estoit preste d'emporter la victoire & de faire succomber à sa puissance le partisan de la pureté, lors que comme vn Anthee prenant vigueur de son terrassement & recueillant les forces de son corps & beaucoup plus celles de son esprit, il se desueloppa par vne rude secousse de ces funestes liens, & sautant hors du lict court çà & là par la chambre resolu de se ietter par la fenestre si elle n'eust esté fermee auecque des barres de fer, la porte estant aussi serree, & l'impudente creature poursuiuant comme vne femme de Putifar le pudique adolescent qui ne sçauoit ou se sauuer, ny comme se garantir de ses vilains attouchemens, il s'auisa que sur la table il auoit vn canif parmi ses plumes, il le prend & l'ayant fait voir à cette maudite vipere à la sombre lueur qui donnoit parmi les obscuritez, elle qui craignoit sa peau deuint effrayee de la peur qu'elle eust

La sanglante Chasteté. 45

que ce ieune homme ne l'en offensast, dequoy Cadrat s'apperceuant. Ne crain point, luy dit-il, meschante furie, que ie te blesse, la charité me le deffend, encore que la Iustice me permist de te chastier d'vn traittement bien rude, mais la chasteté que ie desire conseruer inuiolable & que tu as pensé perdre en moy me commande d'estre impitoyable à moy-mesme, & de mal traitter auecque ce fer ce corps qui a pû plaire à tes yeux. Cela dit plein d'vn zele extraordinaire il commence à se faire des incisions sur les bras, les cuisses, les iambes & l'estomac de telle sorte que vous eussiez dit qu'il découpoit du tafetas ou du satin, & qu'il estoit insensible à la cruelle douleur que luy deuoient causer les taillades qu'il se faisoit. Le sang commença à en ruisseler auec telle abondance que le plancher de la chambre en fut tout arrosé, & luy aussi-tost se sentant foible de cette perte tomba esuanouy & nagea dans son sang. La vilaine femme, de crier au meurtre & au secours, le pere qui estoit au dehors de rire croyant que son fils l'outrageast, & esperant qu'en fin la victoire seroit du costé de cette infame, mais quand il oüit qu'elle disoit que Cadrat s'estoit tué & qu'il flottoit dans son sang, Siluestre ouure la porte, entre auecque des lumieres & ses seruiteurs & void ce sanglant spectacle que nous venons de despeindre. Ce fut lors que ses ris furent changez en pleurs & qu'il reconnust, mais trop tard la sagesse de son fils & sa propre folie. On court aux remedes, on tasche d'estancher le sang & de bander ces decoupures, mais elles estoient si longues, si profondes, & si enormes qu'elles faisoient horreur à regarder, les Chirurgiens sont appelez qui y mettent des appareils, on fait reuenir

La sanglante Chasteté.

Cadrat de sa pamoison si foible & si abbatu qu'il sembloit qu'il allast sur le champ rendre l'ame. Tout son corps n'estoit qu'vne playe, & en tant de lieux il s'estoit coupé des veines & des nerfs que les Medecins asseuroient qu'il en seroit estropié toute sa vie. Mais Dieu qui le vouloit en sa part abregea ses iours, & la gangrene s'estant mise à vn de ses bras il le failust trancher, il endure ce martyre auec vne extreme constance, apres s'estre preparé à la mort par tous les deuoirs d'vn vray Chrestien, mais ce peu qui luy restoit de sang estant accouru à cette grande playe & s'estant escoulé il luy eu resta si peu pour soustenir son corps que son ame s'en separa peu de temps apres l'operation. Plusieurs iugemens se firent sur cette action, les vns le blasmans d'vn zele indiscret, les autres de cruauté, & l'accusans comme meurtrier de luy-mesme, d'autres l'esleuoient iusques au ciel & croyoient qu'il fust mort dans vne espece de martyre. Sa recognoissance & son repentir adoucissoit l'accusation des premiers, mais sa parfaitte Chasteté enfloit les esloges des seconds auecque des excez merueilleux. Pour moy qui incline plustost à la loüange qu'au blasme, ie donne mon suffrage à ceux-cy, & confesse que ie voi en cette action vne Chasteté sans exemple, & que le iugement contraire & sinistre ne peut estre sans quelque sorte de temerité. Que si par l'effect on peut remonter, à la connoissance de la cause, la conuersation admirable que cette mort opera en Silueftre me fait dire que comme l'Eglise attribuë celle de S. Paul au sang de S. Estienne, aussi la pureté de ce fils guerit l'impureté de ce Pere. De qui ie couure les regrets & les déplaisirs du voile de Timanthe, & n'en dis rien

pour

La sanglante Chasteté, 49

pour n'en pouuoir assez dire. Ie remarqueray seulement que sa douleur fut si viue sur la perte de ce fils vnique & par sa faute, que cela fit naistre en luy vne grande compunction de ses pechez. Il renonça donc à toutes les mauuaises pratiques & tous les infames commerces qu'il auoit tousiours recherchez auec vne ardeur immoderee, allant presque tous les iours sur le tombeau de son fils où il versoit autant de pleurs que de fleurs, souspirer sa perte & repenser auec amertume aux erreurs de sa vie passee. Vn Cheualier de Malte de qui ie tiens cette Histoire & qui l'auoit apprise en Sicile passant à Messine adioustoit que pour la conuersion des mœurs de Siluestre elle estoit fort asseuree, mais que le bruit estoit que mesme il auoit renoncé au monde & s'estoit fait Religieux, non seulement pour faire vne plus rude penitence, mais pour

D

rendre à Dieu en sa personne ce qu'il luy auoit osté en la personne de son fils l'empeschant de se ietter dans vn Monastere. Ainsi le sang du pere ayant fait naistre le fils en la terre, celuy du fils a fait renaistre le pere à la grace & la peut estre esleué dans le ciel. O Dieu il n'appartient qu'à vostre puissance adorable de faire sortir la lumiere du milieu des tenebres, & de tirer le bien du mal.

Les iniustes Parens.

HISTOIRE IV.

Ontinuós à voir les malheureux succez de ceux qui empeschent leurs enfans de se consacrer à Dieu en la vie Religieuse. C'est vne des plus communes iniustices du siecle, & que ceux qui la commettent colorent de tant de pretextes fpecieux & de raifons apparentes qu'à des efprits groffiers & peu entendus aux maximes de pieté elles paffent pour des veritez infaillibles. Ils alleguent la loy de Dieu qui commande l'honneur & l'obeïffance aux parens, ils produifent les loix humaines qui efleuent l'authorité paternelle à vn point exceffif, & tout cela c'eft ietter des pierres contre le ciel qui retombent fur les teftes de ceux qui les lancent. La premiere oppofition met Dieu contre Dieu mefme, & la feconde eft fi foible contre Dieu que c'eft de la nege deuant le Soleil. Mais cet ouurage n'eftant pas tant deftiné aux authoritez comme aux exemples & aux exemples finguliers, ie m'en vay vous en reprefenter vn qui vous fera cognoiftre combien il fait dangereux de fe iouër à Dieu, foit en effect, foit en parolle, &

D ij

qu'il n'y a point de conseil humain comme nous apprennent les saintes pages qui puisse souftenir la force de la diuine Sagesse. A Milan l'vne des plus grandes & plus puissantes villes d'Italie, l'vn des plus riches & notables Citoyens que nous appelerons Eutrope viuoit en vne fort grande concorde auecque Honorate sa femme, & eust fait vn mesnage heureux si celle-cy eust esté aussi heureuse à esleuer des enfans comme elle estoit feconde, mais de plusieurs qu'il eust d'elle durant son mariage il ne pût (encore à grande peine) esleuer que Theophore qui fut l'enfant de leurs peurs & de leurs pleurs, de leurs allarmes & de leurs larmes, de leurs vœux & de leurs inquietudes. Car il eust de si grandes maladies, & sa complection delicate promettoit si peu de vie qu'à tout propos il estoit aux portes de la mort, & ostoit à ses tristes paens l'esperance de le conseruer. Il faut donner cette gloire aux Milanois d'estre fort deuots principalement depuis que le grand S. Charles Boromee a cultiué leurs esprits & y a fait germer la Pieté. Eutrope & Honorate estoient signalez pour cette vertu, & s'ils estoient ordinairement au pied des Autels pour obtenir de Dieu la benediction de la lignée, vous pouuez penser si pour la conseruation de ce petit enfant ils ne faisoient pas des deuotions extraordinaires. A combien de Saincts & de Sainctes fut il voüé, combien de fois la mere l'offrit-elle à Dieu dans les apprehensions qu'elle auoit de le perdre, en somme c'estoit vn enfant de prieres & de frayeurs vn Benoni pluſtoſt qu'vn Beniamin. Parmi tant de craintes & de soucis il paruint à l'aage de seize à dix-sept ans touſiours mince & delicat & d'vne santé debile encore que

D iij

l'accroiſſement luy apportaſt vn peu plus de force. Ayant eſté eſleué parmy tant de bon exemple qu'il voyoit en ceux qui l'auoient mis au monde, il graua ſur ſon cœur dés ſon ieune aage plus tendre vne ſi profonde Pieté que le monde auecque tous ſes attraicts, ſes richeſſes & ſes pompes n'euſt iamais aſſez de force pour auoir priſe ſur ſon eſprit. Le ſainct Eſprit l'ayant preuenu de beaucoup de benedictions de douceur le preſerua de toute ſouilleure du ſiecle. Eſtant petit il eſtoit deuot comme les petits & ſa deuotion croiſſoit auecque ſes annees. Plus grandelet il accueillit la vocation Religieuſe qui luy fut inſpiree de Dieu, & la laiſſa germer en ſon cœur comme vne celeſte roſee. Il ſe mit à frequenter les Monaſteres, à ſouſpirer apres ce ſacré genre de vie, ſequeſtré des malices & des miſeres du monde, ſe ſentant comme pouſſé par l'esprit de Dieu au desert de la solitude & de la penitence. Ses parens qui n'auoient que luy & qui en luy fondoient toutes leurs esperances terrestres entrent en apprehension de sa Pieté plus que s'il se fust ietté dans les desbauches, & sans repenser qu'ils tenoient de Dieu, & sa naissance, & sa conseruation, & qu'il pouuoit retirer d'eux quand & de quelle façon il luy plairoit ce qu'il ne leur auoit que presté, ils se voulurent rendre de depositaires, proprietaires, & frustrer la Maiesté du tres haut de la part qu'elle pretendoit en cet enfant. Ils le veillent, ils surueillent à ses actions, ils descouurent ce qu'ils ne desiroient pas, & que les inclinations de leur fils panchoient du costé du Cloistre & vers l'ordre des Theatins qui sont des Religieux de grande perfection & merueilleusement abandonnez à la Prouidence diuine. Aussi-tost les voila aux frayeurs, aux larmes, aux remonstrances, aux artifices pour le divertir de ce sacré dessein. La chair & le sang ne manque pas de pretextes pour luy persuader de demeurer au monde, on tasche de luy faire croire que mesme il est obligé en conscience de s'y tenir de peur d'estre meurtrier de ses parens qui mourroient de douleur s'il s'en retiroit. Mais le devot adolescent resolu de voler à l'estendard de la Croix sans avoir esgard à Pere, ny à Mere, sçachant que pour la Croix cette espouse de sang il faut mespriser tous les liens du sang, bouchant l'oreille comme vn aspic à ces chants pipeurs alloit son grand chemin en sa poursuitte sans se soucier, ny des menaces paternelles, ny des tendresses maternelles. A la fin Eutrope luy ayant remonstré qu'estant vnique & esleué auecque tant de soings il le mettroit au desespoir & sa mere aussi s'il les quittoit de la sorte

en leur vieillesse & sans esperance
d'aucun heritier. Le sainct enfant luy
repartit que Dieu y pouruoiroit, &
que celuy qui pouuoit auecque des
prieres susciter des enfans à Abraham
n'estoit pas diminué en puissance. Eutrope se mocqua de cette repartie,
parce qu'estant sexagenaire & y ayant
plus de quatorze ans que sa femme
n'auoit eu d'enfant, il n'y auoit plus
d'apparence selon le cours de la nature qu'il en pust tirer de la lignee Alors
Theophore comme inspiré d'en-haut
luy repliqua, & si Dieu vous donne
vn enfant me laisserez-vous en la liberté de mon choix. Eutrope croyant
l'arrester par sa parolle & ne se souuenant pas que rien n'est impossible à
Dieu, luy promit qu'il ne l'empesche-
roit point d'estre Religieux pourueu
que l'enfant fust masle. Theophore
plein de confiance en Dieu accepta
cette condition & protesta de ne sor-

tir point du siecle que cela ne fust accompli, mais gardez bien, dit-il, à son pere de manquer de promesse à Dieu, car il est seuere vangeur de ceux qui luy faussent la parole, on ne se rit pas impunement d'vne si souueraine puissance. Il fit promettre le semblable à sa mere, qui disoit en elle mesme comme la bonne Sara, mon mary est vieil & moy hors du temps de conceuoir, il y a bien de l'apparence que cette promesse doiue reüssir. Apres cela Theophore se met en prieres, en ieusnes, & en des deuotions extraordinaires pour obtenir de Dieu par la naissance d'vn frere sa deliurance du siecle. Il recommande cette affaire à plusieurs saincts personnages, fait prier parmy les Monasteres selon son intention, que ne peut la priere continuelle des iustes, sa puissance surmonte le tout-puissant, & obtient de luy ce qui semble impossible à la nature.

De là à quelque temps Honorate se sentit grosse, elle ne fut iamais moins incommodee en aucune grossesse elle n'accoucha iamais auecque moins de douleur, ce fut vn fils qui porta le nom de Saluateur, tout le monde en estoit en admiration, & Theophore en vne extreme resiouïssance. Il fait souuenir ses parens de leur promesse, mais les excuses ne manquent point à ceux qui ne veulent pas tenir. Ils representent l'imbecillité du nouuel enfant qui plus fort qu'aucun de ceux quelle auoit eus auparauant tesmoignoit vne santé vitale. Theophore leur represente la colere de Dieu tardiue à la vengeance : mais redoublant la peine par la tardiueté, ils se rient de ses remonstrances & temporisent tousiours, ils ne luy refusent pas directement la permission de se retirer du monde, mais ils l'amusent & taschent de le diuertir de ce dessein, ils coulent ainsi vn an ou deux tandis que Salua-teur croist & prend force. Ils s'auise-rent de faire voyager Theophore & parce que les Italiens ont vne si bonne opinion de leur nation & de leur païs qu'ils tiennent toutes les autres con-trees pour des demeures de barbares, ils l'enuoyent par l'Italie, à Venise, à Rome, à Naples, luy donnent vn gou-uerneur fait à leur main qui a charge de destourner Theophore de l'hu-meur claustrale par tous les diuertisse-mens & toutes les ruses dont il se pourra auiser. Mais il est mal aisé de faire perdre à vn vaisseau le goust de la premiere liqueur dont il aura esté imbu. Le traict fut si puissant & l'attraict si fort qui toucha le cœur de Theophore qu'il ne perdit iamais le desir de cette vocation. Tous les ob-iects du monde luy estoient à contre-cœur, & son cœur touché de l'aiman de la retraitte se tournoit tousiours

Les iniustes Parens. 61

vers le Cloistre comme vers son Norr. Toutes les lettres qu'il escriuoit à ses parens tesmoignoient assez que pour changer de terre & de lieux il ne changeoit point de volonté, & qu'il n'attendoit que la benediction paternelle pour sortir de l'Ægypte du monde. Les parens ne manquoient point d'inuentions pour forger des delais. Le ieune homme pour trancher ces remises auertit son pere par inspiration diuine qu'il prit garde à luy, & que s'il ne tenoit parolle à Dieu vn grand mal heur tomberoit sur sa teste. Il ne fut que trop veritable Prophete, Eutrope allant à Bergame en carrosse versa si rudement que s'estant fait vne grande playe à la teste il mourut dix heures apres de cette cheute, se resouuenant, mais trop tard de la prediction de son fils, & se repentant de ne l'auoir creu, il luy souhaitta toute benediction & le laissa en la liberté de se donner à Dieu, faisant auertir sa femme qu'elle n'y mit point d'empeschement si elle ne vouloit ressentir des effects de la malediction du ciel sur ceux qui s'opposent à de si saintes entreprises. Theophore fut aussi-tost mandé à qui sa mere teut la derniere volonté de son pere, estant si fort attachee à ce fils qu'elle appeloit le baston de sa vieillesse, qu'elle ne pouuoit se resoudre de le lascher. Ce fils luy represente le malheur arriué à son pere, l'exhorte à destourner la pointe de l'espee du Seigneur des vengeances qui pendoit sur sa teste si elle ne se disposoit à luy tenir parolle, cette secóde Agrippine passionnee pour cet enfant respondit qu'elle ne se soucioit pas de mourir pourueu qu'elle le laissast dans le monde, voicy iusques à quel point va l'affection de la chair & du sang. Certes elle fut prise au mot, & quelques prieres que fit Theophore pour implorer sur elle les effects de la misericorde & empescher ceux de la Iustice diuine, à peu de temps de là elle tomba dans vne fiebure chaude qui l'emporta parmy des resueries estranges, des frayeurs espouuantables, & des visions horribles, la main de Dieu paroissant visiblement en cette punition. Aussi-tost qu'elle eust rendu au cercueil le tribut que tous les corps luy doiuent, Theophore ayant à ses obseques contribué les derniers deuoirs, alla sacrifier à Dieu des sacrifices de loüange de ce qu'il auoit brisé ses liens, & entrant parmy les Theatres laissa tout l'heritage de ses parens à son cadet, & prit pour sa portion l'admirable pauureté de ces Religieux qui ne possedent, ny meubles, ny immeubles, ny fonds, ny rentes, & qui mesmes ne sont pas proprietaires des maisons où ils demeurent, & qui outre cela ne questent ny ne demandent chose aucune, ny directement, ny indirectement, ny par eux-mesmes, ny par des personnes tierces, & s'il n'est mort depuis peu d'annees il vit encore parmi ces saincts personnages auecque beaucoup de perfection. Cette Histoire nous apprend que celuy-là est heureux que Dieu choisit de bonheure pour le ranger à son seruice, & le faire demeurer en des maisons & parmi des personnes qui luy sont consacrees. Que c'est vne folie de vouloir s'opposer aux decrets de sa volonté parce qu'il fait tout ce qui luy plaist, & au ciel, & en la terre, & mesme dans les plus profonds abysmes. Qu'il est seuere vangeur de ceux qui luy promettent & qui se mocquent de ce qu'ils luy ont promis. Qu'il n'y a rien qui eschauffe tant la colere de ce Dieu ialoux que quand on luy veut rauir des ames qu'il a destinees pour estre ses espouses. Qu'il en prend pour l'ordinaire

dinaire de rigoureuses vengeances. Et que ces parens-là sont iniustes iusques au dernier point, qui n'ayans droict que sur les corps de leurs enfans formez de leur sang & de leur chair veulent que leurs ames infuses & creées de Dieu pour commander à ces corps, & dont les volontez sont libres s'assuiettissent aux raisons de la terre plustost que d'obeïr au Pere celeste qui les appele à sa suitte en vne vie parfaicte. Cette occurrence leur pourra seruir de miroir pour les ramener à la raison, & leur oster de l'esprit cette notable iniustice.

E

La fin Miserable.

HISTOIRE V.

Qvi est debout auise à ne tomber pas. Les Chasseurs ne cognoissent les bestes que par le pied, & la vie ne se recognoist que par la fin. Les belles matinees ne font pas tousiours les beaux soirs, au monde comme en la mer les iours les plus serains sont suiects aux orages. Vous allez voir la fin miserable d'vn fort heureux commencement, & vous remarquerez en ce sanglant succez en quels desordres porte l'incontinence. Parmenon enfant de bas lieu, mais de bon esprit, auoit fait ses estudes, partie aydé par ses parens, partie par ses seruices, auecque tant de bon-heur qu'il auoit touſiours eſté tenu pour des plus auancez parmi ſes condiſciples. Apres auoir fait des merueilles en la Philoſophie il commençoit à frequenter l'Eſcole de Medecine, lors que ſa bonne fortune le fit eſtre Precepteur d'vn des enfans d'vn grand Seigneur de ce Royaume, Gouuerneur d'vne Prouince aſſez infectee d'hereſie. Ce ieune fils eſtoit deſtiné à l'Egliſe ſelon la couſtume des grands qui choiſiſſent vn de leurs enfans pour charger ſur ſon dos tous les benefices de leur maiſon, ceſtui-cy qui n'auoit pas douze ans en auoit pour trente mille liures de rente. Il fut mis au College à Paris, & Parmenon luy fut donné pour Precepteur. Il ſe porta ſi dignement en l'inſtruction de ce ieune Seigneur qui eſtoit d'vn bel eſprit, & d'vn naturel fort docile qu'il en acquit l'amitié des parens dont il receuſt beaucoup de biens. Il vacqua par bon-heur pour luy des prieurez de la collocation des Abbayes de son disciple dont il fut pourueu, aussi tost il quitta la Medecine pour estudier en Theologie & se fit Prestre, viuant en cette condition auecque toute l'honnesteté & probité qu'on pouuoit souhaitter d'vn Ecclesiastique. Il estoit fort versé aux lettres humaines & en la Philosophie, & il se rendit en peu de temps fort versé aux lettres saintes, de sorte que si par ses bonnes mœurs il eust soustenu sa suffisance il eust acquis vne reputation aussi glorieuse que son detraquement luy apporta de mal-heur & d'infamie. Ce ieune Seigneur qu'il auoit en charge ayant acheué ses estudes Parmenon se retira de sa conduitte ayant amassé aupres de luy quatre mil liures de rente en benefices, c'estoit vn beau reuenu pour vn petit compagnon. Mais comme les debiles cerueaux ne peuuent pas porter beaucoup de vin, aussi les esprits legers souftiennent mal-aisement auecque prudence vne bonne fortune. Il ne fut pas pluftoft en sa puissance & hors de suiection que son iniquité sortit de sa graisse, & comme en la mal-heureuse Pentapolis son peché prouint de son abondance, il perdit la souuenance de sa premiere pauureté, & perdant la connoissance de soy-mesme & de la bassesse de sa naissance les richesses enflerent sa vanité, les lettres luy donnerét de la presomption, & les commoditez superfluës à vn homme de sa condition le porterent dans la desbauche, mais quelle desbauche celle qui ruine tous les hommes & principalement les Ecclesiastiques, d'honneur, de biens, & de reputation. La bonne chere seruit d'huile au feu de sa concupiscence, dont il fut tellement embrasé que se portant scandaleusement & sans honte à des affections desreglees, sa renommee en fut aussi reduitte en cendre. Et le pis fut qu'il estoit en vne petite ville où estoit le meilleur de ses benefices à la veuë de plusieurs Huguenots qui en composoient la plus grande partie & qui en estoient comme les Maistres, & ie vous laisse à penser si ces Heretiques faisoient leurs contes de ce mauuais exemple que leur donnoit Monsieur le Prieur. Rien ne pare tant vne Eglise que le clocher, mais quand il est debout; car quand il vient à tomber elle en est accablee. Quand le sel est corrompu auec quoy salera-t'on, & quand ceux qui doiuent estre la lumiere du monde sont dans les tenebres du vice, auec quoy les peuples seront ils éclairez. On ne sçauroit exprimer le dégast que fit en la vigne du Seigneur ce sanglier farouche par sa vie licentieuse, mais le temps viendra que les renards qui demolissent cette vigne auront la chasse & seront surpris en leurs tasnieres. Dieu a trop de soin de son Eglise pour souffrir que les portes d'enfer, les heresies & les desreglemens preualent contr'elle. Ce mauuais homme non content de prophaner par ses desbordemens ce ministere qu'il deuoit magnifier par sa doctrine & par des vertus exemplaires, se met à hurler auecque les loups, & à frequenter auecque les Heretiques, viuant auec eux auecque tant de fraternité & de familiarité qu'on l'eust prit pour vn d'entr'eux si on eust ignoré sa condition, d'habit Ecclesiastique il n'en portoit que rarement, de tonsure clericale point du tout, il n'auoit de Prestre que le caractere, & le titre, nullement les mœurs ny les deportemens. En vn mot le feu de la concupiscence estant tombé sur luy il perdit de veuë le Soleil de Iustice. Certes ce n'est pas sans raison qu'on met l'aueuglement entre les filles où parmy les effects de l'impudicité. Vous en allez voir de prodigieuses marques en ce miserable, qui non content d'entretenir des femmes & des filles sans front & sans pudeur à la veuë d'vn chacun, & de pecher impunement, vouloit encore tirer de la gloire de sa confusion, & cherchant des excuses à ses fautes les rendre non seulement suportables, mais loüables, ce qui me fait souuenir de ceux dont le Sage parle qui se resioüissent en leur iniquité, & font vanité de mal faire. A cela contribuoit l'applaudissement de l'heresie qui loüoit ce deshonneste aux desirs de son cœur & le benissoit en son desordre, prenant occasion de là de declamer contre la saincteté de la continence, & contre le celibat des Prestres, estant sa coustume de voiler du beau nom de mariage la sacrilege incontinence de nos Apostats. Parmenon ayant contracté des amitiez auecque ces enfans de Moab il ne se faut pas estonner s'il fut trompé par leurs filles. Parmy celles qu'il caiolla, il fut fortement aresté par vne fille d'assez bon lieu, mais pauure, appelee Sara (c'est son nom veritable) celle-cy garrota son cœur si serré qu'elle rangea sous sa loy toutes les affections de ce miserable Ecclesiastique. Et comme les enfans de tenebres sont prudens en leur generation, cette rusee sceut auecque tant d'artifices conquerir son esprit qu'il ne respiroit que pour elle. Que si elle sçauoit allumer ses desirs auec vne vehemence incroyable, elle sçauoit par vne feinte froideur esteindre ses esperances & luy donner par ces contraires passions des gesnes nompareilles. Elle desiroit par ses industries l'attirer à sa Religion, & l'espouser; car quoy quelle fist semblant d'estre de glace elle estoit pour luy toute de flamme. D'autre costé Parmenon taschoit d'obtenir d'elle par ruse ce qu'il desiroit, sçachant bien qu'estant Prestre & Catholique il ne pouuoit pretendre de l'espouser sans faire banqueroute à sa foy, & sans perdre ses benefices dont il viuoit si grassement. Voila donc vne double amour & qui se conduit par duplicité, puisque chacun iouë à qui sera trompé. A la fin soit que la fille fust surueillee par ses parens, soit qu'elle aymast sa reputation, Parmenon vid bien qu'il ne pouuoit rien attendre d'elle que sous le manteau des nopces. Il l'entretient donc & se seruant en mal de la science qu'il auoit, il luy fait entendre qu'il estoit en volonté, & mesme en puissance de l'espouser, que le Celibat parmy les Ecclesiastiques n'estoit que de droict humain, qu'il n'estoit point obserué par les Prestres Grecqs, qu'il pouuoit secrettement se marier auec elle du consentement de ses parens, qu'il y auoit plusieurs Ecclesiastiques mariez de cette sorte clandestinement, mais qui ne manifestoient point leurs mariages de peur de faire murmurer le monde & de perdre leurs benefices, & mille autres sottises, que la simplicité de cette amoureuse & qui n'auoit iamais ouy parler d'autre Religion que de la pretenduë où elle estoit nee receut pour des veritez. Elle n'auoit plus que sa mere & quelques freres, elle auertit celle-cy de ce qu'elle auoit appris de Parmenon, cette femme y preste l'oreille, & s'estant laissee persuader aux belles parolles de Parmenon & aux desirs de sa fille qui se promettoit de iouïr legitimement de cette façon, des biens, & de la personne qu'elle aymoit, elle donna son consentement à cette alliance & y porta ses enfans. Parmenon promet dans quelque temps, lors qu'il aura pû tirer vne bonne somme d'argent de ses benefices, & establi vne fortune seculiere de se faire de la Religion pretenduë & d'espouser publiquement Sara, en attendant il fait estat de la prendre pour femme par parolle de present, deuant sa mere & ses freres, & de passer vn contract de mariage deuant vn Notaire Huguenot qui seroit secret. Il fut fait ainsi qu'il fut proposé & ces nopces infortunees se contracterent de cette façon, Sara n'ayant apporté autre dote à Parmenon qu'vn peu de beauté qu'il achetera bien cherement. Il n'y a rien de si caché qui ne vienne en euidence. La Verité fille du Temps se manifeste à la longue, & fust-elle au fonds d'vn puis comme l'imaginoit le resueur Democrite, elle en sort tost ou tard. La frequentation ordinaire de Parmenon chez Sara, leur priuauté & familiarité firent coniecturer leur accointance, le bruit en estoit tout cōmun, & on en parloit par les ruës & les places publiques. Les fruicts mesme de Lucine firent cognoistre l'arbre, & Sara qui ne pouuoit cacher la tumeur de son ventre & qui ne croyoit pas qu'vne enfleure qu'elle estimoit legitime luy deust estre honteuse, ne fait point de difficulté de dire à celles de sa cognoissance quelle est grosse de Parmenon, & qu'il est son mary. Les Huguenots se mocquent d'elle d'auoir esté si credule de se persuader qu'vn Prestre demeurant Papiste la pust espouser, elle s'en voulut esclaircir vers quelques femmes Catholiques de son voysinage qui se rient de sa sottise & en font leurs contes, toute troublee elle en fait le rapport à sa mere, & ensemble elles consultent des hommes Catholiques, & mesme des Prestres & Religieux qui luy descouurent les impostures dont Parmenon auoit circonuenu sa simplicité & detestent l'action de ce sacrilege. Cela vient aux oreilles d'vn Magistrat, habile homme & entendu aux affaires qui rendu certain de cette pratique, obtient vn deuolu sur les benefices de Parmenon sous le nom d'vn de ses enfans. Obtenu on le met en instance, on plaide, voyez comme l'impudence & l'imprudence accompagnent l'impudicité, ne pouuant nier le fait aueré par la grossesse & la deposition de la fille par le tesmoignage des Parens, par la promesse escritte & le contract de mariage, faisant force de cette extremité il voulut soustenir qu'il pouuoit estre Prestre & marié, & tenir ses benefices, & cela par des raisons si sottes qu'il estoit aisé à iuger que l'esprit d'aueuglement luy auoit fait perdre en cette occasion toute la capacité qu'il auoit autrefois acquise dans l'estude. Les Iuges offencez de la temerité de ces friuoles allegations adiugerent sur le champ ses benefices au deuolutaire, & pour luy donner loisir de penser à sa conscience & de declarer de quelle religion il estoit l'enuoyerent dans vn cachot. Là se voyāt dans l'abysme de la misere & dans le sepulchre des viuans, sans esperance d'en sortir qu'en quittant la Religion Catholique, se voyant de plus despoüillé de son reuenu il se declara Huguenot, & estant sorty il espousa cette belle & grosse Sara par les mains d'vn Ministre, mettant sur sa teste les ordures que luy-mesme auoit cueillies. Seuré de ses benefices sa marmite fut bien-tost renuersee, la faim & les incommoditez de la pauureté l'accueillirent, les enfans l'accablerent de

leur charge, il ne sçauoit pas trauailler, il auoit honte de mandier, il auoit vn mesnage à nourrir, il entre en des chagrins & en des desplaisirs inconsolables, la melancolie l'accueillant il deuint insupportable à soy-mesme, & se souuenant que la langue de sa femme auoit esté cause de sa ruine il commence à la haïr autant qu'il l'auoit aymee, de-là il passe aux iniures & aux mauuais traittemens, il l'outrage en effect, & s'il luy parle c'est à bastons rompus, mais rompus sur ses espaules. Elle qui ne pensoit pas que le ioug du mariage fust si dur & si pesant, se plaint à ses freres (sa mere estant lors decedee) de la cruauté de son mary, ils luy en font des remonstrances, mais elles aigrissent dauantage la mauuaise humeur de Parmenon, il continuë ses exercices manuels, & tousiours aux despens de sa bonne partie, vous eussiez dit qu'il
luy

luy vouloit faire part de son ministere par l'imposition de ses mains, à la fin les excez de cette fureur allerent si auant qu'ils la firent accoucher auant terme dont elle pensa mourir. Vn de ses freres appelé Portian qui faisoit profession de porter vne espee menaça Parmenon de luy rendre la pareille s'il luy arriuoit de battre sa sœur, cela mit en vne telle colere nostre melancolique qu'il commença de nouueau ses tempestes & ses violences contre sa femme, Portian ne luy manqua pas de parolle, & l'ayant rencontré à diuerses fois il le chargea de bois si rudement que les marques en demeurerent assez long-temps sur la peau de Parmenon, cet outrage entra encore plus auant en son esprit qu'il ne fit d'impression sur son corps, & luy fit ruminer vne si haute vengeance qu'elle ne se terminera que par la vie de l'vn & de l'autre. La rage de cet appetit le porta iufques à ce point de furprendre fon beau frere en plaine ruë de luy defcharger vn piftolet dans la tefte, & de l'eftendre roide mort faifant voler fa ceruelle fur le paué, & tant s'en faut qu'il euft pourueu à fa retraitte, que penfant auoir fait vn acte heroïque il fe laiffa prendre fans peur & fans difficulté, ne fe fouciant plus de viure apres auoir laué l'offence qu'il auoit receuë dans le fang de fon ennemy. Son procés fut incontinent en eftat, car outre qu'il auoit commis l'homicide à la veuë de plufieurs tefmoings, il confeffoit fon coup fans contradiction, il fut donc condamné à mourir ignominieufement en vne potence, & dans les tenebres du cachot la lumiere celefte ayant rayonné en fon ame il fe conuertit entierement à Dieu, & il receut fa condamnation fi ioyeufement qu'il ne voulut iamais en appeler encore qu'on luy conseillast d'allonger au moins sa vie de cet interualle. Ses yeux estans dessillez & les escailles tombees de dessus ses prunelles il detesta toutes les erreurs de sa vie passee, & reconnust que son eleuation auoit esté sa ruine, que les richesses l'auoient porté dans l'incontinence, l'incontinence dans l'heresie, l'heresie dans la haine du prochain, la haine dans le desespoir, le desespoir dans la rage, la rage dans la vengeance, & la vengeance aueugle dans l'ignominie d'vne mort infame, il abiura donc l'heresie dont il protesta n'auoir iamais crû aucun article, mais d'y auoir esté porté par l'ardeur de la sensualité, & la douleur de se voir iustement despoüillé de ses benefices. Et s'estant remis dans le sein de l'Eglise Catholique par vne nouuelle protestation il se disposa par vne bonne penitence à vne mort si Chrestienne qu'il donna de l'edification par ses souffrances à ceux qu'il auoit scandalisez durant sa vie. Il harangua ceux qui assisterent à son supplice auecque tant d'efficace que vous eussiez dit que tout ce qu'il auoit autrefois appris de meilleur s'estoit recueilli dans sa memoire & respandu sur ses leûres, de sorte qu'il rauit tous ses auditeurs, & tira des larmes des yeux les plus secs. Ainsi finit miserablement certes selon le monde celuy qui auoit si malheureusement scandalisé l'Eglise pour ses deportemens, mais peut-estre heureusement si nous regardons le dessein de la prouidence sur cette ame pecheresse, qui passa, comme nous pouuons pieusement coniecturer, de la iustice humaine dans la misericorde diuine, & par la rigueur de la peine pour arriuer à la grace.

L'Innocente Egyptienne.

HISTOIRE VI.

C'Eſt vne choſe auſſi rare de trouuer de l'innocence parmi la malice de ces coureurs qui vont par le monde ſous le nom d'Egyptiens que de rencontrer vn Cigne noir, où vn Corbeau blanc. Ils ſont tellement nez & nourris dans la magie & le larcin, qu'auſſi-toſt qu'on les void chaſcun penſe à conſeruer ce qu'il a, & à éuiter les traicts de leurs mains ſouples & rauiſſantes. Mais comme on dit qu'auprès des Iſles Chelidoines il ſe trouue au milieu de la mer amere des ſources d'eau douce, auſſi quelquefois par merueille parmy ces compagnies deſbauchees il ſe conſerue quelque ame dans son innocence, à l'exemple de Loth qui fut si sainct dans vne ville execrable. L'Histoire qui va suiure descouurira cette verité, & fera voir que la plus innocente vie perd son lustre dans vne mauuaise compagnie. Il n'y a pas long temps que par vn village de Champagne passa vne troupe de ces Bohemiens. Comme les Nomades ce sont des escouades qui portent auec elles tout leur vaillant & tout leur mesnage, toute terre est leur païs, & tout logement est leur maison. Ayans eu permission de la Dame du lieu qui estoit vne vefue fort honorable de seiourner quelque peu dans sa Seigneurie. Vne Egyptienne qui auoit peu de iours auparauant perdu celuy qui luy tenoit lieu de mary, ou qui estoit son mary veritable, (car ce sont pour l'ordinaire autant de Samaritaines) soit quelle fust affligee de cette perte, soit

que la fatigue du chèmin l'euſt abba-
tuë, accoucha auant terme auecque
tant de douleur & de perte de ſang
qu'elle fut contrainte de quitter cette
vie. Le temps quelle euſt pour ſe diſ-
poſer à la mort qui fut de cinq où ſix
iours fut employé par elle ſi vtilement
pour pouruoir au ſalut de ſon ame,
que la Dame du lieu auertie par le
Curé des marques de penitence quelle faiſoit paroiſtre la viſita en ſa maladie. La compagnie cependant deſ-
logea & ne demeura aupres de Tamiris qu'vne vieille qu'elle appeloit ſa
tante & ſa fille Oliue, qui pouuoit
eſtre de l'aage de dix-ſept à dix-huict
ans. Auoye Dame du lieu & femme
riche & de qualité prit tant de com-
paſſion de cette penitente qui luy re-
preſentoit au naïf S. Marie Egyptienne, quelle la fit porter en ſa maiſon &
la fit penſer ſoigneuſement, mais tous
les ſoins & les bons traittemens qu'el-

le luy fit n'empeścherent point les approches de la mort qui se saisit de cette miserable parmy les pleurs de sa tante & les cris de sa fille qui se desesperoit. Vn peu auant que de rendre l'ame elle parla à Auoye d'vn esprit fort rassis, & d'vne façon fort tranquille & asseuree, & apres l'auoir fort ciuilement remerciée de tant de charité qu'elle auoit exercee en son endroit, & priee de faire donner la terre à son corps, elle luy dit en peu de parolles le cours de sa vie. La sœur de cette vieille que vous voyez, dit elle, m'enleua petite enfant du sein de mes parens sur les costes de Bretagne, ie n'ay pû sçauoir d'elle si i'estois sortie de haut où de bas lieu, parce que m'ayant trouuée à l'escart & assez bien vestuë elle n'eust pas le loisir de s'en enquerir, elle s'embarque auecque moy & le reste de la compagnie, & de là nous cinglasmes à ce qu'elle m'a raconté du cofté de l'Efpagne où elle mourut, & me laiffa en la garde de cette femme qui eftoit fa fœur. Quelques Efpagnols fe ioignirent à noftre bande, entr'autres vn ieune homme banny de l'Algarbe petit Royaume ioint au Portugal pour s'eftre trouué en vne querelle ou quelqu'vn auoit efté tué. Il auoit ie ne fçay quoy de grand & de genereux fur le front, & il eftoit aifé à voir que le feul defefpoir l'auoit porté à ce genre de vie que nous menons. Encore que nous ne viuions que de proye & de larcin il en haïffoit l'exercice, mais il eftoit induftrieux à manier les armes, à danfer, à dreffer des cheuaux, il chantoit tres-bien, & touchoit parfaittement vne guiterne, c'eftoit le plus excellent balladin & faifeur de romances qui fuft entre nous, ce qui luy acqueroit autant de profit que la volerie aux autres, communement on l'appeloit l'Amoureux. Il le deuint de moy & se picqua de mon humeur reseruee & retenuë plus que de ma beauté. Ma tante luy disant que i'auois esté enleuee luy fit imaginer que i'estois quelque fille de bon lieu, puis qu'vne si mauuaise nourriture n'alteroit point mon naturel enclin à la pudeur & à l'honnesteté. Il me declara franchement son affection, & à n'en mentir point mon inclination ne se trouua pas moins portee vers luy, de sorte que sans vne longue recherche nous nous trouuasmes liez par le mariage, où nous auons vescu auecque toute la loyauté & tout le contentement qui se peut desirer en ce chaste ioug. I'ay eu de luy quelques enfans, mais il ne m'est demeuré que cette fille que pour marque de nostre paix, & de nostre concorde nous nommasmes Oliue, tous les autres estans morts petits. Il y a quelque quatre

L'Innocente Egyptienne. 91

mois que la mort me la rauy, me laiſſant groſſe & auecque des triſteſſes
inconſolables & qui ſont comme ie
croy cauſe de ma mort. Ie ſuis bien
aiſe de le ſuiure puis qu'auſſi bien ne
l'ayant plus ie ne trainois la vie qu'à
regret, & ſi i'y laiſſe quelque choſe
auecque deplaiſir c'eſt cette fille que
i'ay iuſqu'à preſent conſeruee entiere & ſans tache, auecque tous les
ſoins dont ie me ſuis pû auiſer,
n'ayant plus les yeux d'vne mere
pour veiller ſur ſes actions, ie crains
ſa ruine parmy tant d'embuſches
que l'on dreſſera à ſa chaſteté dans
vne conuerſation ſi libre & ſi peril-
leuſe que celle de ces perſonnes ra-
maſſees qui rodent par le pays ſous
le tiltre d'Egyptiens. Si ie pouuois
eſperer de voſtre bonté, Madame,
que vous la logeaſſiez, non pas chez
vous (elle ne le merite pas) mais en
quelque maiſon où ſon honneur

pust estre conserué ie mourrois la plus contente creature du monde. I'ay quelque chose dequoy la pouruoir & marier honnestement, quoy que petitement, lors qu'on aura cogneu ses bonnes mœurs, & qu'il se presentera quelque parti raisonnable. Ce que i'ay n'est point mal acquis, car mon mary & moy l'auons amassé, non de larcins & de brigandages, mais ou de nostre trauail ou de nostre trafic & industrie, nous n'estions qu'en la compagnie des Egyptiens, mais nos actions estoient fort esloignées des leurs, nous detestions leurs tours de soupplesse, leurs larcins, leurs diuinations, leurs desbauches, & cent fois nous fusmes en termes de nous separer d'vne si miserable conuersation, mais nous y estions retenus par ie ne sçay quels charmes qui nous faisoient suiure de corps ceux que nos esprits auoient

L'Innocente Egyptienne. 93

en horreur. Mon mary en mourant me laiſſa cent piſtoles dans vne bourſe que ie vous remettray, Madame, s'il vous plaiſt de ranger cette pauure fille en quelque honneſte maiſon parmi vos ſuiects, elle eſt fort adroitte & elle pourra ſeruir vtilement, elle ſçait trauailler à l'aiguille aſſez proprement, & ie m'aſſeure que le temps qui deſcouure tout fera cognoiſtre ſa vertu à ceux qui la frequenteront. Que ce viſage bazanné n'eſtonne perſonne, cette couleur ne luy eſt pas naturelle, mais artificielle, & bien que le haſle du Soleil où nous ſommes ordinairement expoſees contribuë quelque choſe à nous gaſter le teint, ce n'eſt rien pourtant à comparaiſon du ſuc d'vne certaine herbe qui nous brunit de la ſorte, & nous ſçauons le ſecret de certaine lexiue pour leuer cette noirceur, vous en verrez l'experience quand il vous plaira, & ie m'asseure que ce visage d'Oliue maintenant oliuastre vous paroistra assez blanc & vermeil, & que les traicts n'en estant point mal formez il aura sinon assez de beauté pour estre fort agreable, au moins assez de grace pour ne desplaire point. Auoye escouta tout ce discours auec non moins d'estonnement de l'esprit de cette Egyptienne que de compassion de sa fille, luy promettant toute l'assistance qu'elle desiroit d'elle, de la retirer en sa maison, de s'en seruir pourueu quelle ne fust, ny sorciere, ny larronnesse, ny vicieuse, & mesme de luy faire du bien & d'adiouster quelque chose en la mariant au depost qui luy seroit remis. Tamiris la pria de luy tendre la main, & apres l'auoir chaudement baisee & arrosee de ses larmes elle mit dedans vne bourse ou estoiét les cent pistoles, recommandant cette orfeline à sa garde, & à sa charité, & laissant à sa tante encore quelque somme & vne partie de ses hardes, cette vieille ne voulant pas quitter la compagnie où elle auoit d'autres parens, & estant bien affligee de se voir frustree, & de la bource & de la ieune Oliue. Cette malade ayant rendu l'ame auecque de grands tesmoignages de repentance & de pieté, Auoye la fit enterrer honorablement, la vieille s'en alla, & la fille demeura au seruice de cette Dame. C'est grand cas que la deffiance, & combien il est difficile de l'arracher d'vn esprit où elle a vne fois pris racine. Encore qu'Oliue se comportast auecque tant de fidelité, d'humilité, & de modestie qu'elle fust irreprehensible, & que sa Maistresse l'aimast bien, elle estoit tousiours en ombrage, & craignoit sans cesse quelle ne fust sorciere ou larronnesse. Les autres seruantes enuieuses de sa gentil-

lesse & de son addresse luy dressoient tous les iours des pieges pour augmenter le soupçon d'Auoye, & s'il se perdoit quelque chose par la maison c'estoit tousiours cette Egyptienne qui l'auoit pris. Si quelqu'vn y estoit malade ou par le village c'estoit elle qui l'auoit ensorcelé, la gresle, la gelée, la mort de quelque bestail estoiét de ses effects, bref elle estoit l'innocente cause de tous les mal-heurs qui arriuoient. Si Auoye la fauorisoit parmy toutes ces contradictions c'estoit par quelque charme. La malice en vint iusques à ce point de mesler parmy ses hardes des parchemins, des caracteres, des billets, des poudres, des peaux de serpent, des pattes de crapaut, des graisses, affin que cela venant en euidence on la prit pour vne Magicienne. Si elle prioit Dieu, si elle frequentoit l'Eglise & les Sacremens c'estoit par hyppocrisie, si elle estoit
retiree

L'Innocente Egyptienne. 97

retiree c'estoit pour s'entretenir auecque les demons, & vacquer à ses sortileges, si quelqu'vn deuenoit amoureux d'elle aussi-tost elle luy auoit donné quelque breuuage, ou soufflé en la face, ou fait quelque charme pour acquerir son amour. Toutes ces impostures se faisoient auecque tant d'art qu'Auoye estoit fort tentee d'y prester sa creance, les villageois aisez à persuader tenoient tout cela pour certain. Mais lors que d'autre costé sa Maistresse consideroit les deportemens, sa diligence, sa modestie, son honnesteté, sa pieté, elle tenoit tout cela pour des calomnies & la conseruoit en son amitié & en sa protection. Il auint en fin par le malheur de cette chetiue creature que Leon fils d'Auoye ieune Gentilhomme de vingt ans trouua quelque chose en Oliue qui luy plut, & croyant cette place de facile conque-

G

ste il commença à l'assieger & à faire ses approches tant à descouuert, qu'Oliue eust eu trop peu d'esprit pour ne deuiner pas ses pretensions. Elle ferma les oreilles à ses caiolleries & par des fuittes estudiees elle euitoit si soigneusement sa rencontre que si ces difficultez n'eussent point accreu la flamme de Leon cette froideur eust esté capable de l'esteindre. Cette honnesteté le picqua, & cette resistance luy fit appliquer tout son esprit à vaincre celle qui opposoit tant d'artifices à ses desirs. Comme il la presse & que des prieres il vient aux menaces, & des menaces à la violence. Oliue ne sçachant plus comme resister à cette force auertit Auoye des fureurs de son fils, affin quelle y apportast du remede & luy seruit de protection. Leon cachoit si peu son ieu & manifestoit tellement son feu que sa mere s'en estoit assez apperceuë, & comme elle estoit sur le point de luy en faire des reprimendes, les plaintes d'Oliue l'animerent dauantage à la correction. Elle laue donc la teste à son fils d'vne lexiue si forte que cela changea en despit l'amour qu'il auoit pour Oliue, & perdant l'espoir de la posseder il prit le desir de se vanger d'elle, mais d'vne solemnelle vengeance. De là à quelques iours il s'auisa de renouueler encore les bruits de l'imaginaire magie d'Oliue, d'en faire murmurer les villageois & aussi les domestiques de sa mere, il suscite des accusateurs, & entr'autres vne mere qui ayant son enfant ethique crioit tout haut que l'Egyptienne l'auoit ensorcelé. Leon mesme se plaignit à sa mere qu'il estoit comme forcé d'aymer Oliue, & qu'il croyoit quelle luy eust donné par ses charmes cette passion, & que pour n'estre plus tourmenté des inquietudes qui le trauailloient la nuict & le iour auecque ie ne sçay quels fantosmes qu'il feignoit le troubler, il protesta qu'il se retireroit si sa mere ne chassoit cette sorciere, & cependant son dessein estoit de l'enleuer & mesme de la violer s'il la voyoit ainsi abandonnee, comme Auoye à qui les larmes d'Oliue faisoient pitié marchandoit à la renuoyer, cette fille esperduë ne sçachant au sortir de là ou se mettre à l'abry. Leon s'auisa d'vne insigne meschanceté, il sçauoit ou sa mere auoit serré la bource des cent pistoles d'Oliue, il crocheta le coffre & le referma aussi bien que s'il n'eust point esté ouuert, il prend les cent pistoles & met en leur place cent fueilles de chesne, & puis s'en va à Paris passer son temps tant que cette somme dureroit. Estant party sa mere qui crût qu'il ne reuiendroit point à la maison qu'Oliue n'en fut dehors, se resolut de l'en

faire sortir, & luy ayant trouué vne autre maistresse, comme elle eut plié ses hardes Auoye luy voulut rendre sa bourse & ses cent pistoles, & n'ayant trouué que ces cent fueilles de chesne ce fut lors que toutes les mauuaises opinions qu'elle auoit iamais conceuës d'elle se representerent à son esprit comme des veritez, & que toutes les calomnies & les murmures qu'on auoit faits contr'elle luy parurent autant d'oracles. Elle passe en sa creance & sa mere aussi pour sorciere, pour larronnesse, pour hyppocrite, pour meschante, en vn mot pour Egyptienne, elle se repent des bons offices quelle luy a rendus, ne parle plus de recompenser ses seruices, mais de faire punir ses crimes par le fer & le feu, elle fait venir les officiers de sa Iustice pour luy faire son procés, tout le village s'assemble, les domestiques aussi, la bourse est produitte auecque
G iij

les cent fueilles de chesne, qu'est il besoin de tesmoins ny de torture, elle est tenuë pour attainte & conuaincuë de sorcellerie, on la veut mettre en prison en attendant qu'on prepare son supplice, la pauure Oliue pleure, inuocque Dieu, proteste de son innocence, le peuple s'anime, le bourg estoit gros, les enuieux & murmurateurs en grand nombre, les domestiques soufflent le feu dans les cœurs de cette multitude, on en vient aux clameurs, de là aux forceneries, à la violence, on l'arrache des mains de la Iustice, on court aux pierres, aux bastons, aux espees, chacun luy donne vn coup, elle est assommee, accablee, foulee aux pieds, mise en pieces tant c'est vn torrent impetueux qu'vne emotion populaire, ainsi l'execution deuança la condamnation, le corps deschiré, fut ietté à la voirie, & exposé aux chiens, voila comme le iuste souffre, & nul ne fait reflexion sur sa mort, tous sont arrosez de son sang & nul ne croit en estre coupable. Au contraire il n'y a celuy qui n'estime auoir fait vne bonne œuure, & offert vn sacrifice à Dieu. De poursuitte ny de chastiment il n'en faut point parler, la quantité des criminels fait qu'on ne sçait à qui s'en prendre, & puis les Iuges mesmes trouuent de l'equité en cette punition. La nouuelle en vint à Leon qui la receut tout d'vne autre façon qu'il ne s'imaginoit; car il ne croyoit pas qu'on d'eust aller si promptement en besoigne, ny proceder si cruellement & si criminellement côtre Oliue. Il reuint en la maison de sa mere, & par permission de Dieu pour des-abuser le monde & rendre la bonne renommee à la memoire d'Oliue, il auoüa qu'il auoit mis les cent fueilles de chesne dans la bource au lieu des cent pistoles dont

G iiij

il en monstra encore plusieurs de reste, protesta que cette fille estoit innocente, & que sa vertueuse vie meritoit vn plus fauorable destin. Cette verité descouuerte fut vn coup de couteau dans le sein d'Auoye, qui rappelare en sa memoire la douceur, la fidelité, la pieté, & tant d'autres graces du ciel qui estoient visibles en Oliue, conceût vn si violent regret d'auoir esté cause de sa mort, qu'elle n'eust depuis vne seule heure de ioye ny de santé, tousiours cette sanglante image se presentoit à ses yeux, & ce sang iuste comme celuy d'Abel luy sembloit demander vengeance au ciel contr'elle. Vne grosse fiebure l'accueillit qui luy donna assignation au tombeau, elle s'y disposa par la penitence, enioignant à son fils de donner les cent pistoles à l'Eglise, & elle mesme y adiousta vne notable somme pour faire vne fondation affin de prier Dieu pour Tamiris & Oliue à perpetuité, apres elle fut saisie de resueries extrauagantes qui agiterent son esprit iusques à ce qu'il eust separé de son corps. Apres sa mort Leon negligea d'executer la volonté & le testament de sa mere, & se mocqua de la restitution des cent pistoles qu'il auoit consommees en desbauches & en despences inutiles, mais il ne porta pas loin la peine de sa faute ; car de là à quelque temps il fut tué en trahison par vn mary ialoux de qui on tenoit qu'il sollicitoit la femme. Funeste auanture de l'innocence, & qui fait voir la malice & la precipitation, l'enuie & la calomnie, les deffiances & les soupçons en diuers lustres. Et ce qui est de plus emerueillable c'est d'y rencontrer des diamans dans vn fumier, & des personnes vertueuses parmy des compagnies de personnes ramassees qui sont comme l'esgoust

& la sentine de toutes sortes de vices : personnes qui sont comme autant de meres perles au milieu de la mer. Et comme des lampes ardantes en des lieux obscurs, & ou ne se pratiquent que des œuures de tenebres.

La Confession reuelee.

HISTOIRE VII.

IL n'y a rien qui rende vn Prestre plus execrable que de reueler la confession, & c'est vn des plus grands & plus punissables crimes qu'vn Ecclesiastique puisse commettre. Aussi ne voyons nous point de plus seueres ny rigoureux canons que ceux qui parlent du chastiment de cette abomination, & ce qui est de remarquable c'est que les loix outre les punitions exemplaires de ceux qui la commettent ne permettent pas qu'on adiouste aucune foy en iugement à ce qui vient à la cognoissance des hommes par cette voie là, tout cela estant remis, comme des cas reseruez à la Iustice diuine; Depuis peu de iours il en est arriué vne occurrence remarquable qui a fait naistre vn Arrest signalé qui rendra venerable à la posterité, l'equité & la Iustice du tres-catholique Parlement de Tolose. Vn Bourgeois de la ville que nous appelerons Adrian, voulant faire sa prouision de vin s'addressa à vn Cabaretier nommé Nabor qui luy promit de luy en vendre à bon prix, & de tel qu'il luy falloit pour son mesnage. Il luy en fit gouster d'vn qu'il eust agreable, & le marché estant fait Adrian auant que le faire porter en sa maison s'auisa d'aller vn soir chez le Tauernier pour voir les pieces sur le chantier & se garder d'estre surpris. Nabor le meine à sa caue où venans à percer les pieces Adrian trouua que ce vin-là ne reuenoit pas au goust de celuy qu'il auoit essayé, Nabor asseurant que c'estoit de celuy-là mesme dont il auoit tasté & qu'il luy auoit vendu, Adrian le nyant & adioustant à cette negatiue des iniures & des menaces, Nabor qui estoit homme mal endurant luy repartit auecque des parolles si picquantes, qu'Adrian ne les pouuant supporter haussa la main & luy en deslascha vn si bon soufflet qu'il luy fit voir les estoiles dedans cette caue, & le porta presque par terre, Nabor luy replique à coups de poing, Adrian repart si brusquement, que Nabor voyant que sans autre aide que de ses mains la partie n'estoit pas assez forte de son costé se saisit d'vn maillet qu'il rencontra, & en ramena vn tel coup sur la teste d'Adrian qu'il l'estendit roide mort sur la place. Luy qui ne pensoit à rien moins qu'à le tuër, & qui ne songeoit qu'à se deffendre & à repousser l'iniure, demeura si estonné qu'à peine pouuoit-il rauoir ses esprits. A la fin recueillant sa raison que la colere & la frayeur auoient esgaree, il tire le corps dans vne arriere caue, foüit la terre & le met dedans auecque ses habits & met des pieces de vin dessus, fermant cette arriere caue & en gardant la clef. Cela fait il reprend le visage le plus rassis qu'il pust former & se range au train ordinaire de son exercice. On a beau attendre Adrian à sa maison, il ne reuient point, & il n'y retournera iamais, sa femme & ses enfans en sont en grand peine, on le cherche par tout, & on ne le trouue point, on l'auoit veu entrer chez Nabor, on luy en demande des nouuelles, encore que le cœur luy battist il respond d'vne contenance assez asseuree qu'il ne sçait où il est, qu'il a bien esté chez luy, mais qu'il n'est pas responsable de ceux qui entrent & sortent de sa maison, ouuerte à tous venans comme vn Cabaret ou chacun beuuoit pour son argent. Les heritiers d'Adrian font toutes les diligéces possibles pour sçauoir qu'estoit deuenu leur pere, mais ils n'en peuuent rien apprendre. De-là à quelques mois Pasque vient. Nabor trauaillé des remords de son homicide se veut bien remettre auecque Dieu, esperant que sa misericorde luy remettroit vne offence qu'il auoit commise inopinement, & dont il auoit vne extreme repentance. Il s'addresse à vn Prestre son Confesseur ordinaire, & sans aucun desguisement luy reuele sa cause, & luy represente le fait ainsi que nous l'auons raconté, luy tesmoigne son repentir, & s'estant en suitte accusé de toutes ses autres fautes il

La Confession reuelee.

obtient la grace de l'absolution & s'en retourne en sa maison en magnifiant Dieu qui auoit donné vne telle puissance aux hómes que de deslier les pechez, ouurir le ciel & fermer les abysmes. Le bruict de la perte d'Adrian auoit esté si grand dans la ville qu'il n'y auoit aucun qui le pust ignorer. Celse (ainsi appelerons nous ce malheureux Prestre) auoit quelque cognoissance de la vefue d'Adrian & de ses enfans, les voyant donc en peine il les va voir & leur dit qu'ils ne deuoient plus estre en attente d'vn homme qui estoit mort, & qu'ils feroient mieux de faire prier Dieu pour son ame. Là dessus on le presse de dire ce qu'il en sçait, il s'en excuse au commencement, disant qu'il le sçauoit sous vn sceau inuiolable & qu'il n'en pouuoit dire dauantage, on entendit bien qu'il vouloit dire celuy de la Confession, à raison dequoy sur l'heure on ne l'en importuna point, mais vn des enfans sçachant que cet homme estoit vn auare luy ietta dans les yeux de la poudre d'or, & luy ayant promis vne somme d'argent auec cette clef il crocheta le secret & apprit qu'il trouueroit le corps de son pere dans vne arriere caue de la maison de Nabor où ce Cabaretier l'auoit enterré apres l'auoir assommé de la façon que nous auons rapportee. Ce fils presente requeste au Iuge, & sur la deposition de quelques tesmoins qui auoient veu entrer Adrian chez Nabor il obtient vne visite en cette maison, luy qui sçauoit la cachette par la reuelation de Celse ne manqua pas d'y trouuer le corps de son pere enuelopé encore de ses habits, qu'est il besoin de plus ample information. Nabor est saisi, & sans aucune gesne dés le premier interrogatoire il confesse librement de quelle sorte le sorte il auoit tué Adrian sans y penser & en se deffendant, de tesmoins de son excuse il n'y en auoit point, l'aueu d'auoir fait le meurtre le rendoit assez conuaincu, il se condamne luy mesme à la mort & s'y dispose franchement, mais il proteste tout haut & à la face de la Iustice qu'il n'y auoit que Dieu & son Côfesseur qu'il nomma qui sceussent son crime, nul ne l'ayant veu commettre, & n'estans entré en l'arriere caue où il auoit enterré le corps depuis qu'il auoit fait cet excés. Cette parolle fut remarquee, on demande au fils par quelle voye il auoit descouuert cet homicide de son pere; il refuse au commencement de la dire, menacé de la prison & de la gesne il declare que par vne somme d'argent il a tiré ce secret de la bouche de Celse; Celse est saisi comme il estoit sur le point de prendre la fuitte, ce qui fit coniecturer qu'il se sentoit

H

coulpable, interrogé sur l'accusation du fils, il nie d'abbord d'auoir rien descouuert, pressé il se couppe, & ayant pris conseil il tascha de s'excuser par vne espece de crainte, qui peut esbranler vn homme constant c'est celle de la mort, & qui est authorisée par le droict, il confesse que son imprudence ayant esté telle que de dire à la vefue & aux enfans d'Adrian qu'ils ne se missent plus en peine de le chercher parce qu'il estoit mort. Ce fils qui l'accusoit n'ayant pû apprendre de luy aucune particularité, parce qu'il declara que ce qu'il en sçauoit estoit par le tribunal de la Confession, apres auoir tenté en vain sa fidelité par l'offre d'vne somme, l'auroit en fin contrainct le poignard à la gorge de luy dire ce qu'il en sçauoit. Cette couleur specieuse embroüilla l'affaire durant quelques iours, & rendit en l'opinion de plusieurs ce Prestre aucunement excusable & plustost inconsideré que malicieux, mais à la fin par les enquestes, les confortations, & le reste des procedures la verité sortit du puis de Democrite, le secret des cœurs fut descouuert, & la cachette des tenebres manifestee. Le Prestre fut trouué coulpable, & par vn iuste & vrayment remarquable & Catholique Arrest il porta la peine qui attendoit Nabor, & fut condamné à estre pendu & son corps reduit en cendres, & Nabor renuoyé absous & en sa maison, hors de Cour & de procés, & iouïssant purement & plainement du benefice de l'absolution qu'il auoit receu au Sacrement de Penitence. Iugement solemnel & memorable, & qui nous apprend que comme au Sacrement de Mariage l'homme ne peut separer ce que Dieu a conioinct, en celuy de la Confession, l'homme ne peut reueler ce que Dieu tient ca-

H ij

ché dans la cachette de son visage, & ne decele iamais à personne, & que les Prestres qui sont si sacrileges que de violer ce sceau sacré meritent d'estre punis de chastimens rigoureux & exemplaires.

Le faux Ami.

HISTOIRE VIII.

L'Apostre à grande raison de mettre les faux freres entre les plus grands perils qui se rencontrent en ce monde. Monde où la duplicité & la malignité sont si communes, la sincerité & la fidelité si rares. Le Roy Prophete se plaint de ses faux amis beaucoup plus que de ses ennemis veritables, si mon ennemy, dit-il, eust parlé de moy des-auantageusement ie

Le faux Ami.

l'eusse souffert auecque patience, & s'il m'eust poursuiuy ie me fusse escarté de deuant sa fureur, mais toy qui me tesmoignois de l'amitié, de qui ie pensois connoistre la franchise, & le gentil courage, qui as fait tant de repas auecque moy me trahissant ainsi laschement comme tu fais, que te puis-ie souhaitter sinon toute sorte de mal-heurs. Cette tromperie si ordinaire parmy les hommes a fait naistre cette maxime de la prudence du siecle de ne se fier iamais de son secret qu'à soy-mesme. Que si en l'amitié se commettent tant de desloyautez, en l'amour combien plus se pratiquent de fourbes. Vous l'allez voir en cette Histoire qui se terminera dans le tragicque spectacle d'vne insigne perfidie. En vne Prouince de nostre France que ie ne veux pas nommer, Cratis & Partian deux Gentil-hommes voisins viuoient non seulement en vne bonne intelligence, mais en vne estroitte amitié, iusques à ce que l'amour, ce petit boute-feu, vint mettre de la diuision en l'vnion de leurs ames, & logea la perfidie en la place que la loyauté auoit si long temps occupee. Ils estoient tous deux en la fleur de leur aage, & en cette saison de la vie qui porte les hommes au mariage & à l'establissement de leur fortune. Politian ietta les yeux sur Phebé ieune Damoiselle heritiere de sa maison, & qui auecque des richesses abondantes auoit vne beauté capable de picquer vn cœur porté à la bien-veillance. Elle estoit en la puissance d'vn tuteur qui ne demandoit que de se descharger de cette pupille & du maniment d'vn bien dont l'abondance estoit meslee de quelque embarras de procés & d'affaires. Politian se promettant d'en venir à bout, & que l'vtile vaudroit bien la peine qu'il y employeroit, se met à la recherche de cette fille, & comme il estoit braue Gentil-homme & fort accomply il luy fut aisé de se rendre agreable à cette Damoiselle, qui ne desiroit rien tant que d'estre maistresse, & de changer la subiection d'vn tuteur à la compagnie d'vn mary. Le commencement de cette recherche fut vne simple conuersation, cette conuersation deuint frequentation, cette frequentation complaisance, cette complaisance intelligence, cette intelligence amour, cette amour fit l'ouuerture de la poursuitte. Le tuteur ne prenant pas de si prés garde aux deportemens de sa pupille laissa insensiblement engager son cœur en l'affection de Politian, & quand il vint à descouurir son dessein qui tendoit au mariage, l'autre qui ne faisoit rien sans l'auis des parens les consulta, & il trouua leurs opinions differentes. La mesure ordinaire des mariages selon le monde ce sont les biens. Politian ne sembloit pas en auoir assez pour estre vn party esgal à Phebé, aussi auoit-il haussé les yeux & porté ses desirs vers elle autant pour augmenter sa fortune que pour posseder sa personne. Sur cette difficulté Politian qui s'estoit asseuré de l'affection de la fille (si on se peut asseurer d'vne chose aussi mouuante qu'vne fueille) s'auisa pour attirer en sa faueur celle des parens d'y employer son amy Cratis qui auoit de la creance parmy eux, Cratis s'y porta au commencement à la bonne foy, & y rendit quelques deuoirs, mais l'amour luy ayant ouuert les yeux sur le visage de Phebé, & son interest luy ayant representé l'esclat de ses biens il crût que ce morceau seroit aussi friand pour sa bouche que pour celle de son ami, & que sans violer l'amitié il pouuoit garder l'ordre de la charité en commençant par soy-mesme. Au lieu donc d'applanir les difficultez il les augmente, il raualle le bien de Politian, il represente que sa mere qui estoit encore en vie en possedoit la meilleure part, qu'ils estoient beaucoup d'enfans, que ce qui paroissoit aucunement en gros seroit peu de chose estant partagé, que Phebé meritoit quelque chose de plus haut, & en cela il se conduisoit auecque tant de soupplesse que faisant semblant de parler pour son amy il desfaisoit en peu de mots ce qu'il feignoit d'establir en vne grande quantité de parolles ambiguës & embarrassees, rusant de la sorte & esloignant les esprits des parens autant qu'il pouuoit de cette alliance, il abborde Phebé dont il trouua le cœur extremement attaché à Politian, & ce fut icy où ses finesses furent necessaires pour descoudre cette liaison qu'vne longue conuersation auoit formee, faisant donc semblant d'applaudir à cette bien-veillance & de loüer son amy, il taschoit peu à peu à faire entendre à Phebé que ce n'estoit pas tout ce qu'elle pensoit, que le mariage estoit vn marché où il falloit considerer plusieurs choses, qu'on ne se marioit pas tant pour soy que pour sa posterité, que Politian auoit vne mere & mere imperieuse qui vouloit tout gouuerner, & qui la reduiroit en des suiettions fascheuses, quelle ne seroit pas maistresse chez soy, que son mary mesme seroit comme en tutele, & que mal-aisement deux femmes se pouuoient accorder en vn mesme mesnage. Phebé fut troublee à ce discours, & l'accort Cratis ayant iugé par les changemens de son visage de l'emotion de son ame, & remarque que c'estoit-là l'endroit le plus foible renforça la batterie, en sorte qu'il allentit le feu quelle auoit fort ardent pour Politian, & elle en deuint toute refueufe. Ayant ainfi à diuerfes fois & par plufieurs artifices fapé les fondemens de cette amour, il tafcha de s'infinuër aux bonnes graces de Phebé, ce qu'il fit affez aifement ayant defbauché cet efprit de fa premiere affection, & le marché eftant prefque fait auecque le fecond, quand on eft defgoufté du premier marchát, qu'eft-il befoin d'examiner fi particulierement fon procedé, ayant fupplanté Politian il fe mit en fa place, & en peu de iours ayant obtenu le confentement des parens & de la fille il fe vid en poffeffion de Phebé par le mariage. Si vous me demandez de quelle forte Politian fe laiffa fi aifément enleuer fa maiftreffe fans en tefmoigner plus de reffentiment, ie vous auife que le trompeur Cratis comme vn couteau tranchant des deux parts sceut si bien souffler le chaud & le froid d'vne mesme bouche qu'à mesme temps qu'il faisoit des mauuais rapports de Politian à Phebé, il en faisoit d'autres de Phebé à Politian qui refroidirent sa passion & le retirerent sans bruit de cette poursuitte, ainsi loyseleur iouë doucement de l'appeau pour surprendre le simple oysillon & le faire donner dans ses filets. Mais il en est des ruses comme du fard, tost où tard elles paroissent à la honte & au dommage de leurs autheurs. Cratis fut si peu consideré de descouurir à sa femme le stratageme dont il s'estoit seruy pour la destacher de l'amour de Politian & se l'acquerir pour femme. Comme il est mal-aisé qu'il n'arriue à la longue quelque discorde ou mescontentement entre les matiez, Cratis & Phebé estans tombez en quelque noise elle luy reprocha sa tromperie, &

comme si elle se fust repentie de l'auoir espousé elle luy dit qu'il n'estoit son mary que par surprise. Cette reproche offence Cratis qui luy repartit auecque des parolles aigres, & dit on que quelque soufflet en vola sur la iouë de Phebé. Cette femelle irritee medite sa vengeance & rappelant en son esprit ses premieres affections pour Politian elle se resout de renuerser cet affront sur la teste de Cratis aux despens de son propre honneur. Elle accoste Politian qui ne s'estoit point distraict de la frequentation ny de l'amitié de Cratis pour ce mariage, ce faux amy ayant conduit son stratageme auecque tant d'art qu'il ne s'estoit point apperceu de sa trahison. Elle luy manifeste tout l'artifice dont Politian ne fut pas moins surpris que si la foudre fust venu balayer la terre sous ses pieds. Tandis qu'il en medite vne vengeance notable Phebé luy en ouure le plus doux moyen qu'il euſt pû deſirer, elle luy declare ſa colere contre Cratis & iuſqu'où alloit ſon indignation, ce que Politian meſnagea ſi dextrement que ſans m'amuſer à porter plus de lumiere qu'il ne faut dans ce negoce de tenebres ils r'allumerent leur ancien brandon qui dans peu de iours mit leur reputation & leur vie en cendres. Cette pratique ne ſe pût conduire ſi ſecrettement que le faux amy ne s'en apperceuſt, & Cratis eſtimant que par la loy du Talion Politian luy pourroit bien rendre le change de ſa tromperie, ſe met ſur les aguets & il ne trouua que trop vray ce qu'il euſt voulu n'eſtre qu'en apparence. Vn pareil tort ne ſe laue que dans le ſang ſelon les maximes du monde. Cratis fait tant qu'il ſurprend enſemble Phebé & Politian, & tandis que la colere le porte premierement ſur cette femme infidelle reseruant son galand pour la seconde execution de sa vengeance. Politian eust le loisir de se saisir d'vn poignard qu'il auoit sous le cheuet du lict où il estoit couché auecque la mal-heureuse Phebé & de l'enfoncer dans le sein de Cratis, qui mourust à l'instant sur sa femme morte. Ceux qui accompagnoient Cratis en cette execution le voyant mort blecerent Politian en diuers lieux, & sans l'acheuer ils se saisirent de luy & le remirent entre les mains de la Iustice, qui ayant expedié son procés en peu de iours le condamna à perdre la teste comme adultere & homicide. Chaisne miserable du peché qui entasse tant de morts & tant de maux les vns sur les autres. L'amour, l'interest, la tromperie, la colere, la vengeance, le despit, la desloyauté, ioüent icy diuers personnages. Et dans ce seul exemple nous pouuons apprendre l'aueuglement de tous ceux qui abandonnans l'ourse de la raison se laissent aller aux tempestes des passions qui les poussent dans des escueils où ils font de tristes naufrages. O Seigneur le salut est loin des pecheurs, car ils n'ont pas recherché vos iustifications. Le repentir & l'infelicité accompagnent leurs voyes ; ils ne cognoissent point celle de la tranquilité. Vne grande & profonde paix enuironne ceux qui se tiennent dans l'obseruance de vostre loy, & ils ne sont suiects à aucun scandale.

Le Parricide Mal-heureux.

HISTOIRE IX.

Idelle, & Honoré, Gentils-hommes d'vne mesme Prouince ayans esté nourris Pages de l'escurie sous Henry Troisiesme noüerent ensemble vne amitié si estroitte quelle estoit en admiration à tous leurs compagnons, ils la continuerent estans de retour en leurs Prouinces, & sortis de ce premier seruice qu'en leur ieunesse ils auoient rendu au Roy. Depuis ils furent freres d'armes, ils coururent la Flandres & l'Alemagne où dans les hazards de la guerre ils se rendirent des assistances l'vn à l'autre telles qu'on les doit at-

Amphit. Sanglant. I

tendre de deux parfaits amis. Estans de retour en leurs maisons sans auoir rapporté de tant de peines & de perils courus autre recompense que la gloire, dont les grands courages font plus d'estat que de toutes les richesses du monde, ils songerent à se pouruoir & à mener vne vie douce & retiree. Ils se marierent à des Damoiselles de leur voysinage si conformes d'humeurs que la mesme amitié qui estoit entre leurs maris se forma entr'elles. Ils passerent quelques annees en vne vie assez heureuse Si la chicane qui est la guerre de la paix & vn fleau qui ne ruine pas moins de familles que la guerre mesme ne fust venu troubler leur repos. Le bien de la femme de Fidele se trouua vn peu embrouillé, & comme l'on dit de la plume de l'aigle quelle ronge les autres, en le voulant esclaircir il embarrassa le sien de telle sorte que la iudicature (car d'appeler cela iuſtice il n'y a pas d'apparence) le ruina; reduit à d'extremes miſeres, Honoré fut ſon refuge qui ne luy manqua pas tant que Dieu luy en donna les moyens, mais en fin il fut contrainct de luy dire comme les Vierges ſages aux folles, de peur que mon bien ne ſoit pas ſuffiſant pour vous & pour moy, il eſt plus raiſonnable que vous alliez pouſſer voſtre fortune & que vous taſchiez de releuer voſtre maiſon par voſtre vaillance. Comme Fidele eſtoit en cette deliberation ſa femme laſſee d'ennuis & de triſteſſes prit vne maladie qui la tira des miſeres du monde, ne laiſſant de ſon mariage qu'vne fille appelee Vrbanie de l'aage de douze où treize ans, ſe voyant libre du ioug qui le tenoit attaché il ſe reſolut d'aller dans les armes chercher, ou vne mort honorable, ou vne plus auantageuſe condition, ayant donc recueilli ce qu'il pût du reste de ses pertes il se met en equipage laissant fort peu de bien à Vrbaine, & la remettant entre les mains de Fidele qui luy promit de l'esleuer comme sa propre fille, & mesme de la faire espouser à vn de ses fils quand elle seroit en aage d'estre mariee. Honoré s'en alla en Allemagne ou aussi-tost il trouua party aupres du Duc de Bauiere qui luy donna vn rang honorable dans sa milice, & vn entretien digne de sa qualité en attendant que les occasions des troubles d'Allemagne luy donnassent le suiet d'employer son courage & son adresse. Mais reuenons en France ou s'offre à mes yeux le spectacle funeste qui fait le principal de nostre Histoire. Vrbaine esleuee entre les enfans d'Honoré treuua tant de grace deuant les yeux de son aisné que nous nommerons Dioscore, qu'il sembloit que ce ne fust qu'vne ame en deux corps tant leur vnion estoit parfaitte. Honoré au commencement fut fort aise de voir que son desir reüssist auecque tant de bon-heur, souhaittant par le mariage de ces deux amans rendre ce tesmoignage à Fidele qu'il preferoit son amitié à toutes les plus riches alliances qu'il eust pû rencontrer pour son fils. Mais quand l'aage eust apporté à la naissante beauté d'Vrbaine le mesme lustre que l'espanouïssement adiouste au bouton de la rose, cet esclat donna dans les yeux de ce pere inconsideré, & il se mit à la souhaitter pour autre que pour belle-fille. De-ja ce ieune orient auoit attaint les quinze à seize ans, & Dioscore qui n'auoit qu'vn an plus quelle n'estoit pas en cette force qu'on desire aux hommes qui se rangent sous les loix d'Hymen, bien qu'il ressentist d'autant plus fortement les traicts de l'amour, que ce feu agit plus puissamment sur le bois verd que sur le sec. Il estoit des-ja accordé à Vrbaine qu'il regardoit comme celle qui asseurement deuoit estre son espouse, & il languissoit en l'attente de son entiere possession, lors qu'Honoré aueuglé par cette folle deité qui porte vn bandeau sur ses yeux suruint comme vne froide gelee qui ternit toute la grace des fleurs. Il se met auecque des soins si assidus & des continances si passionnees à carresser & à caioller cette ieune fille qu'il eust fallu estre tout à fait ignorant des passions affectueuses pour ne cognoistre pas la sienne. Ce qui fit entrer sa femme en vne ialousie aussi vehemente qu'elle estoit iuste. Ialousie qui la rendit d'vne humeur si aigre & tempestatiue qu'il n'y auoit plus de repos en la maison que quand elle dormoit. Le pauure Dioscore s'en apperceut aussi qui se voyāt vn si puissant riual sur les bras ne sçauoit à quoy se resoudre. Honoré fermant les yeux à toute cósideration sinon à celle de son iniuste desir se mocque des tempestes de sa femme & ne laisse de continuër ses poursuittes malgré ses reproches, & poursuiure Vrbaine mesme sur son visage. Cette femme craignant la colere de son mary dont le bras estoit redoutable, tourne sa fureur contre l'innocente fille, & comme si elle eust contribué quelque chose à l'erreur d'Honoré, elle luy fait des traittemens si rudes qu'ils n'estoient pas supportables, encore luy estoit moins fascheuse la colère de la femme que l'Amour du mary, & Dioscore qui voyoit l'vne & l'autre tourmenter vne personne qui luy estoit si chere ne sçauoit que deuenir. Toute la consolation de ces cœurs affligez estoit en l'esperance d'vn meilleur temps, & de voir la raison maistresse dans l'esprit d'Honoré

I iiij

& de sa femme. Mais c'estoit chercher des poissons en l'air, & de la blancheur en vn more. Plus Honoré va en auant plus s'augmente sa flamme par la croissante beauté d'Vrbaine, plus ses importunitez se renforcent, & c'est tellement à camp ouuert qu'il la poursuit que tous ceux qui s'en apperçoiuent en ont honte pour luy. La fille non moins sage que patiente le reiette, & le respectant comme pere luy rend force honneur & point d'amour, ce qui met cet homme en des angoisses extremes. A la fin de peur que la fureur ne le portast à des extremitez dangereuses & dont luy mesme se fust repenti, Vrbaine se plaint à quelques vns de ses parens & leur represente en quel danger elle estoit d'estre violentée en son honneur si on ne la retiroit de la maison d'Honoré, ce qui se fit par vne subtilité meruecilleuse & secrettement, d'autant que cet homme ardant d'amour eust pluſtoſt donné des batailles que de ſe voir rauir ouuertement celle dont il eſtoit idolatre. De quelle rage fuſt-il ſaiſi quand il ſe vid priué de celle qui eſtoit la lumiere où pluſtoſt l'aueuglement de ſes yeux, il n'eſt pas poſſible de le raconter. il s'en prit à ſa femme & à ſon fils, outrageant l'vne & l'autre de parolles & d'effects qui reſſentoient la violente fureur dont il eſtoit poſſedé, mais tout cela leur fut doux parce qu'ils furent deliurez d'vn fardeau qui leur eſtoit bien plus peſant. Ils creurent que le temps redonneroit vn meilleur ſens à Honoré, mais tant s'en faut que l'abſence de l'obiect aymé effaçaſt de ſa memoire cette idee qu'il auoit ſi auant empreinte en ſon eſprit, qu'au rebours cette image y reuenoit en vne forme plus auantageuſe & luy donnoit la nuict & le iour des aſſauts &

des inquietudes merueilleuses. Il fait ce qu'il peut pour l'accoster, mais outre que la fille le fuit comme vn Spectre, ceux qui l'ont en garde ne permettent pas qu'il la voye, de lettres elle n'en veut point receuoir de luy, ny prester les oreilles à aucun message qui vienne de sa part, ce qui 'e met en vn desespoir inconceuable. Ne pouuant trouuer, ny paix, ny trefues à sa passion il entre en ialousie contre son fils qui auoit plus d'acces vers Vrbaine qui luy estoit accordee, & pour se tirer cette mouche de l'esprit il l'enuoye à Paris pour voir la Cour & frequenter les Academies ou s'apprennent les exercices necessaires à la Noblesse. Dioscore est contrainct d'obeïr, mais ce fut apres auoir renoüé par de nouueaux sermens l'inuiolable fidelité qu'Vrbaine & luy s'estoient promise l'vn à l'autre. Six mois apres qu'il fust party la femme d'Honoré mourut d'vne fiebure ethique non sans soupçon de poison, encore que l'on tint communement que c'estoit la ialousie & le mauuais traittement de son mary qui l'auoient ainsi desechee de tristesse. Honoré se voyant libre commença lors à se declarer seruiteur d'Vrbaine, & à dire tout haut qu'il l'auroit pour femme où qu'il perdroit la vie. Il escrit son desir à son amy qui luy manda que luy ayant remis sa fille pour en faire ce qu'il voudroit il tiendroit à honneur qu'il en fist sa femme quelque difference qu'il y eust entre leurs âges, auecque cette asseurance & consentement de Fidele il se promet la conqueste de la place tant desiree, & quelle resistance y eussent pû apporter les parens si la fille mesme ne s'y fust opposee, alleguant quelle estoit promise à Dioscore, & quelle ne pouuoit sans perfidie retirer sa parolle Et si ie vous la fay rendre par mon fils, repartit Honoré, ne voulez-vous pas luy rendre la sienne. Ie verray, reprit Vrbaine, ce que i'auray à faire quand il m'aura parlé. L'impatient Honoré fait reuenir Dioscore dont il effraya tellement le courage par ses menaces qu'encore qu'il eust resolu en venant de perdre pluftost la vie que de se separer d'Vrbaine, il changea de couleur & de note en la presence de son pere, mais ce fut auec vn tel creue-cœur qu'il luy obeït en ce qu'il desiroit, qu'à l'instant mesme il tôba dans vne maladie qui le porta dans peu de iours sur le bord du cercueil, trop heureux s'il y fust descendu, nous le mettrions auiourd'huy entre les martyrs d'amour, au lieu de le loger parmy les Parricides. Ce fut icy que l'amour de pere ioüa son ressort, & donna vne telle allarme au cœur d'Honoré qu'il en oublia pour vn temps la passion demesuree qui l'auoit tourmenté pour Vrbaine. Il eut plus de peur de perdre son enfant qu'vne maistresse. Il ne falloit point que les Medecins employassent beaucoup de finesse pour deuiner qu'il estoit malade par excés d'amour, comme celuy qui recognut par subtilité celle que Demetrius auoit pour Stratonice. Honoré s'approche de son fils qui estoit comme aux abbois de la mort, & luy ayant promis de luy laisser espouser Vrbaine, cette seule parolle eust plus de pouuoir pour luy redonner de la vigueur que toutes les drogues de la Medecine. Les maux se guerissans par leurs contraires, comme le desespoir l'auoit abbatu l'esperance le releua, & aussi-tost qu'il put reprendre ses esprits pour s'asseurer de la parolle de son pere il desira estre fiancé à Vrbaine, ce qui fut fait du consentement d'Honoré & des parens de la fille, depuis cette heure-là il alla toufiours de bien en mieux iufques au recouurement de fa parfaitte fanté, mais à mefure que fon corps reuenoit à conualefcence l'efprit d'Honoré reprenoit fon premier mal, & lors que le fils fut entierement gueri le pere fe trouua tout embrafé de fa premiere flamme. Et fe defdifant de tout ce qu'il auoit iuré comme ne l'ayant auancé que par ftratageme pour redonner la vie à fon fils, il veut rompre ces fiançailles & fe faire de beau pere mary d'Vrbaine qui y refifte tant qu'elle peut, fon cœur eftant tout retourné vers Diofcore. Voicy vn grand contrafte & Honoré s'y porte auecque tant de violence, & fon fils fe roidit contre luy auecque tant de fermeté que le pere ne le menace de rien moins que de luy ofter la vie qu'il luy auoit donnee vne fois & puis renduë. Le fils voyant que l'amour faifoit perdre à fon pere les fentimens de la nature, perdit aussi le respect pressé de la mesme passion, & accusa tout haut Honoré d'auoir empoisonné sa mere, & offroit de le prouuer par bons tesmoins en la face de la Iustice. Cela transporta si furieusement Honoré qu'il iura de tuër Dioscore s'il se presentoit deuant luy, & d'effect la premiere fois qu'ils se rencontrerent Honoré mit l'espee à la main & obligea Dioscore de faire le semblable. Ce seroit aux Poëtes de dire icy au Soleil qu'il rebrouffast en sa carriere, où qu'il voilast sa face pour ne voir point vne si horrib'e rencontre. Dioscore en esquiuant euitoit autant qu'il pouuoit de mesurer son espee auecque celle de son pere, & paroit ses coups sans l'attaindre, en fin se sentant blecé quoy que legerement, & iugeant bien que celuy qui l'attaquoit ne le vouloit pas laisser en vie, apres auoir protesté de sa iuste deffence il commença à respousser la force par vne autre, & auec tant de mal-heur que ce pere aueuglé de fureur se lança sur l'espee de son fils, & se la passant au trauers du corps cheut à ses pieds roide mort. Encore qu'il y eust quelque innocence en ce Parricide, il estonna toutefois de telle sorte tout le voysinage qu'on n'en parloit qu'auec execration, & Vrbaine en conceust vne telle horreur que toute l'affection quelle auoit nourrie si long temps pour Dioscore s'esteignit en vn moment, ne le considerant plus comme son amant, mais comme vn fils meurtrier de son pere. Il se iustifia de cette action deuant la Iustice qui luy donna sa grace sans auoir recours au Prince, apres cela il crut que rien ne s'opposeroit plus à son mariage auec Vrbaine, mais il y trouua plus de difficulté que iamais dans la volonté de la fille, qui se trouua entierement changee

changee sans qu'il restast en son cœur vne seule estincelle de sa premiere flamme. Se voyant rebutté de ce costé là tant pour se diuertir de la tristesse de ce funeste accident qui le rendoit odieux à tout le monde, encore qu'il eust vsé du droict de nature en se deffendant, que pour tascher de reconquerir Vrbaine par la volonté de Fidele, il alla en Alemagne, & ayant rencontré ce Gentil-homme en Bauiere il luy raconta ce qui s'estoit passé entre luy & Honoré sur le suiet d'Vrbaine. Fidele outré de douleur de la perte de son amy arriuee si mal-heureusement par les mains de son propre fils, detesta si estrangement ce parricide & traitta si aigrement Dioscore qu'il iura que plustost il estrangleroit sa fille de ses propres mains que de la donner en mariage à vn homme qui auoit les mains sanglantes du meurtre de son pere, & du

Amph. Sanglant. K

meilleur amy qu'il eust au monde. Ce rebut mit en vn tel desespoir ce miserable ieune homme qu'il fust sur les termes de faire appeler Fidele & de se couper la gorge auecque luy. Toutefois il s'en abstint, & se retirant auecque des douleurs des regrets & des confusions qui ne se peuuent exprimer, on n'a iamais sceu de luy aucunes nouuelles. Les vns par coniecture plus que par certitude faisans courir des bruits, tantost qu'il s'estoit rendu Hermite, tantost qu'il estoit mort dans les armes, tantost qu'il s'estoit precipité dans vn fleuue, tantost qu'il s'estoit empoisonné. Tous d'vne commune voix augurans vne mauuaise chose à celuy qui auoit esté si miserable que d'oster (quoy que par mal-heur) la vie à celuy qui estoit autheur de la sienne. Quoy que s'en soit on void reluire en cet euenement beaucoup de traicts de la Iustice de

Dieu, en la punition du Pere & du fils, l'vn & l'autre se trouuans frustrez de ce qu'ils auoient desiré auecque des passions si demesurees. Bien heureux celuy qui a la raison & le iugement pour filé dans le labyrinthe de tant d'humaines erreurs, celuy-là sortira de l'embarras où les autres demeurent enuelopez, & sera vainqueur des monstres qui deuorent les autres. Si nous suiuons cette claire & seure guide nous ne nous esgarerons ny perdrons iamais.

Le puant Concubinaire.

HISTOIRE X.

Blanchir vn More, & oster les moucheteures à vn Leopart sont deux choses plus aisees à faire que de porter au bien ceux qui sont accoustumez au mal. Mes playes se sont enuieillies, disoit le Roy Prophete, à la face de ma folie, parlant de son habitude au peché, & la plus sanglante reproche que face Daniel à vn des vieillards accusateurs de la chaste Susanne est de l'appeler enuieilly en des mauuais iours. A raison dequoy le Sauueur cria bien haut, & pleura sur le tombeau du Lazare puant & pourri, & en cela figure du pecheur enseueli dans ses corruptions & dans ses vicieuses coustumes. Vous l'allez voir en cette Histoire que ie mets auecque raison entre les tragicques, puisque par la misere du corps nous pouuons coniecturer la ruine eternelle de l'ame. En vne petite ville de ce Royaume, dont ie tairay le nom pour ne scandaliser les lieux non plus que les personnes, estoit Principal du College où la ieunesse estoit instruitte aux bonnes lettres, ie ne sçay si aussi aux bonnes mœurs, vn personnage que nous appelerons Epaphrodit, nous ne dirons point s'il estoit Seculier où Ecclesiastique pour ne descrier les conditions par le vice d'vn particulier. Il auoit l'esprit assez beau, & nourry dans l'Eloquence Grecque & Latine & la Philosophie. Il auoit soin d'attirer aupres de soy d'assez bons Regens, & luy-mesme enseignoit ses escoliers auec tant de soin, de dexterité, & de diligence, que plusieurs reüssissoient fort capables sous sa discipline. Pleust à Dieu qu'il eust eu l'ame aussi bône, & que sa sciéce luy eust donné de la conscience, nous n'aurions pas occasion de representer son horrible fin, ny de le mettre au rang de ceux dont la reprobation est presque asseuree. Sa vie licentieuse & desreglee le fit arriuer à cette misere, & la sensible malediction de Dieu parut sur luy apres sa mort d'vne façon que vous iugerez non moins funeste qu'estrange. Il estoit suiet au vin, aussi estoit il né dâs vne Prouince suiette à l'excés du boire, il accompagnoit cela de la bonne chere; car s'il beuuoit bien il mangeoit encore mieux, si bien que son corps estoit vn sac de viande & de breuuage, outre cela il estoit addonné au ieu, mais ce qui le perdit ce furent les femmes. Toute sa sagesse & sa science furent deuorees dans cet abysme qui auoit autrefois englouti

Le puant Concubinaire. 151

les Dauids, les Salomons, & les Sanfons. Il demeura trente ans dans vn continuel concubinage, non qu'il s'attachast à vn seul obiect, mais courant au change il desbauchoit vn grand nombre de femmes & de filles. Tantost il les entretenoit hors de son College, tantost il les tenoit auprès de soy, à pot & à feu sans se soucier du scandale & du mauuais exemple qu'il donnoit à la tendre ieunesse, au contraire il faisoit gloire de son ordure & tiroit de la vanité de son infamie. Mais il y en eut vne qui en vne fleur d'aage & de beauté, & d'vne humeur accorte & auisee, arresta sur la fin de ses iours toutes ses pensees, il en deuint tellement esperdu qu'il ne pouuoit viure sans elle, & si fort ialoux qu'aussi tost qu'il la perdoit de veuë il croyoit qu'on la luy rauist, où que quelqu'vn la desbauchast. En sa presence on n'eust osé la regarder

K iiij

sans luy donner l'alarme. Combien d'innocens escoliers furent l'obiect de sa colere, & passerent par le dernier chastimét des personnes de cette sorte pour auoir temerairement haussé leurs yeux vers cet astre qui estoit la lumiere des siens. Quand il approchoit d'elle il estoit riual de son ombre propre, & si vne mousche se fust assise sur la iouë de cette fille il eust voulu à quelque prix que c'eust esté sçauoir de quel sexe elle estoit, si du masle sans remission il l'eust tuee. Il demeura sept où huict ans possesseur de cet aspic qu'il conseruoit aussi soigneusement qu'vn tresor, veillant sur sa garde comme le dragon fabuleux sur les pommes d'or du iardin des Hesperides. A la fin apres auoir bien fait ses ieux, & abusé de la patience & de la Iustice du ciel & de la terre, la mort voulut faire des siennes & l'appeler deuant le tribunal incuitable ou chacun receura selon ses œuures. Voyez encore comme ce miserable mesprisa les richesses de la bonté & longanimité de Dieu pour se recueillir vn tresor de colere au iour de la vengeance, la maladie auant-courriere de sa mort fut assez longue, il fust visité de plusieurs Religieux & seruiteurs de Dieu qui tous zelez au salut de son ame luy disoient franchement apres l'auis des Medecins qu'il disposast de ses affaires interieures & exterieures, parce que cette infirmité le menaçoit de mort. Il se mocqua durant quelque temps des ces auertissemens, disant qu'il se sentoit bien & qu'il n'estoit pas si bas que l'on pensoit. Mais en fin se voyant diminuër & tirer au declin il escouta les remonstrances, entendit les parolles de salut & se porta au Sacrement de reconciliation. Il ne pust obtenir le benefice du deliement qu'il ne promit de mettre hors de sa maison celle qui l'auoit remplie d'ordures & de scandales, & celuy qui mania son ame fut si pressant & si habile homme que le prenant au mot, & battant ce fer à la chaude il voulut que sur le champ il luy donast congé. Cette mal-heureuse qui auoit des larmes toutes prestes pour les faire couler de ses yeux comme vne pluye volontaire, versa des torrents à cette nouuelle, fait la desesperee, crie, tempeste, se veut precipiter, s'arrache les cheueux, & donne des tesmoignages d'vne extreme affection à celuy dont elle cognoissoit l'humeur & qu'elle n'aymoit que par interest. Aussi estoit-ce vn artifice dont elle se seruoit pour entrer plus auant en ses bonnes graces s'il reuenoit à conualescence, où pour auoir meilleure part en son testament s'il venoit à mourir. Et certes cette rusee ne se trompa point en cette conlecture; car il en fit vn aussi auantageux pour elle que si elle eust esté sa femme legitime, luy donnant tout ce qu'il luy pouuoit laisser, & affin que personne ne luy fit aucune fiarde il luy remit les clefs de tout ce qu'il auoit de plus precieux, iettant dans ce sac deschiré toutes les richesses qu'il auoit amassees par vne longue espargne, & beaucoup de soins & de peines. Il n'est pas possible d'exprimer au vif les regrets & les douleurs de cet agonisant, voyant eclipser de deuant ses yeux sa belle estoile, il appela son Confesseur cruel & homme sans pitié de le separer ainsi de celle qui estoit comme l'ame de son cœur, il fallut pourtant que le couteau de cette sainte rigueur arriuast iusques à cette diuision de son ame & de son esprit, de ses os, & de ses cartilages. Mais tout cela ne fut que mine & pour obtenir par finesse l'absolution, car son Confesseur n'eust pas plustost le dos tourné l'ayant laissé en disposition de receuoir le lendemain le sacré Viatique. Que ce tison d'enfer par son mandement rentra dans sa maison. Elle se iette à ses pieds qu'elle veut baiser & arroser de ses larmes, il ne le souffre pas, il luy tend sa languissante main quelle baise, & laue de ses pleurs, quelle eschauffe de ses souspirs. Epaphrodit au lieu de pleurer sur les pechez quelle luy auoit fait commettre, verse des pleurs de compassion, & cette flatteuse pour le consoler tasche de luy donner des esperances de vie, discours que cet abusé malade prend pour des oracles, parce qu'ils sortoient d'vne bouche aymee. Pipé de ce doux espoir encore qu'il eust l'ame sur les leures, & que toutes les forces luy manquassent, il se promet de reuiure, & apres luy auoir fait de nouueaux sermens de ne

Le puant Concubinaire. 157

l'abandonner iamais, quoy qu'il eust promis à son Confesseur, disant que c'estoit vne promesse forcee, auecque des honteuses parolles d'amour que ie n'oserois representer, il la pria de ioindre la bouche à la sienne, esperant que ce remede luy seroit plus vtile que tout le secours de la Medecine, & qu'vn seul baiser seroit capable non seulement d'arrester son ame en son corps, mais de l'y remettre si elle en estoit sortie, non seulement de le guerir, mais encore de le resusciter. Cette folle fait ce qu'il desire & l'embrasse, luy enuironnant son col de ses foibles bras, soit par effort, soit par langueur, soit par excés d'emotion s'attacha si fort à cette idole que son ame se destacha de son corps, & il mourut ainsi sur le sein de cette perduë. O Dieu combien cette mort fust elle differente de celle de Moyse qui expira au baiser du Seigneur, &

combien ce baiser execrable fust-il contraire à ce sainct baiser des premiers Chrestiens dont l'Apostre parle. De vous dire où s'en alla son ame sortant de la sorte d'entre ses leures, c'est ce qui nous est secret, mais si la coniecture a quelque lieu, il est aisé de iuger & sans beaucoup de temerité que ce n'est point par ce chemin là qu'on s'esleue en la gloire celeste. Cette ame donc alla en son lieu, & cette femme cause d'vn si grand desastre serra ce corps froid comme la glace sans mouuement entre ses bras. Laissons-là crier & plaindre son malheur pour faire voir vn traict de la colere du ciel sur ce corps miserable. Presque dés vne heure apres que l'ame l'eut quitté il deuint charogne si infecte que non la chambre seulement, mais toute la maison n'estoit plus habitable pour l'excés de la puanteur. A peine put-on trouuer personne qui le vouluſt enſeuelir: mis dans vne biere la putrefaction, perce le bois & ſe fait ſentir par tout, on l'enduit de poix, de cire, de maſtic, on applique du cuir aux iointures auec de la colle forte, tout cela ny fait rien. On fut en termes d'enuoyer querir vn cercueil de plomb, mais chacun tirant de ſon coſté nul ne ſe trouua qui vouluſt en faire la deſpence, à peine put-on trouuer des hommes pour le porter en terre, ces gens qui nettoyent des cloaques l'entreprirent par vn grand ſalaire. On l'enterre dans l'Egliſe, & quoy qu'il y euſt ſix pieds de terre & vne tombe ſur ce corps il emplit toute l'Egliſe d'vne telle infection qu'on fut contrainct de le deterrer pour le mettre dans le cimetiere. Auſſi-toſt tout l'air du cimetiere fut empuanti, & nul n'oſoit plus paſſer pour aller à l'Egliſe, on l'enleue de nuict & le porte-t'on dans vn champ à l'auanture, les possesseurs tenant cela pour vne malediction manifeste ne voulurent point de cet infame depost, mais le ietterent dans la riuiere dont les eaux furent tellement empoisonnees qu'on y trouua depuis quantité de poisson mort & tout pourri. Cette manifeste execration suiuie de la voix du peuple donna suiet à ses heritiers de debattre son testament pour priuer cette meschante femme à qui il auoit presque tout donné, du fruict de ses artifices & des-honnestetez. La preuue de sa mauuaise pratique estoit aisee ayant eu de luy quelques enfans, & elle auoüant qu'elle tenoit le defunct comme son mary, elle fut donc priuee de cet heritage, & condamnee à restituer ce qu'elle auoit emporté. Quelques-vns disent qu'elle mourut de regret de se voir ainsi despoüillee, d'autres qu'elle vescut quelques années nees apres estre reduitte à vne extreme mendicité. Effects deplorables de l'incontinence, qui font voir que ce vice qui porte le nom de deshonnesteté, comme le plus infame de tous, ruine le corps, l'ame, les biens, l'honneur & la reputation de celuy qui s'y attache. Certes si rien de souïllé n'entre au Royaume du ciel, & si sans la saincteté, dit l'Apostre, c'est à dire, sans la chasteté, selon l'interpretation de S. Hierosme, personne ne verra Dieu, c'est aux intemperans principalement que s'addresse cette menace, où plustost cette foudre Apostolique. Dehors les chiens, les sales, & les impudiques; en verité ie vous di, que les adulteres, les fornicateurs, & les impies, ne possederont iamais le Royaume de Dieu.

Amph. Sanglant. L

La tardiue Repentance.

HISTOIRE XI.

Voicy vn autre concubinage masqué du beau nom d'Hymen, mais Pretendu Reformé, dót vous ne iugerez pas l'issuë moins funeste que du precedent. Et qui vous apprendra combien c'est vne chose miserable d'abandonner Dieu, source de vie, pour se creuser des cisternes creuassées. Et combien est veritable cette parole d'vn Prophete, Tous ceux qui delaissent Dieu sont delaissez de luy, ceux qui s'escartent de ses voyes sont escrits en la terre, mais leurs noms sont effacez au liure de vie. Vn Religieux d'vn des Ordres Mandians neueu d'vn grand personnage du mesme Ordre, & qui par ses Predications auoit beaucoup trauaillé pour le souftien de l'Eglise contre les prophanes nouueautez de l'heresie, ayant esté esleué aux estudes par ce bon oncle, & respondu par la viuacité de son esprit aux instructions qu'il auoit receuës, fut tellement auancé dans son Ordre, tant par le credit de celuy qui luy seruoit de Mecene & de pere, que par sa propre valeur, qu'il en fut durant quelque temps tenu pour vne des plus belles lumieres: trop heureux si demeurant debout il n'eust point mis cette clarté sous le boisseau du scādale, & si perseuerant à cheminer en la splendeur des saincts par vne bonne vie, il n'eust point esté accueilli des tenebres & enuelopé dans la region de l'ombre de la mort. Il parroissoit dans la chaire à l'imitation de son oncle, & adioustant à la vigueur de son aage des graces d'eloquence,

L ij

& des belles lettres qui n'estoient pas au vieillard, il se faisoit admirer de ceux qui trouuent les rayons du Soleil qui se leue, plus rians, que ceux du Soleil qui se couche, ioint qu'il en est de la nouueauté comme des fleurs dont la fraicheur est tousiours agreable. L'applaudissement du vulgaire ayant bouffi les voiles de sa vanité, il sceut si mal conduire sa barque qu'elle donna dans les escueils de la presomption, où elle fit vn horrible & scandaleux naufrage. Desja la discipline du Cloistre luy sembloit vn ioug trop pesant, estant d'vn Ordre non reformé il se donnoit encore des libertez qui estoient de mauuaise edification & qui renuersoient toute regle. En vn mot pour comble de son mal-heur il se mit sous pretexte de pieté & de conferences spirituelles à conuerser auec des femmes, auecque tant de priuauté & de familiarité qu'il ne faut pas s'eſtonner ſi cela le porta en des deſordres. Ces animaux dont ie parle ne ſont iamais plus dangereux que quand ils ſont priuez, des farouches il ne faut point craindre de mal. Valfroy (nous voylerons ſous ce nom celuy de ce Religieux dont ie parle) rendu aſſeuré où il falloit trembler, ſe mit ſi auant au pouuoir de la fortune qu'il fuſt cauſe par ſes frequentations de beaucoup de faſcheux ſcandales. Ie ne les veux point raconter par le menu pour ne faire penſer à des eſprits ombrageux qu'il y euſt du deſſein en cette narration, qui n'eſt helas! que trop veritable. Le bruit de ſes trop libres, que ie ne die des-honneſtes deportemens, ſe rendit ſi fort qu'il ne fut plus ſupportable dans la ville où il demeuroit, deſ-ja le peuple en murmuroit tout haut, & le contrecoup donnoit contre les Religieux du Conuent qui ne

L iij

faisoient que souffrir ce qu'ils ne pouuoient corriger. Ils en ressentirent les effects par la diminution des charitez, & mesme par les menaces du Magistrat qui se preparoit à les renger à leur deuoir, & à faire des enquestes sur la vie de Valfroy. Ils ne trouuerent point de meilleure inuention pour parer ce coup que de luy faire changer d'air, mais luy qui estoit aueuglé en son mal & attaché à ses plaisirs, ne se pouuoit resoudre à la retraitte, il fallut qu'vn pretexte honnorable l'executast. Le Prouincial luy donne vne chaire dans vne ville infectee d'heresie, & comme il auoit quelque talent à manier les controuerses, son oncle l'ayant dressé à cette sorte d'estude il fust iugé propre à parler en ce lieu là pour confirmer les Catholiques en leur creance & refuter les erreurs des heretiques. Mais las! tant la prudence humaine est debile, ce qui auoit esté proietté pour son bien, fut la cause de sa perte, car ayant bien assez de science pour combattre l'heresie, mais non assez de conscience pour resister aux attraicts du vice, il fut pris où il vouloit prendre, & au lieu de conuertir les errans il fut peruerty par leurs artifices. Cette ville où il fut enuoyé pour prescher l'Aduent & le Caresme n'estoit pas si esloignee de celle où il auoit laissé vne si mauuaise odeur de son nom que les nouuelles n'y peussent estre portees, quand les Heretiques (enfans du siecle, prudens en leur generation & qui font profit de tout) sceurent qu'elle estoit son humeur, ils luy dresserent des pieges, & comme parle l'Escriture, ils mirent des embusches à son talon, taschant de le surprendre par où ils auoient appris qu'il auoit inclination au mal. C'est icy qu'à la honte de l'heresie, plustost qu'au blasme de ce

L iiij

pauure Religieux, ie veux defcouurir leur ftratageme. Vne vieille huguenotte opiniaftre comme quatre Miniftres, & qui faifoit le propheteffe, auoit vne ieune niepce auprés d'elle, fille belle, affetee, accorte, & docterefse comme fa tante. Ceux qui voulurent furprendre le Prefcheur Catholique crurent que cet obiect feroit capable de luy donner dans les yeux, pourueu qu'on trouuaft le moien de le faire voir au frere. Le pretexte ne manqua pas. Cette fille inftruitte par ceux de fon party accofte vne fille Catholique de fes voifines, feint des doutes en fa creance, & demande fi elle ne pouuoit point s'en efclaircir auecque le Predicateur qui eftoit lors à la ville. Cette fille prend cette occafion aux cheueux, luy promet de l'affifter en fon defir, & fans m'arrefter aux particularitez de toute cette entremife, Ruth (ainfi fe nommoit la trompeuse beauté) fut amenee à Valfroy, deuant qui elle sceut si bien feindre & se deffendre qu'elle tira la conference en langueur & à diuerses visites, iusques à ce qu'elle eust recognu qu'elle auoit gaigné païs dans les bonnes graces de ce Moyne, & quelle auroit bon marché de sa peau. Ce miserable qui auoit fait du degast parmy les filles d'Israël, crût aussi tost qu'il auroit bon marché de cetté Moabite, & changeant de propos il commença à traitter auec elle de certains points de Controuerse qui ne sont pas dans Bellarmin. Cette rusee l'escoute là dessus, & par vne feinte modestie destrempe ses charmes dans tant d'attraicts qu'elle fait donner cet oyseau niais dans ses panneaux, & plus il se demeine & plus il s'enuelope. En somme pour ne gaster point le papier de la description de ces ordures elle l'ameine à ce point, que pour l'espouser il promet de quitter Dieu, sa Religion, & son Ordre. Le Consistoire haussa la dotte de cette Ruth qui auoit mis en rut nostre Moyne, & la loüa comme vne Iudith qui auoit mis de la confusion en la maison de Nabuchodonosor, & conuerty par ses beaux yeux plustost que par ses bonnes raisons le Predicateur des Papistes. Ils firent de grands trophees de la conqueste de ce desuoyé des-ja descrié parmy les Catholiques pour ses mœurs scandaleuses, & parce qu'il auoit bien estudié, & grand talant pour parler en public, ioint que de nos plus meschans Apostats ils en font leurs plus saincts Apostres, aussi-tost il se porta au ministere, & il y fut admis apres auoir fait profession à la façon ministrale entre les bras de sa belle Ruth, dont il deuint le Boos ou le Bœuf. Il demeura quinze ou seize ans en cette miserable vie, preschant

La tardiue Repentance. 171

continuellement contre sa conscience & contre les sentimens veritables de son ame; ainsi qu'il auoüa plusieurs fois, mais en secret à quelques Reliques Religieux qui par rencontre confererent auecque luy, aussi preschoit il le moins qu'il pouuoit des Controuerses, & ne traittant que des choses morales qu'il trouuoit toutes digerees dans les sermons des Predicateurs Catholiques. Il fut Ministre durant dix ou douze ans en vne bourgade de Berry où il y auoit vn Curé assez habile homme, & assez pres de là vn Abbé fort riche & signalé en pieté, ces deux personnages entreprindrent de voir ce Ministre, & par la douceur de leur conuersation le remirent aux termes de se ranger à son deuoir, & de reuenir au sein de l'Eglise Catholique. Il n'y auoit que les liens de la chair & du sang qui le retenoient ; car il auoit quatre enfans, trois masles & vne femelle de cette Ruth, cause de sa cheute. L'Abbé qui estoit homme zelé & de moyens luy promit de loger tous ses enfans & de faire en sorte que cette femme seroit tiree de la necessité (car de la conuertir il n'y auoit aucune apparence) & parce que Valfroy ne vouloit pas retourner en son Ordre, il luy offrit vne place de Religieux en sa maison, l'asseurant d'obtenir de Rome cette dispense, & de le traitter auecque tant d'humanité & de courtoisie, qu'il luy feroit cognoistre que le veau gras ne se tuoit que pour les prodigues. Sous ces conditions il leur promet de recognoistre son deuoir & de quitter le ministere, mais il differoit tousiours de temps en temps sous diuers pretextes de se declarer. Durant ces delais il fut saisi d'vne fieure ardante qui en peu de iours le mit fort bas. L'Abbé oyant cette nouuelle accourt & le va voir auecque le Curé du lieu, & le fomme d'accomplir fa promeffe. Ce pauure homme penfant guerir les coniure de ne manifefter point ce qu'il leur auoit promis, que cela feroit trop d'eclat, & qu'il n'y manqueroit pas auffi-toft qu'il auroit donné ordre à fes affaires. Comment à vos affaires, reprit l'Abbé, la plus importante de toutes eft de penfer au falut de voftre ame, car les Medecins que nous auons confultez vous condamnent à la mort, & à finir dans les refueries d'vne fieure chaude, penfez à vous tandis que vous auez encore l'efprit fain. Soit que la terreur de la mort & du iugement des Medecins luy frappaft fur le champ l'imagination, foit que l'ardeur de la fieure fuft arriuee au point d'enuoyer des vapeurs au cerueau, il entra en trouble d'efprit, & dit à l'Abbé & au Curé, Meffieurs, vous eftes venus trop tard.

Nescio vos, ce sont ses mesmes termes, comme ils le veulent presser il entre en extrauagance, & dit les plus erotesques choses du monde, & tousiours pour son refrein, c'est trop tard. *Nescio vos*. L'Abbé & le Curé s'estans retirez, les Huguenots auertis de cette visite firent aussi tost venir vn autre Ministre pour assister cestui-cy. Valfroy ne luy respondit que par extrauagances, & au bout du conte il finissoit par ces parolles, vous venez trop tard. *Nescio vos*. Comment, luy disoit le Ministre n'estes vous pas nostre confrere au Seigneur, à cela Valfroy. *Nescio vos*. Ne voulez vous pas mourir en la Religion Reformee que vous auez enseignee depuis quinze ou seize ans, à cela Valfroy. *Nescio vos*. Recognoissez-moy, disoit le Ministre, ie ne suis pas l'Abbé d'vn tel lieu, ny le Curé d'icy, ie le voy bien, disoit Valfroy. Vous estes Monsieur tel, & ie vous dy que vous venez trop tard, & que *Nescio vos*. Ne voulez vous pas mourir en l'vnion de nostre Eglise, disoit le Ministre, nullement repliquoit Valfroy *Nescio vos*. Quoy donc voulez-vous mourir Papiste, repartoit le Ministre, & Valfroy. *Nescio vos*. L'Abbé & le Curé ayans appris ces responses qu'il auoit faittes au Ministre, & appuyez de la Iustice du lieu se donnent entree en sa maison, & en la presence du mesme Ministre le font ressouuenir de ses promesses. Valfroy respond *Nescio vos*. Le Ministre conteste & dit qu'il se plaindra de ce qu'on veut seduire son Confrere, & le voulant exhorter d'estre ferme en la foy Pretenduë Reformee il entend le mesme refrain. *Nescio vos*. Si est-ce, dit le Ministre, qu'il faut que vous mouriez en quelqu'vne des deux Religions qui sont en France, car la raison d'Estat n'en souffre pas

trois, à cela Valfroy, *Nescio vos*. On le somme de dire où il vouloit estre enterré, à quoy il respond, *Nescio vos*. Sa femme s'approche & le prie de dire seulement qu'il veut estre enseueli auecque ceux de leur Religion, il luy replique femme, *Nescio vos*. Et apres cela la frenaisie le saisit, & luy fit faire faire & dire les plus grandes folies qui puissent tomber dans l'imagination, & tousiours il reuenoit à *Nescio vos*, qu'il disoit tantost cent fois tout de suitte, tantost en musique, tantost en souspirant, tantost en battant des mains, tantost en riant à pleine gorge, & quoy qu'on luy dit, & quiconque luy parlast, il n'auoit autre chose en la bouche que *Nescio vos*. Il expira de cette façon sans penser, ny à Dieu, n'y à soy, & Dieu veille qu'apres sa mort il n'ait point entendu l'horrible *Nescio vos*, qui fut dit aux Vierges folles. Comme il n'auoit
donné

donné aucun signe de conuersion: les Catholiques ne firent point d'instance d'auoir son corps pour le ranger au Cimetiere, mais les Huguenots qui mettent toute pierre en œuure & s'en seruent au hazard à tous bons vsages luy donnerent sepulture au pied d'vn arbre dans vn iardin, où peut estre il causera plus de fruict apres sa mort qu'il n'auoit fait durant sa vie. Peut-estre qu'on iugera cette Histoire n'estre pas assez Tragicque pour estre rangee en cet Amphitheatre Sanglant, mais qui considerera que cette fin qui regarde la perte eternelle d'vne ame merite d'estre pleuree auecque des larmes de sang, changera d'auis, & auoüera que la mort seconde est la plus funeste & la plus horrible de toutes les morts.

La Coustillade.

HISTOIRE XII.

Lodoard braue Gentil-homme plein de biens & de creance dans son païs, qui estoit sur les confins de la Champagne, de la Bourgogne, & de la Lorraine, viuoit en vne paix profonde parmy ses richesses & ses amis, si ce tyran des cœurs que l'on appelle amour ne fust venu troubler son repos & rauager sa fortune. Il se rendit esclaue des beautez de Cedrine, fille de condition moindre que la sienne, si on regarde les commoditez, mais d'vn sang fort noble & qui ne cedoit en rang à celuy de Flodoard. Cette beauté non

moins superbe que volage luy fit sentir des rigueurs en sa recherche qui eussent esté capables d'esteindre vne amour dans vn cœur moins embrasé que celuy de Flodoard, mais les parens plus sages que cette fille peu auisee, & iugeans que ce party luy estoit auantageux tindrent à beaucoup d'honneur l'alliance de Flodoard, & la luy promirent en mariage. Ce Gentil homme ioyeux auec excés de voir que par la possession de cette fiere Maistresse il triompheroit de tant de desdains dont elle auoit indignement payé ses affections, & esperant que les douceurs d'Hymen luy changeroient le courage, haste cette vnion tant qu'il peut, & fait que son accordee deuient sa fiancee. Ce fut lors qu'Artaban grand & de toute autre naissance & qualité que Flodoard, se declara Cheualier de Cedrine, & la voulut auoir pour femme à quelque
M ij

prix que ce fuſt. Il eſt vray qu'il l'auoit quelquefois veuë à Paris & auoit fait le paſſionné pour elle, mais il y auoit vne telle diſtance entre leurs conditions qu'on ne croyoit pas que iamais il euſt voulu deſcendre iuſque-là de l'eſpouſer, & quelques-vns eſtimerent, & Flodoard le premier, que les rigueurs dont Cedrine auoit exercé ſa patience procedoient de ce que ſon eſprit eſtoit preuenu ou remply des eſperances dont les promeſſes d'Artaban auoient flatté ſa vanité, & cela eſtoit ſi plein d'apparence qu'on pouuoit donner creance à cette opinion. Artaban ne parut donc pas pluſtoſt ſur l'horiſon de cette recherche, que le nom de Flodoard diſparut comme vne eſtoile au leuer du Soleil. Il fut aiſé à Cedrine d'effacer de ſon eſprit vn homme qui n'eſtoit pas graué bien auant dans ſa memoire. Ses parens meſme aueuglez de la gloire d'vne ſi haute alliance n'eurent quasi pas le loisir de deliberer s'ils retracteroient leur parolle, leur consentement suiuit la demande d'Artaban sans songer au tort qu'ils faisoient à Flodoard. Qui doublement picqué, & d'amour pour Cedrine, & de colere contre Artaban, qui luy faisoit vn tel affront de luy venir rauir sa fiancee de haute luitte, prit aussi tost la resolution de nos braues, qui est de se faire auecque leurs espees iustice à eux mesmes. Il ne trouue personne qui le veille, ny assister, ny seconder contre Artaban, dont la grandeur estoit au dessus de la commune Noblesse. Ne voyant que soy-mesme à son secours il se hazarda de s'addresser à Artaban pour luy representer le plus honorablement & modestement qu'il pourroit le tort qu'il receuoit de luy, ce qu'il fit auecque toute la moderation qu'il pût tirer de l'emotion de son ame, & autant de respect que l'on peut rendre à vn grand Seigneur, Artaban luy respondant d'vne façon qui ressentoit le mespris, Flodoard luy dit qu'il estoit soldat, & qu'ayant l'honneur de porter vne espee il ne deuoit pas estre traitté de la sorte, & qu'il sçauoit ce qu'il deuoit à la qualité d'Artaban, & à la conseruation de son honneur propre. Alors Artaban voyant que couuertement il luy mettoit le marché à la main pour se couper la gorge auecque luy, fit des reparties si aigres, si desdaigneuses, & si remplies de rodomontades qu'il eust fallu que Flodoard eust esté insensible pour n'entrer point en fureur en les oyant. A la fin Artaban luy dit, estant enuironné de ses domestiques qui ne demandoient qu'vn clin de ses yeux pour mettre Flodoard en pieces, que ce n'estoit pas auecque de si petites gens que luy qu'il mesuroit son espee,

& que toute la grace qu'il pouuoit faire à sa temerité, estoit de le laisser sortir par la porte de sa maison, sans le faire ietter par les fenestres, à condition de luy respondre à bastons rompus sur ses espaules si iamais il luy venoit tenir de semblables propos. Voila Flodoard outré iusques à la mort, & sur le point de se faire deschirer en morceaux s'il eust crû tirer quelque ombre de vengeance. Il sort maschant son frein, & ruminant en luy mesme vne haute vengeance contre Artaban, mais quoy sa grandeur le rendoit inaccessible, & il estoit comme vne place imprenable deuant vn foible assiegeant. Cependant la superbe Cedrine adioustant à sa naturelle beauté toutes les subtilitez de l'artifice qui polit les visages, & toutes les richesses des ornemens n'obmettoit rien pour rauir de plus en plus les yeux & le cœur d'Artaban, qui esperdu d'amour auançoit auec impatience son mariage, craignant que ceux de sa parenté n'y missent de l'empeschement, & ne se seruissent pour cela de l'authorité du Roy. En peu de iours il est accordé & fiancé, tandis qu'on fait les preparatifs des nopces, dequoy s'auise Flodoard pour se vanger. Il fait transport de ses biens à vn de ses freres pour éuiter la confiscation, & voulant faire vn coup de desesperé. Il part auec quatre de ses amis bien montez & bien armez, il ne leur dit rien de son dessein, sinon qu'il vouloit aller prendre congé, & dire le dernier à dieu à sa cruelle maistresse. Il est le bien venu, ayant fait entendre que c'estoit pour rendre la parolle à cette desdaigneuse, cela les remplit de telle ioye que iamais elle ne luy fit vn meilleur accueil, il se met sur les complimens, & proteste de se resiouïr auec elle de son exaltation, &

de prendre part au contentement qu'elle a d'arriuer au faiste d'vne si bonne fortune. Cedrine ne manque pas de belles reparties, chacun disant des parolles bien differentes de ses pensees, & cachant son ieu. A la fin auec vn peu de reproches meslees de raillerie & de galanterie, Flodoard luy rend sa parolle qu'elle reprend auecque ses accoustumees fiertez, & des pointes de langue si pleines de desdain qu'il sembloit qu'elle eust le front dans les estoilles, & que de là elle regardast Flodoard dans la fange. Mais ô Dieu que la fortune est soudaine en ses changemens, que sa roüe tourne promptement, i'ay veu l'orgueilleux, dit le diuin Chantre, esleué au dessus des cedres du Liban, ie suis repassé, & il n'estoit plus! ô fleur de beauté que vous estes caducque! ô grandeurs du monde vous ressemblez au verre, dont la matiere deuient fragile aussi-tost qu'elle se fait luisante. Comme Cedrine reconduisoit Flodoard, il prend son temps à propos, & en vn instant il luy passa vn rasoir qu'il auoit expressemét dans la main tout au trauers du visage, & met vne barre rouge & sanglante au trauers des lys qui le blanchissoient, & qui furent soudain changez en roses vermeilles. Cela fait il monte à cheual & se sauue en Austrasie, à six ou sept lieuës de là, sçachant qu'il n'y seroit pas poursuiuy par Artaban, qui estoit extremement mal auec le Souuerain de cette contree, & auec des Princes de cette maison là fort authorisez en la France. Reuenons à Cedrine qui voit en vn moment bouleuerser du ciel dans les abysmes, sa fortune auecque sa beauté. Allez belles, & establissez vos esperances sur vne base plus inconstante que le sable mouuant, & qu'vne Coustillade, vne cheute, où la moindre maladie peut rauager, comme vne tempeste impitoyable gaste tout le rapport d'vne campagne. Tandis que cette fille est au desespoir ayant vn œil esraillé, le nez & les ioües couppees en deux, ces nouuelles viennent aux oreilles d'Artaban qui accourt à ce tragicque spectacle, & ne peut plus voir qu'auec horreur ce qu'auparauant il adoroit comme vn idolatre. Il iure en sa fureur tout ce qu'il y a de plus sainct en la terre & au ciel, qu'il ne prendra iamais de bon repos qu'il n'ait laué cette offence irreparable dans le sang de Flodoard, & que de sa propre main il ne luy ait arraché la vie. Mais il apprend que l'Austrasie est sa retraicte, ce qui arreste ses pas pour les considerations que nous auons dittes, & non pas sa colere : car il despesche soudain vn Gentil-homme vers Flodoard auec vn billet par où il le sommoit de luy faire raison l'espee à la main du tort qu'il auoit fait à Cedrine, oubliant sa grandeur pour s'esgaler à luy au lieu qu'il luy marqueroit, & auecque les armes qu'il choisiroit. Flodoard receut ce cartel auec des respects extraordinaires, le baisa, & protesta que si Artaban luy eust fait non pas cet honneur, mais la moindre satisfaction de parolle il eust essayé d'estouffer sa douleur pour la reuerence de sa qualité, & que luy faisant cette grace de vouloir mesurer son espee à la sienne il baiseroit ses armes, & puis il se mettroit en deuoir de se deffendre, il choisit vn lieu de la frontiere pour ce combat, & le prit à pied, à l'espee & au poignard, le Gentil-homme qui appeloit le pria de mener vn second, Flodoard trouua aussi-tost vn Austrasien qui ayant esté des-obligé par Artaban fut bien aisé de rencontrer cette occasion de

La Coustillade. 189

s'en ressentir, ils se battent, & pour ne faire pas vn grand narré de ce duel, des-ja le second de Flodoard auoit mis son homme hors de combat & l'auoit desarmé, quand venant fondre sur Artaban, Flodoard luy cria qu'il ne le touchast pas, & ne luy ostast pas la gloire de le vaincre, de me vaincre, dit le fier Artaban, non pas si vous estiez cent contre moy, car ie vous veux manger tous deux, à cette rodomontade le second de Flodoard s'auance pour le despescher, Flodoard crie pour l'empescher d'vser de cet auantage. Au moins dit le second qu'il rende les armes si vous luy voulez donner le vie. Non pas cela, dit Artaban, quand il faudroit perdre dix mille vies. Sur ces contestations sans que le second se mit autrement en deuoir d'offencer Artaban Flodoard passa sur luy d'vne telle furie qu'il le perça dans la gorge,

& luy fit vomir l'ame auecque le sang, & apres s'eftant faifi de fon efpee fe retira d'Auftrafie en Allemagne, où il eftablit fa fortune auec le prix d'vne partie de fon bien que fon frere luy fit tenir, fçachant bien qu'il n'auroit iamais fa grace du Roy, & qu'il ne feroit iamais feur pour luy en France à caufe des parens d'Artaban qui y éftoient grands & fort authorifez. Ainfi Cedrine perdit en peu de temps fes deux amans, fa fortune & fa beauté. Et depuis auecque fa difformité qui la rendoit non laide feulement, mais hideufe, elle efpoufa vn pauure cadet autant au deffous de la condition de Flodoard, que celuicy eftoit inferieur à celle d'Artaban. Leçon aux belles de n'eftre, ny fuperbes, ny defdaigneufes, ny volages. Et aux grands pour grands qu'ils foient de n'outrager iamais les moindres auecque tant d'indignité que cela les oblige d'en venir aux extremitez, car les coups du desespoir ne sont pas plus cognoissables, ny moins redoutables que ceux de la foudre. L'appetit de vengeance suggerant des inuentions qui ne peuuent estre, ny preuenuës, ny euitees des plus sages. Car en vn mot quiconque mesprisera sa vie sera tousiours maistre quand il voudra de celle d'autruy.

La iuste Douleur.

HISTOIRE XIII.

LE desespoir enleue les personnes qui en sont saisies en des transports au dessus de leur condition, & de leurs forces, & les pousse à des entreprises au dessus de leur commune portee. Brasidas ce grand Capitaine dont l'antiquité fait tant de cas, voulant saisir vne souris qui s'estoit cachee dans vn pannier de figues en fut mordu au doigt, alors se retournant vers les assistans. Voyez, leur dit-il, qu'il n'est point de si foible ennemy qui ne se deffende auec vn courage incroyable quand il est reduit à cette extremité de n'esperer aucun salut. Vous allez voir iusques à quel point vne iuste douleur porte vne femme genereuse, & comme tirant auantage de son desastre, elle tira son absolution des mesmes bouches dont elle attendoit la condamnation. En ce païs que la Dordogne arrose de ses claires eaux, Valerie ieune Damoiselle d'eminente beauté, mais de facultez mediocres viuoit sous les aisles de sa mere, son pere estant allé à Dieu. Si sa beauté la faisoit desirer pour maistresse de plusieurs,

sieurs, son peu de commodité refroidissoit leurs affections, qui comme ces debiles vapeurs estoient aussitost rabbatuës qu'esleuees. Il n'y eut qu'Hellanie Gentil-homme du voisinage, fils de famille, & l'aisné d'vne riche maison, qui s'opiniastra d'auantage à sa recherche, quelque deffence qu'il receust de ses parens de s'amuser apres cette fille qui n'estoit pas vn parti (selon la regle du monde qui est toute d'or) qui luy fust conuenable. Preferant donc son amour à l'obeissance qu'il deuoit aux siens, il se met à cette poursuitte, & s'y attache par tous les liens qui peuuent establir & rendre inuiolable vne amitié. La mere de Valerie qui ne souhaittoit que l'auantage de sa fille selon le commun desir de tous les parens, & qui le voyoit en Hellanie, souffre cette recherche, non auec patience seulement, mais auecque ioye, & quelque priere que luy fissent faire les parens du ieune homme, qu'elle ne permit point qu'il nourrist son feu par la frequentation de sa fille, elle ne laissa pas de luy donner libre accés dans sa maison, & de l'y receuoir auecque les plus obligeantes carresses dont elle se pouuoit auiser, & de luy tesmoigner par des accueils fauorables qu'elle ne le souhaittoit pas moins pour gendre que sa fille pour mary. D'autre costé elle persuadoit à Valerie de veiller à la conseruation de cette conqueste, & de mesnager si bien cette amour quoy qu'honorablement, qu'elle y trouuast sa fortune. Cela c'estoit ietter de l'huille sur le feu, & porter la ieunesse à vne inclination qui luy est si naturelle, que ny la deffence des loix, ny les regles de l'honneur, ny la seuerité des meres ne peut presque retenir les filles qui sont portees à l'amour. Elle donne à cette occasion toute liberté à sa fille, elle luy met la bride sur le col, dont Hellanie prit vn tel auantage que dans peu temps il se rendit le maistre absolu des bonnes graces de Valerie, qui se contenta d'vne promesse de mariage pour luy laisser cueillir ce que celles de son sexe ne peuuent perdre qu'vne fois. Cette pratique (soit quelle fust cogneuë ou inconnuë à la mere) dura assez long temps, & autant qu'il en falloit pour engendrer vn degoust de Valerie dans l'esprit d'Hellanie, mais autre chose qu'vn degoust dans le corps de Valerie. Ce perfide la sentant grosse & preuoyant qu'elle le presseroit de l'espouser pour couurir son honneur par le mariage, & que là dessus les parens feroient vn grand bruict, se retire sourdement & sans prendre congé de personne dans vne des grandes villes de ce Royaume. Valerie descouure à sa mere l'estat où elle se trouuoit, qui pour empescher la diffamation de sa fille tint le tout secret, de sorte que Valerie accoucha d'vn fils sans que personne en sceust rien, sinon la mere & quelque seruante. Cependant Hellanie fit trouuer sa retraitte bonne à ses parens qui estoient bien aises de le voir escarté de l'obiect qui leur donnoit de l'ombrage. Valerie luy escrit, & il luy fait des responses pour l'amuser, luy reïterant les promesses, mais la coniurant de celer ce qui s'estoit passé de peur d'attirer la colere de ses parens sur luy, qui le des-heriteroient s'il se marioit sans leur consentement. Toutes ces lettres estoient autant de feintes & de masques à son infidelité, car son humeur volage & amoureuse ne luy donnant point de repos il fut aussi tost pris par les yeux à la veuë d'vne ieune Damoiselle, aussi peu fauorisée des biens de fortune que Valerie, & qui n'auoit pas plus de beauté, mais soit que l'obiect present ait beaucoup plus de force que l'absent, soit qu'Hellanie fust desgousté de Valerie (estant le propre de la possession que de faire naistre le mespris) soit (ce qui a plus d'apparence) que la derniere idee eust effacé la premiere de son esprit, Phazele se mit dans son cœur en la place de Valerie, & en posseda toutes les affections, son pere estoit d'assez basse condition, & sa mere estoit sœur d'vn Magistrat qui estoit dans vne puissante compagnie, & qui y auoit beaucoup de credit. Au commencement les parens de Phazele qui ne sçauoient rien des sottises d'Hellanie tindrent à beaucoup d'honneur sa conuersation, & à faueur les tesmoignages de bonne volonté qu'il rendoit à leur fille, qu'est-il besoin de descrire par le menu ces ieunesses inconsiderees, si ce n'est quelquesfois pour les descrier. Cette frequentation d'Hellanie & de Phazele alla si auant que sous vne promesse de mariage sans en donner auis à ses parens, il obtint de cette fille peu auisee le mesme auantage qu'il auoit eu de Valerie, si bien que le voila marié en deux endroits, sans l'estre en aucun. Le temps qui met toutes choses en euidence fit sçauoir cette conuersation aux parens d'Hellanie, qui craignans ce second mariage qui n'eust pas esté plus auantageux que le premier, r'appelent leur fils par lettres, à quoy il fait la sourde oreille. Valerie aussi en a des auertissemens, & en est en des inquietudes nompareilles. A la fin les parens d'Hellanie voyans qu'il ne venoit point vont eux-mesmes le querir. Ce fut lors que le rideau de la comedie fut tiré, & que la promesse de mariage qu'il auoit fait à Phazele fut descouuerte, & ensemble ce qui s'estoit pratiqué en tenebres & dans la chambre fut presché sur les toits. Hellanie est cité en Iustice. Valerie ayant auis de tout cecy accourt auec sa promesse de mariage, & son enfant, qu'il ne falloit que regarder pour recognoistre qu'Hellanie estoit son pere. Elle entreuient en ce procés, le Magistrat oncle de Phazele, estant de grande authorité parmy ceux qui iugerent ce different, le fit decider en faueur de Phazele, & condamner Hellanie sous peine de perdre la teste de l'espouser, & declarer nulle la premiere promesse faitte à Valerie, de l'equité de cette sentence ie m'en r'apporte, ce n'est pas à nous à iuger les Dieux forts de la terre, mais plustost à encenser leurs puissances. Elle mit Valerie en vn tel desespoir se voyant priuee d'honneur, & miserablement abusee, qu'elle prit resolution de mourir apres auoir satisfaict à sa vengeance. Elle charge auec vn carreau d'acier vn pistolet de poche, & va trouuer Hellanie pour luy faire des reproches de son infidelité, au commencement il s'excusa sur la necessité de la sentence, luy tesmoignant quelque deplaisir du tort qu'il luy auoit fait, mais en fin ses secondes amours luy estant deuenuës plus agreables que les premieres, il se mit sur la raillerie, & entre les autres traicts celuy qui outragea plus cruellement Valerie, fut celui cy, elle luy monstra son fils qui estoit fort beau & gentil, affin de le toucher de quelque compassion, & qu'au moins il le recognust comme pere, & l'en deschargeast, à quoy le barbare respondit en riant. Mademoiselle vous deuez continuër, selon mon auis, le mestier de mettre des enfans au monde, puis qu'il vous reüssit si bien, & que vous les produisez si agreables. Ce fut icy que la patience abandonna cette femelle outragee, & que faifie d'vne fureur extraordinaire apres auoir vomi contre ce mefchant, voleur de fon honnefteté, tout ce que la rage peut faire efcumer à vne bouche quelle anime, elle deflafcha contre luy le piftolet fi à propos, que le perçant de bande en bande, elle donna à fon ame le choix de deux iffuës. Apres ce coup elle s'en fuft donné vn femblable fi elle euft eu le moyen de recharger le piftolet, où fi elle euft trouué vn poignard pour fe percer le cœur. Tombee donc entre les mains de la Iuftice, tant s'en faut qu'elle redoutaft la mort, que c'eftoit fon plus grand defir. Et elle alloit y eftre condamnee, fi les parens ne fe fuffent auifez d'euocquer la caufe autre-part, à caufe du credit de ce Magiftrat de qui Hellanie alloit prendre l'alliance, là l'affaire changea bien de visage, car au iugement la douleur de Valerie fut trouuee si iuste, & la sentence si peu équitable, que la premiere promesse fut preferee à la seconde, le fils d'Hellanie & de Valerie declaré legitime, & remis au grand pere pour le traitter & le pouruoir comme tel. Valerie seulement condamnee à estre enfermee dans vn Monastere par l'espace de cinq ans. Mais au bout de deux elle s'y confina pour toute sa vie par la reception du voile, & la profession Religieuse. Exemple non moins memorable que tragicque, & qui apprendra aux ieunes hommes à n'abuser pas ainsi temerairement de l'honneur des filles en les trompant sous le plus specieux de tous les pretextes, qui est celuy du mariage. Car cela proprement c'est prendre des oyseaux au miroir. Et seruira de leçon aux filles inconsiderees qui couchent sur vne si foible carte, qu'vne simple promesse, ce qui leur doibt estre plus precieux que la vie. Car en fin qu'est-ce qu'vne fille qui a perdu ce qui luy fait leuer le front en toute bonne compagnie, sinon vn lys arraché de dessus son tige, tant qu'il y demeure attaché, son odeur est suaue, & chasse les serpens, aussi-tost qu'il en est osté, il a vne senteur forte, & qui enteste de telle façon, qu'elle n'est pas supportable.

L'Inconstant attrapé.

HISTOIRE XIV.

SI souuent le papillon donne des attaintes à la flamme, qu'à la fin il y brusle ses aisles, & la nauire apres beaucoup de voyages & de courses donne en fin dans les escueils, & fait vn triste naufrage. Hierusalem, dit vn Prophete, a commis de grands pechez, à raison dequoy elle a esté renduë instable, & cette instabilité sera cause de sa ruine. Celuy qui loge par tout ne demeure en aucun lieu, & celuy qui aime en beaucoup de lieux n'aime veritablement nulle part. Celuy qui donne sa foy à plusieurs ne la garde à personne, & à la fin voulant surprendre, il se trouue pris, ainsi que vous allez voir en l'occurrence qui suit. Hircan vraye image de l'inconstance & l'vne des volages humeurs qui se puisse imaginer, estant né de complexion amoureuse ressembloit à vne matiere premiere, susceptible de toutes sortes de formes. C'estoit vn miroir que son cœur, où les obiects des beautez estoient aussi-tost effacez que promptement empraints. C'estoit vn poulpe receuant toutes les couleurs des lieux où il s'attachoit. Ie n'aurois iamais faict si ie voulois representer ses changemens, à leur comparaison les gyroüettes se peuuent dire constantes. Mais ie viens seulement aux plus notables, & à ceux qui le porterent à cette fin tragicque qui luy donnera lieu dans cet Amphitheatre de sang. Les graces d'Asterie fille de mediocre condition arresterent ses pensees plus long temps que de coustume, & ne pouuant l'oster de sa fantaisie, ny la posseder, parce qu'elle estoit fort vertueuse, que par la loy d'Hymen, il se resolut à ce ioug pour arriuer à cette iouïssance où il mettoit sa felicité. Sa mere (car son pere estoit mort) s'aperceuant de cette passion, & du but où elle tendoit, ne iugea point qu'il y eust de plus subtil, ny de plus fort moyen de l'en diuertir que de luy proposer le voyage d'Italie. Cet esprit leger fut aussi tost persuadé sur l'esperance qu'il auoit de rencontrer en cette belle contree quantité de ces choses qu'il aimoit le plus, & que la facilité des conquestes luy osteroit de dessus les espaules le ioug tyrannique d'vne passion particuliere. Lors donc qu'Asterie à qui il auoit des-ja donné autant d'esperances, que tesmoigné d'amour pensoit rencontrer l'effect de ses promesses par le mariage, mon homme disparoist & s'en va en Italie. Ce fut là où il trouua ces beaux escueils de marbre blanc où il prenoit plaisir à faire naufrage. Mais apres auoir beaucoup roulé par l'Italie le seiour de Sienne luy plut sur tous les autres. Aussi est-ce vne cité ou à la pureté de la langue la beauté des bastimens, & la ciuilité & gentillesse de ceux qui l'habitent, apporte tant d'auantages que la demeure n'en peut estre que fort agreable, principalement aux estrangers qui y sont aussi courtoisement receus qu'en aucune autre ville d'Italie. Ce fut là que Hircan se resolut de passer son temps aux exercices, & à l'occupation des personnes oysiues qui est l'amour. Il en receut pour plusieurs suiects, & en rendit susceptibles plusieurs autres, mais il ne trouua, ny tant de franchise, ny tant de bien-veillance en aucun lieu qu'en la maison de Porcia ieune vefue, qui ayant appris dans le mariage les secrets de plaire aux hommes, sceut bien par ses attraicts mettre en arrest la volage humeur de nostre François. Et certes si le grand Stoïque a dit que les bien-faicts sont les chaisnes des cœurs. Hircan fut comblé de tant de faueurs, mais ie dis faueurs solides, & de tant de riches presens par cette vefue qui s'estoit esperdument esprise de luy qu'il fut contrainct de se rendre à elle, & de luy donner toutes ses affections. Elle le gaigna donc iusques à ce point quelle l'espousa secrettement, & de cette sorte Hircan demeura plus d'vn an aupres d'elle, disposant de son bien à sa fantaisie aussi bien que de son corps. Les esprits Italiens ont cela que comme ils haïssent, ils aiment aussi à l'extremité, & quand ils ont employé tous leurs biens pour le seruice de ce qu'ils ayment, ils pensent

n'auoir

n'auoir rien fait. Telle estoit l'humeur de Porcia qui se fust ruinee pour Hircan, sans penser faire autre chose que son deuoir en seruant cet ingrat à qui elle s'estoit donnee sans reserue. Que i'ay de regret qu'vn homme de nostre nation aille commettre l'ingratitude que ie deduiray tantost. Apres que l'inconstant eust rassasié ses desirs des embrassemens de Porcia, le desir de reuoir sa Patrie, ou peut-estre de se faire quitte de cette infortunee, le saisit, elle a beau le coniurer, ou de retarder son voyage, ou de l'emmener auec luy, ses prieres sont inutiles, & c'est semer sur le sable. Il se sert de ses sermens pour tromper sous vne plus belle apparence, & pour colorer sa perfidie. Il proteste (comme vn autre Demophoon à Phillis) qu'il ne va que pour donner ordre à ses affaires domestiques pour reuenir aussi-tost, & l'espouser solemnellement à son retour, tout cela sont des piperies, que l'amour extreme de Porcia fait couler facilement en sa creance, n'y ayant rien qui nous face plustost croire que le desir, & souffrant ce qu'elle ne pouuoit empescher, elle permet qu'il la laisse apres mille sermens d'amoureux (qui s'escriuent en l'air) qu'il reuiendra dans vn terme qu'il fait fort court pour tromper la credulité de cette femme. Elle l'assiste d'argent & d'equipage, & luy fait de beaux presens à son depart pour obliger ce perfide à se souuenir d'elle, mais ce qui n'estoit plus deuant ses yeux s'escartoit aussi tost de son souuenir, en quoy le grand Stoïque met le dernier degré de l'ingratitude. Il n'est pas si tost arriué en France que toute l'Italie disparoist de sa memoire, & quand il reuit Asterie, ce fut comme vne personne qu'il n'eust iamais veuë tant il se trouua desgagé de ses liens.

Cela plût fort à sa mere qui le vit gueri d'vne maladie dont elle craignoit la recheute, mais il n'est pas homme à garder longuement sa liberté, il faut quelle s'engage en quelque pratique. Zamaris vne autre Damoiselle qui n'estoit gueres plus riche qu'Asterie, fut le filet où il donna, & s'y embarrassa de telle sorte qu'il n'en pouuoit trouuer l'issuë que par le mariage, ce que sa mere ne redoutoit pas moins que le premier engagement. Quel remede à ce desastre, la fortune l'offrit lors qu'on y pensoit le moins. Il eut pour riual en cette amour vn ancien Gentil-homme appelé Eucer, qui estoit beaucoup plus riche que luy, homme d'aage auancé, & d'authorité dans le païs. Encore que Zamaris eust beaucoup plus d'inclination pour Hircan, que pour ce vieillard, ses parens ne furent pas de mesme auis, mais ayans donné leur parolle à

Eucer, ils la contraignirent de se donner à ce vieil amoureux qui auoit comme le mont-Ætna des feux parmy la nege. En mesme temps par vne rencontre merueilleuse, vne Dame fort riche que nous appelerons Turianne souhaitta pour gendre Hircan, mais sa fille estoit si laide, & d'vne taille si gastee que ce ieune tendron nourri dans les delicatesses & les morceaux friands, ne se pût iamais resoudre de mettre à ses costez pour toute sa vie vne femme qui ne luy eust engendré que des monstres. Mais voyez comme vne petite éstincelle iettee à l'auanture excite vn grand embrasement, Turianne qui approchoit les cinquante ans, & qui depuis la mort de son mary n'auoit aucunement pensé au mariage, s'y sentit portee tout à coup sur ce qu'on luy r'apporta qu'Hircan auoit dit qu'il eust mieux aimé la mere que la fille.

Cette Dame auoit esté belle en son temps, & auoit encore des restes de fraischeur & de beauté qui n'estoient pas mesprisables, ce mot dit par hazard luy fit reprendre le desir des nopces, & la consultation quelle fit auecque son miroir luy persuada quelle estoit encore assez agreable pour donner de l'amour à vn ieune mary, elle fait sonder l'esprit d'Hircan la dessus & luy offrit de si grands auátages, qu'esblouy de tant de biens il consentit à la prendre pour femme: le mariage fut plustost fait qu'on ne s'apperceut de la recherche, ce qui remplit de diuers discours tout le voysinage. Mais l'inconstant Hircan n'estoit pas homme à se tenir long temps attaché à vne vieille, il reprend le train de ses anciennes libertez, & cherche ailleurs que dans son lict dequoy contenter son appetit desordonné. Ce qui alluma de si furieuses ialousies dans l'esprit de Turianne, & fit naistre entr'elle & Hircan vn si mauuais mesnage, que s'estant separee de corps d'auecque luy, elle obtint encore separation de biens par authorité de la Iustice. Ce qui nous monstre combien rarement sont heureux les mariages qui se font entre des parties trop inesgales en aage. Apres beaucoup de lettres sans responce, & trois ans de patience, Porcia se resolut de iouër de son reste, & de venir chercher en France son infidele, elle arriue donc auecque sa promesse de mariage, & se presente deuant Hircan separé de Turianne, il se mocqua d'elle, & des-auoüa son propre escrit, elle le fait appeler en Iustice, mais qui est le Iuge qui garde le droict à l'estranger au des-auantage du regnicole. La pauure Porcia fut bassoüee de tous costez, reclamant la iustice diuine puisque l'humaine luy deffailloit, aussi fust-elle exaucee, car auant quelle se retirast en Italie elle eut cette satisfaction de voir la vengeance sur la teste de l'inconstant, & de lauer ses mains dans le sang du pecheur. Zamaris ayant esté mariee par force au vieillard Eucer, n'osta point de son esprit les impressions de l'amour qu'elle auoit euës pour Hircan, & lasse de ce bon homme elle rendit des tesmoignages à cet inconstant, que ses visites ne luy seroient point des-agreables. Luy qui estoit de naphthe à ce feu ralluma soudain de cette bluette d'espoir ses anciennes flammes, & sans m'engager dans le recit des particularitez de cette accointance, il entra en telle familiarité auec Zamaris que le bon Eucer s'apperceut bien que trop tard de leur infame pratique. Turianne mesme qui ne laissoit pas d'estre ialouse, quoy que separee en auertit Eucer qui n'en

O iiij

sçauoit que plus qu'il n'eust voulu, il ne luy restoit que de les surprendre pour leur faire porter la peine de leur adultere. Cela luy fut aisé ayant descouuert par le moyen d'vne seruante la cabale de leurs secrettes entreueuës. Il se fait bien accompagner, & estant bien armé il se cache dans le boccage d'vn iardin, ou durant la nuict Zamaris & Hircan se donnoient des rendez-vous. Qu'est il besoin de tirer en langueur cette expedition. Comme ces miserables s'embrassoient ils furent percez d'vne saluë d'harquebuzades qui gresla sur eux, & qui les enuoya faire l'amour aux champs Elisees. Ainsi fut attrapé l'inconstant & surpris en sa finesse celuy qui vouloit tromper les autres. Notable punition de l'instabilité, & de la perfidie qui soulagea l'esprit irrité & desesperé de la trop loyale Porcia, qui se vid pluftost vefue que mariee, &

qui reconnut par ce coup du ciel que le Dieu des vengeances auoit pris sa cause en main, & chastié l'ingratitude de ce desloyal quelle auoit trop aymé pour en estre si laschement trahie.

Le Pere maudissant.

HISTOIRE XV.

LA malediction des peres sur les enfans est vne gresle mal-heureuse qui rauage les fleurs & les fruicts, c'est ce vent chaud & bruslant dont vn Prophete parle qui deseiche les plus viues sources des fontaines. Certes les enfans ne la doiuent pas moins redouter que la brebi le loup, n'y ayant rien selon mon iugement qui les expose tant à la misere & aux desastres. Ceux qui la mesprisent se trouuent ordinairement surpris. Car si les enfans qui honnorent leurs parens ont pour salaire vne longue vie, qui peut douter que la brieueté des iours ne soit le chastiment de ceux qui se reuoltent contre ceux qui les ont mis au monde. La fille infortunee qui seruira de spectacle à cette scene, nous fera voir clairement cette verité, & combien Dieu est ialoux du respect qui est deub à ceux qui en terre nous representent sa plus viue image, qui sont nos Peres. Cyree Damoiselle d'excellente beauté, fut vn escueil agreable où plusieurs firent naufrage de leur liberté. Mais ceux qui perseuererent auecque plus d'opiniastreté en leur volontaire esclauage (car l'amour est vne seruitude aymee de la volonté) furent Darius & Eupator, qui picquez extraordinairement pour ce cómun obiect de leurs flammes faisoient à l'enuy à qui auroit plus d'accez en ses bonnes graces. Quelque discretion qu'ait vne fille qui doit souffrir la recherche de plusieurs pour en acquerir vn legitimement, il est mal aisé que son esprit d'vn naturel mouuant & flexible puisse durer long temps en vne assiette esgale sans laisser pancher de quelque costé la balance de son inclination. Ce fut à Eupator quelle rendit des tesmoignages de meilleure volonté, dequoy Darius son riual entra en vne ialousie desesperee, plusieurs fois il fut sur le point de se battre contre Eupator, mais cestui-cy auoit mieux que luy les armes à la main. Cela fut cause qu'il attacha la peau du renard où celle du lyon ne pouuoit atteindre. Eupator ayant gaigné les bonnes graces de la fille, s'insinua encore en celles du pere que nous appelerons Lisias, de sorte que la recherche de Cyree luy fut permise auec asseurance, qu'il n'employeroit pas son temps en vn seruice inutile, puisque le mariage en deuoit estre le couronnement, ce qui eust heureusement reüssi si la malice de Darius n'eust broüillé toute cette affaire. Mais c'est vne estrange chose qu'vn esprit artificieux, il est beaucoup plus à craindre qu'vn ennemi couuert. Il se seruit pour rompre cette belle trame d'vne subtilité si specieuse que les plus fins y eussent esté trompez. Il suscite vn ieune homme de ses amis qui auoit de grands moyens, dont il estoit le maistre, & le prie de contre-faire le passionné pour Cyrée, & depeindre de la desirer en mariage. Ce que l'autre pour l'obliger mena si accortement que Cyrée & mesme Lisias crurent que la feinte estoit vne verité, & comme courans à vn plus auantageux party commencerent à se refroidir vers Eupator. De vous dire quels marteaux la ialousie mit dans la teste de cestui-cy, il seroit inutile, Darius se rend entremetteur de cette passion de son ami, que nous nommerons Zopirion, & sçait si dextrement glisser des opinions sinistres d'Eupator dans les esprits de la fille & du pere qui auoient Zopirion en grande estime, qu'Eupator ressentoit bien-tost des effects de rebut qui luy furent extremement des-agreables. De peur donc d'en venir aux extremitez il crût que faisant vn voyage il gueriroit par l'absence les playes que la presence des beautez de Cyree auoit faittes en son cœur. Voila Darius au dessus de ses pretensiós, ayant chassé celuy qui luy faisoit ombre. Sur ie ne sçay quel leger suiet Zopirion se retire de cette conqueste n'estant en cecy que comme vne machine qui se remuoit selon les ressorts de Darius. Mais le ciel qui hait les cœurs doubles ne permit pas que sa fraude reüssist selon son attente pour l'absence d'Eupator, il n'en fut pas mieux veu de Cyree, qui voyant l'inconstance de Zopirion fut marrie d'auoir tesmoigné tant d'ingratitude à celuy qui auoit eu si bonne part en ses affections, & qui l'auoit honoree & seruie auecque des respects incomparables. Tandis qu'elle rappelle ses merites en sa memoire, & que leur souuenance r'allume son desir voicy vne occasion qui vient à la trauerse, & qui par contrecoup luy fait regretter son Eupator. Hydaspe ieune homme de mauuaise mine & de pires mœurs, & dont les desbauches infames à ce que l'on tenoit luy auoient fait faire sans sortir d'vne estuue les voyages de Suede, de Bauiere, & de l'Archipel, se picqua de la beauté de Cyree, & pour arrester le cours de ses desordres il la desira pour femme. Lisias aueuglé des grands biens de ce fils de famille que ses parens desiroient marier pour le rendre plus retenu, leur promit sa fille pour leur fils, sans considerer à quels dangers il exposoit sa santé & sa vie, ce bon homme s'estant laissé persuader que tous les mauuais bruits qui couroient de Hydaspe estoient faux, encore qu'ils ne fussent que trop veritables. Cyree qui en sçauoit comme fille, & fille curieuse de plus particulieres nouuelles, eust plustost choisi le tombeau que ce puant mary, l'horreur de cette sale maladie dont il estoit accusé, & dont il n'auoit que de trop apparentes marques, luy remit à si haut prix le merite d'Eupator qu'elle se resolut de luy escrire des lettres suppliantes pour le coniurer de reuenir s'il auoit encore quelque estincelle de bien veillance pour elle. Eupator se fit vn peu prier, à la fin il receut d'elle vne promesse de mariage affin qu'il fust asseuré que son retour ne seroit pas inutile, ny pour experimenter de nouuelles inconstances. Sur cette asseurance il reuient lors que Ciree estoit tourmentee tous les iours par son pere qui la vouloit contraindre de prendre Hydaspe pour mary, Eupator suruint à propos pour la deliurer de cette tyrannie. Lysias accorde sa fille à Hydaspe, il donne le iour pour les fiançailles, Eupator s'oppose & fait voir la promesse de mariage qu'il a de Cyree, on ne peut passer outre que cette oppositió ne soit vuidee. Lysias iniurie, outrage, & bat sa fille, & se resout de la mener aux champs, & là de gré, ou de force de la marier à Hydaspe, à cette extremité il n'y auoit point d'autre remede que de se faire enleuer par Eupator, ce qui fut fait ainsi qu'il auoit esté proietté entre les deux amans. Ils s'espouserent de la sorte & consommerent le mariage. Lisias

Lisias accuse Eupator de rapt, il se deffend en Iustice, prouue la permission qu'il a euë de rechercher Cyree auec promesse de n'y perdre point son temps, la violence de Lysias pour luy faire espouser Hydaspe, dont il preuue le mal de Naples par ceux-là mesmes qui l'en auoient pensé, & le iuste suiet qu'à eu Cyree de refuser cet homme tout gasté d'ordures ; En fin son mariage est declaré bon, ce qui mit Lisias en vne fureur extreme, il veut des-heriter sa fille, & le fait, procés là-dessus, l'exheredation declarée nulle comme fondée sur vn mariage declaré bon. Voyant qu'il estoit greslé par la Iustice de la terre il a recours aux imprecations, & maudissant sa fille prie Dieu que ces nopces luy soient mal-heureuses, maudissant encore les fruicts qui en prouiendroient. Cyree s'en mocque, & elle eust mieux fait d'appaiser le courroux

Amph. Sanglant. P

de son pere, & de destourner de sa teste les mal-heurs que ces maledictions y attirent. Darius voyant sa maistresse entre les bras de son riual entre en vn tel desespoir qu'il delibere de luy oster la vie, il le trouue à l'escart, & portát vn pistolet il le luy veut lascher dans la teste, la pierre manque à faire feu, alors Eupator mettant la main à son espee, celle-cy, dit-il, ne faillira pas à chastier la trahison, il la luy passe & repasse au trauers du corps d'où il fait sortir l'ame. Il receut de cette sorte le salaire de ses artifices qui furent depuis descouuerts par Zopirion. Mais qu'arriua-t'il à Cyree, le premier enfant qu'elle eust vint au monde sans vie, signe que la malediction de son pere portoit coup, au lieu de recognoistre cette verité, & de tascher de reconquerir la benediction paternelle elle continuë en son mespris, & au lieu de s'humilier elle plaide contre luy pour son mariage, elle deuient grosse pour la seconde fois qui luy succeda plus mal-heusement que la premiere : car s'estant blecee, & son enfant estant mort dans ses flancs, & n'en pouuant sortir y engendra vne putrefaction qui fut cause de sa mort. Leçon aux enfans de redouter les maledictions de leurs peres, & de leur rendre les mesmes honneurs & deuoirs qu'ils voudroient receuoir de ceux qu'ils auroient mis au monde.

L'Amant desesperé.

HISTOIRE XVI.

Quelque vertueux que soit vn homme, dit cet Ancien Poëte, mal-aisement s'esleue t'il à quelque chose de grand si la fortune la fait naistre dans la pauureté. Pour l'esprit, pour la gentillesse, pour la bonne grace, nul de tout son voisinage ne meritoit mieux que Nicanor de posseder la belle Calepode, si les commoditez eussent secondé sa valeur. Mais si les parens mesconnurent son merite, Calepode ne fut pas aueugle iusques à ce point de ne le pas voir, c'estoit vne fille prudente, & qui sçauoit bien qu'vn homme sans richesses estoit à preferer à des richesses sans homme, parce qu'vn homme habile en peut acquerir quand il n'en a pas, & celuy qui est stupide ne peut pas conseruer celles que sa naissance luy donne. C'est pourquoy pleine de l'estime des vertus de ce braue elle en fit choix contre le iugement des siens pour y arrester ses affections. Nicanor recognut cette faueur auec tant d'humilité, & la cultiua auec tant de respects & d'agreables seruices, que celle qui l'obligeoit de son amitié pensoit estre l'obligee, & toute son ame se remplit tellement de l'idee de Nicanor qu'il n'y eut plus de place pour aucun autre. Mais Ceril & Alphie pere & mere de Calepode s'opposerent directement à la fin de cette amour qui regardoit le mariage, & Calepode estant trop honeste & trop vertueuse pour faire aucune action contre les loix, non de l'honneur seulement, mais de bien-seance, ne re-

P iij

presentoit autre chose à Nicanor pour le consoler, sinon que sa constance vaincroit la dureté de ses parens, pourueu que la patience ne manquast point à Nicanor. Cetui-cy d'autre costé l'exhortoit à la perseuerance, & de sa part luy protestoit vne fidelité qui seroit inuiolable à la longueur du temps, & qui pousseroit sa duree mesme apres sa mort. Mais les parolles des hommes ne sont pas oracles, & si Nicanor eust esté si ferme comme il promettoit d'estre nous ne serions pas en peine de bastir le tombeau de son desespoir sur le desbris de son inconstance. Vous qui vous imaginez que le changement est vn accident inseparable du sexe plus fragile & qui mettez à vn si haut point la fermeté des hommes, venez voir icy vostre chance renuersee, & contemplez vne fille constante & vn homme inconstant. Nicanor languissant en vne attente qui n'estoit pas moins ennuyeuse à Calepode, & n'ayant pû la porter par aucunes persuasions à commettre vne legereté, soit en s'enfuyant auecque luy, soit en se mariant clandestinement, cette sage fille aymant mieux la mort que de souïller sa reputation de la moindre tache, & remettant tousiours son amant, ou au changement de la volonté de ses parens, ou au temps de leur mort, cet impatient ne pouuant plus supporter l'impetuosité de ses desirs, & tenant pour vn supplice nompareil la presence d'vn obiect aimé sans espoir de iouïssance, se resolut d'aller voir le monde, & parce que ses moyens estoient courts pour faire les despens d'vn grand voyage, il se chargea d'vne robe d'hermite pour aller plus à couuert des incommoditez sous cet habit de pieté. Cet amoureux Hermite part donc & s'en va en

Italie, & apres auoir quelque temps battu le païs, las de rouler ainsi par le monde, & l'absence ayant aucunement effacé les traicts de beauté de Calipode, en son souuenir il prit enuie d'estre en effect ce qu'il n'estoit que d'habit, & de trouuer quelques Hermites auec qui il pust faire vne retraitte. Ce beau riuage de Gennes d'où l'hyuer est banni, & ou des trois autres saisons de l'annee ne se fait qu'vn seul prin-temps, luy reuint en memoire, & ce fut dans les iardins d'orangers qui parent ces belles costes, qu'il voulut faire sa demeure s'il y trouuoit vn hermitage propre. Le ciel dont la prouidence veilloit sur ses bonnes intentions luy fit trouuer ce qu'il cherchoit, & non loin de Loan, Comté qui appartient au Prince d'Oria, il trouua deux Hermites fort bien logez qui ne refuserent point de le prendre pour troisiesme en leur societé. Si i'auois le loisir de vous despeindre la beauté de cet Hermitage vous en deuiendriez amoureux, & ie m'asseure que vous diriez que les delices de cette solitude passent la pompe & la douceur des plus grandes villes. Nicanor estoit Gentil-homme accort d'vne conuersation facile & aimable, adroit à tout ce qu'il faisoit, qualitez qui le rendirent si recommandable, non seulement à ses deux confreres, mais à tout le voysinage, qu'il estoit recherché iusques dans cette grotte de toute la Noblesse d'alentour dequoy il tiroit abondamment toutes les commoditez qu'il pouuoit desirer pour viure à son aise. Trop heureux Nicanor s'il eust pû recognoistre la felicité de sa condition, mais comme sa vocation ne venoit pas d'enhaut, ayant esté ietté à ce port par la tempeste d'vn desespoir amoureux il estoit mal-aisé qu'il y perseuerast, son cœur touché d'vn secret aymant se retournoit quelquefois du costé du haut Languedoc où il auoit laissé son païs, son amour, & sa fidele Calipode, & tous les souspirs dont il faisoit quelquefois retentir sa cellule n'estoient pas tant enfans du regret de ses fautes, que de se voir priue de la veuë de ce qu'il aymoit en terre. Il demeura deux ans, tant en son voyage par l'Italie, qu'en ce delicieux Hermitage. Lors qu'vn desir le prit de sçauoir des nouuelles de ce qui se passoit en son païs, & en quel estat estoit Calipode. Il escrit à vn de ses amis, & luy donne des addresses à Gennes pour y pouuoir receuoir des responces. L'amy n'y manqua pas, mais luy fit sçauoir que depuis son absence Calipode auoit refusé plusieurs bons partis, encore qu'elle ne sceust s'il estoit encore entre les viuans. Cela reueille ses anciennes ardeurs, & le tentateur qui ne crie autre choses, aux ames retirees des embarras du monde, que ce qu'il disoit au Sauueur au desert, iette toy du haut en bas, ne manqua pas de r'attiser son feu, & de luy suggerer d'escrire à Calipode, qui fut si rauie d'aise de sçauoir qu'il fust encore en vie, & quelle estoit encore en son souuenir, quelle renouuela par ses responces les vœux de sa fidelité, auecque des protestations solemnelles qui furent autant de nouueaux brandons dans l'ame de Nicanor. Il passe encor vn an dans ce traffic de lettres, amusant tousiours cette fille de belles promesses qui ne venoient iamais à aucun effect. Calepode luy escriuit plusieurs fois qu'il vint, & qu'elle se laisseroit enleuer selon qu'il luy auoit proposé tant de fois, mais Nicanor iugeant de sang plus froid ce qu'il auoit autrefois tasché de persuader lors que sa passion estoit plus ardante, & cognoissant que ce seroit ruiner sa fortune, au lieu de l'establir par vn moyen si violent, & d'autre costé retenu par la douceur de la demeure où il estoit par la consolation qu'il receuoit en la compagnie de ces bons Hermites, & par la bonne odeur où il voyoit qu'estoit son nom par toute la contree, ne se hastoit point de s'en retourner, sçachant qu'il auroit tousiours à cause de sa pauureté les parens de Calipode pour contraires à son mariage. En fin Ceril pere de cette fille mourut, mais Alphie sa mere faisoit tousiours resistance aux desseins de sa fille, qui lasse du monde & croyant que Nicanor se mocquast d'elle, & fust arresté en l'Hermitage par les liens de quelques vœux, ou peut-estre par la susception des ordres, se resolut d'entrer dans vn Monastere. Sa mere qui l'aimoit beaucoup ne pouuoit consentir à cette resolution, ce qui obligea Calepode à s'y ranger sans prendre congé de sa mere, & elle y fut receuë auecque la dote qu'elle pouuoit tirer de l'heritage de son pere, en quoy elle fut aidee d'vn de ses freres qui pensoit tirer de l'auantage de cette retraicte de sa sœur. Alphie s'auisa trop tard de sa rigueur, & pour retirer sa fille du Cloistre elle luy promet d'aggreer son mariage auecque Nicanor, mais Calepode ayant pris l'air de la Religion, & veritablement touchee du ciel ferma les oreilles à cette proposition qu'elle auoit tant & si long temps desiree, & pria sa mere de la laisser en paix. L'ami de Nicanor qui veilloit sur tout cecy l'auertit aussi-tost par vn lacquais qu'il luy despescha du consentement d'Alphie, touchant son mariage auec Calepode, ce qui mit vne telle puce à l'oreille de nostre Hermite qu'il quitta aussi-tost sous vn feint pretexte, &

sous promesse de reuenir, le beau riuage de Gennes & s'achemine en Languedoc auecque le lacquais qu'on luy auoit enuoyé. Arriué auprès de Calepode il la trouua si changee, & ses discours si contraires à tant de lettres qu'il auoit receuës d'elle, que le iour n'est point plus different de la nuict, celle qui l'auoit r'appelé le reiette, celle qui l'auoit prié de quitter l'Hermitage, l'y renuoye, & celle qui luy auoit conseillé de quitter l'habit Religieux pour penser aux nopces, luy parle de quitter le mariage pour embrasser la vocation Religieuse. Tout cela met vn merueilleux trouble dans l'esprit de Nicanor, il void Alphie qui le reiettant autrefois pour gendre le desire alors passionnement, & qui le coniure de faire tous ses efforts pour tirer sa fille du Cloistre, elle luy donne à ce suiet son consentement par escrit, fondé sur cela & sur plusieurs lettres de Calipode qui estoient comme autant de promesses de mariage, il se pouruoit deuant la Iustice pour la demander comme sa femme, & s'opposer à sa profession. Mais Calipode estant ouye ses requestes sont reiettees, & cette fille laissee en la liberté de son choix. Voyant que de ce costé-là il ne pouuoit rien esperer, il delibere assisté de quelques-vns de ses amis, de forcer le Monastere & d'enleuer Calipode. Cecy ne se pust tramer si secrettement qu'on n'en eut auis, sur quoy les freres de Calipode firent vne contremine, & comme Nicanor alloit rodant auecque ceux qui l'assistoient autour de ce Conuent pour trouuer les moyens d'executer leur dessein, ils eurent en teste vn Preuost & ses Archers, qui n'ayant charge que de les prendre vifs, ne purent faire cette capture sans respandre du sang, parce que Nicanor & les siens se mirent en deffence. Il y en eut vn de tué sur le champ, & Nicanor blecé d'vn coup de carabine qui n'estoit pas mortel, le rendit mortel par le desespoir, arrachant les appareils de sa playe, & ne voulant point suruiure à la perte de sa maistresse. Mort horrible, & qui nous apprend que ceux qui abandonnent Dieu en sont tost ou tard abandonnez, & que c'est vn Dieu ialoux & terrible contre ceux qui entreprennent de luy arracher ses espouses du pied de ses Autels.

La Trahison renuersee.
HISTOIRE XVII.

Vrant les troubles qui agiterent cette Monarchie sous Charles IX. Les cartes estoient tellement brouillees pour les factions de l'Estat qui se couuroient du manteau de Religion, que souuent les parens plus proches se trouuoient engagez en diuers partis, tel est le malheur ordinaire aux guerres ciuiles. Cela fut cause de la fausse ialousie qui fait le fonds, & comme le suiet de ce funeste succez. Hermippe ieune Cheualier estoit si auant dans les amours, & la recherche de Viuande qu'ils estoient presque sur les termes de se marier. Quant à leurs affections elles

Amph. Sanglant. Q

estoient si liees qu'il sembloient que leurs deux corps destinez à n'estre qu'vne mesme chair ne fussent animez que d'vn mesme esprit. Ils viuoient dans vne ville de la Prouince des Pictes, qui estoit attachee au seruice du Roy, & voisine d'vn autre reuoltee, ou commandoit vn Gentilhomme que nous appelerons Vrbain, qui auoit espousé la fille de la belle mere d'Hermippe. Encore que l'alliance d'entre Vrbain & Hermippe fust assez foible, ils auoient neantmoins contracté vne amitié bien forte à cause de Petronie femme d'Vrbain qui auoit pensé espouser Hermippe, lors que sa mere espousa en secondes nopces le pere de ce Gentilhomme. Il est vray qu'Hermippe estoit vn peu plus ieune qu'elle, & outre cette consideration l'affection anticipee d'Vrbain fut cause que ce mariage ne se fit pas. Hermippe ap-

peloit toufiours Petronie fa belle
fœur, comme fille de fa belle mere, &
appeloit Vrbain fon frere d'alliance.
Vrbain commandant en qualité de
Gouuerneur dans la ville reuoltee du
feruice de fa Majefté pour la confideration d'vn Prince, fut inuefti par les
troupes du Roy, & contrainct de fouftenir vne efpece de fiege, il appela
tous fes amis à fon fecours, & Hermippe fut des premiers qui y courut
& qui fe ietta auecque luy dans cette
place, remettant à vne autre fois à
conclure fon mariage auecque Viuande. Il s'y porta auec tant de courage & de fidelité qu'Vrbain le fit fon
Lieutenant, & fe confia entierement
en luy. Vn iour il prit fantaifie à Vrbain de faire vne fortie & de charger
fur les ennemis, ce qui luy reüffit affez heureufement, ayant mis en defordre le quartier où il auoit donné,
mais en faifant fa retraitte le mal heur

voulut qu'il fut atteint d'vne mousquetade, dont il mourut à trois iours de là. La ville & Petronie demeurerent de cette sorte en la puissance d'Hermippe, qui de Lieutenant en deuint Gouuerneur, dont il eut lettres du Prince qui le confirma en cette charge. Petronie recognoissant les obligations qu'elle auoit à Hermippe qui auoit assisté si courageusement son mary en la conseruation de cette place, se remet entierement, & vn enfant qu'elle auoit d'Vrbain en la protection de celuy quelle appeloit son beau-frere. Mais dans peu de iours sous la cendre de sa viduité se trouuerent des charbons encore vifs de cette premiere affection qu'elle auoit euë pour luy lors qu'on auoit parlé de les marier ensemble. Ce feu qui ne se peut cacher dans vn sein sans y laisser des marques de sa bruslure, parut incontinent dans ses yeux & en ses contenances; bref elle en rendit tant de preuues à Hermippe qu'il eust esté aueuglé s'il n'eust reconnu ce que ces contenances vouloient dire, il fit neantmoins semblant de ne les entendre pas, dissimulant modestement ce qu'il pensoit, & se deffendant contre ces charmes par le souuenir de la fidelité qu'il auoit iurée à Viuande. A la fin Petronie pressée de sa passion en estant venuë, quoy qu'auec vn extreme effort d'esprit iusques à en parler à Hermippe, ne receut de luy que des complimens qui luy tesmoignoient plus d'honneur que d'Amour, mais comme elle redoubloit ses poursuittes il les trancha par vne franche declaration de l'obligation qu'il auoit de tenir sa parole à Viuande. Tout cecy ne se passa point sans que Viuande en fut auertie, qui en entra en des soupçons, & en des ialousies estranges. Elle vse du droit de maistresse, & sans considerer qu'Hermippe estoit engagé en vn party d'où lors il ne se pouuoit retirer auec honneur ny seureté, ny mesme sans vn notable interest de sa fortune, elle luy commande de quitter ce gouuernement, de reuenir vers elle, & d'abandonner Petronie, s'il ne veut quelle tienne pour des veritez les bruits qui courent & les ombrages qui la tourmentent. Hermippe luy fait des responces si iustes qu'elles eussent esté capables de satisfaire tout esprit moins passionné que le sien, mais la ialousf- qui la trauaille ne luy permet pas de iuger sainement des legitimes excuses d'Hermippe, elle se tient pour trahie parce qu'il ne reuient pas, & sa riuale tenir dans les affections d'Hermippe la place quelle croyoit luy appartenir. Elle n'ignoroit pas le dessein qui auoit autrefois esté de les marier ensemble, elle croit que le flambeau qui fume encore se r'allume aisement estant approché de la flamme. Dans ce caprice elle se met en telle colere quelle veut faire connoistre à celuy quelle tient pour infidelle, que s'il sçait changer de maistresse, elle ne manque pas de seruiteurs. Berose l'auoit long temps seruie en mesme temps qu'Hermippe la recherchoit, & s'estoit escarté parce qu'il auoit recognu quelle estoit engagee d'affection à Hermippe. L'absence de celui-cy luy ouurit le moyen de renouueler son commerce auecque Viuande, qui picquee de colere & de ialousie luy fit des accueils si fauorables qu'il connut bien que c'estoit là le vray temps de faire sa moisson. Aussi le mesnagea-t'il auecque tant de dexterité que prenant auantage du dépit de Viuande pour luy faire haïr celuy quelle aimoit auparauant, par cette haine il se mit en sa place &

Q iiij

dans peu de iours il fit tant par ses seruices qu'il se rendit maistre de la place par le mariage. De quelle sorte Hermippe receut les nouuelles de cette alliance, & s'il eut occasion de detester l'ingratitude & l'inconstance de cette fille ie le laisse iuger. Cependant le Prince pour le seruice de qui Hermippe tenoit la ville où il estoit Gouuerneur, s'estant accommodé auecque le Roy il fut continué au Gouuernement de cette place. Et ayant alors la liberté de reuoir la ville de sa naissance il y vid Viuande nouuellement mariee à Berose, à qui faisant des reproches de son infidelité il fit connoistre qu'il auoit reietté les desirs de Petronie pour luy garder la foy, & qu'elle auoit eu tort de la luy rompre sur de fausses ialousies. Ce fut lors, mais trop tard, que Viuande recognut l'ineptie de ses ombrages, & que pressee d'vn vif regret elle

La Trahison renuersee. 249

estoit rongee d'vne douleur qui n'est pas exprimable. Cependant Petronie voyant Viuande mariee renouuela ses affections voyant cet obstacle osté à ses esperances. Et Hermippe ayant rompu les liens qui le tenoient attaché à la volage Viuande, escouta ses desirs, & trouuant ce party auantageux s'y arresta, rendant le reciproque de sa bien-veillance à celle qui ne viuoit que pour luy. Il espousa donc Petronie, & vescut auec elle auec vne amour & vne concorde qui n'estoiét pas vulgaires, aymant cette femme qui l'adoroit. Depuis que Viuande eust reconnu son erreur elle fut trauaillee d'vn continuel repentir de sa faute. Et son amour pour Hermippe reuenant en son cœur auecque plus de feus & de flammes que iamais luy faisoit naistre des desirs d'autant plus vehemens qu'ils estoient moins legitimes. A quelles rages, à quels aucuglemens, à quelles extremitez ne porte vne folle amour, elle prend en horreur son mary, elle brusle pour Hermippe, & dans la possession de l'vn elle pense tousiours à l'autre. Hermippe qui auoit donné tout son cœur à celle qui possedoit son corps, & qui auoit effacé de son esprit toutes les passions qu'il auoit euës pour Viuande, mesprise les tesmoignages quelle luy rend de son amour, ne voulant point rompre la foy à sa partie, ny s'embarquer sur la perilleuse mer des adulteres, noircie de tant de naufrages. Viuande ne le pouuant voir que rarement, l'importune sans cesse de ses lettres, par où elle tasche comme auecque des allumettes de r'enflammer son cœur des anciennes ardeurs qu'il auoit autrefois experimentees pour elle, mais c'est en vain quelle tente ces foibles moyens pour conquerir vn cœur tout occupé des perfections, & de l'honnesteté de Petronie. Elle vint iusques à ce degré de malice de luy conseiller d'empoisonner sa femme, luy promettant de faire le semblable à son mary, affin de se pouuoir espouser l'vn l'autre, dessein execrable, & qui donna de l'horreur à Hermippe. Il le detesta par ses responces, & la menaça de faire cognoistre son crime si iamais il luy arriuoit de luy escrire des choses si abominables. Cela irrita tellement Viuande se voyant tout a fait reiettee & mesprisee, auecque ostantation quelle delibera de s'en vanger, & voyez de quelle maniere. Elle fait voir à son mary vne liasse de lettres amoureuses qu'Hermippe luy auoit escrittes durant sa recherche, & du viuant d'Vrbain lors qu'il n'auoit aucune pretension sur Petronie, & elle luy fit croire qu'il auoit esté si temeraire de les luy enuoyer depuis qu'elle estoit mariee à luy, & qu'il ne cessoit tous les iours de la solliciter importunement de ce qui ne peut estre pensé par vne honneste femme. Bref elle sceut si bien colorer son artifice qu'elle le fit couler en la creance de Berose pour vne verité. Cetui-cy en colere contre Hermippe sans autre reflexion le fait appeler. Ils se battent, & le sort des armes suiuant cette fois, la iustice de la cause donna du pire à Berose qui porté par terre, & desarmé par Hermippe, comme cetui-cy luy voulut remonstrer qu'il auoit eu tort de le soupçonner qu'il eust eu aucun dessein sur sa femme, tenez, luy dit Berose, en tirant de sa poche vne liasse de lettres, voyez si i'ay eu raison de vous en vouloir apres de si puissantes marques de voſtre procedé. Hermippe recognoiſſant les eſcripts faits au temps que nous auons dit, & deuant le mariage de Viuande & de Beroſe, luy fit cognoiſtre l'artifice de ſa femme, & au meſme temps il tira de la ſienne celles qu'elles luy auoit eſcrittes, ou ſon procés eſtoit tout fait, & le furieux conſeil de l'empoiſonnement eſtoit tout manifeſte. Que deuint Beroſe à cette lecture, ie le laiſſe à coniecturer. Il en demeura auſſi ſatisfaict de la candeur d'Hermippe, qu'animé de courroux contre la traiſtreſſe Viuande. Auſſi ne fuſt-il pas ſi toſt de retour en ſa maiſon, qu'apres luy auoir fait mille reproches de ſa deſloyauté il la confina dans vne priſon, ou dans peu de temps elle finit ſes iours, non ſans ſoupçon qu'il euſſent eſté abregez par quelque breuuage; Ainſi fut renuerſee ſur la teſte de cette perfide la trahiſon quelle auoit braſee contre ſon mary.

AMPHITHEATRE SANGLANT.
LIVRE DEVXIESME.

L'Inepte vanterie.

HISTOIRE I.

Vrant les dernieres années du memorable regne du grand Henry, Pere & Restaurateur de la France, le calme estoit si profond en cet Estat que c'estoit le vray seiour de l'amour & des delices. La Noblesse voyant ses armes inutiles, & sans

employ, n'auoit point d'autre occupation que celle des personnes oysiues, les ieux & les passe-temps. Temps heureux! trauersé depuis de tant d'orages, qu'à peine sçauons nous ce que c'est que tranquilité. Ce n'est pas que l'inuincible & tousiours victorieux Louys digne reietton de ce glorieux tige ne trauaille tous les iours, & par son soin, & par la lumiere de sa vie, & de son exemple, & par sa valeur, à restablir cette Monarchie en son ancien lustre, mais l'hidre de la Rebellion à tant de testes, que pour les dompter il semble que cet Hercule doit auoir autant de mains que les Poëtes en donnent à Briarée. Et encore qu'il soit le Roy des vertus & des miracles, il a tant de difficultez, & dedans & dehors à surmonter, que si Dieu ne le tenoit manifestement par la droitte, & ne luy soustenoit le courage, il seroit impossible que seul il
pust

pust supporter tant & de si continuelles fatigues. Mais puisque le Sage nous conseille aux iours nubileux de nous souuenir des serains, il me semble que i'ay raison durant tant d'agitations qui tourmantent le vaisseau de cette Monarchie de rappeler en ma memoire la belle saison de sa bonace sous le sceptre & la conduitte du triomphant Henry. Ce fut en ce temps là que dans la Prouince des Cenomanes Triphon Gentil-homme de merite, & qui auoit beaucoup de nom à la Cour de ce grand Monarque, s'estant retiré en sa maison pour iouïr en la conuersation de ses voisins de la douceur de la campagne rencontra les yeux de Stactee, où comme à deux flambeaux ardans il brusla les aisles de ses desirs, voltigeans auparauant sur les fleurs des diuerses beautez, comme des simples papillons, auec autant de legereté
Amph. Sanglant. R

que d'indifference. Vne plume moins occupée & qui auroit moins de matieres à deuider s'arresteroit ici à despeindre la naissance & le progrez de cette affection qui ne peut estre blasmée que par des ames sauuages, puis qu'elle auoit pour visée ce sainct lien qui nous met en naissant l'honneur sur le front, puisque ceux qui naissent hors de ce lien portent sur le leur la honteuse marque de l'intemperance de ceux qui les engendrent. C'est assez pour mon suiet que ie die que cette amour fut reciproque, & autant aggreée par les communs parens comme par les parties. Dans ces accords si pleins d'harmonie & de bonnes volontez il ne restoit que de sceller le tout par vn mariage, & d'allier deux maisons assez voisines toutes deux nobles, & des principales du païs: Mais Triphon qui croyoit que les liens d'Hymen appeloient à la retrait-

L'Inepte vanterie.

te, ayant quelques pretensions à la Cour qui luy pouuoient estre auantageuses, estima auparauant que de se confiner dans sa maison, & manger son pain sous son figuier & sous sa vigne, qu'il luy estoit necessaire d'arriuer à vne charge où il aspiroit, & ou la faueur, outre la porte doree, estoit entierement necessaire. Cette charge le deuoit esleuer vn peu, & le mettre hors du pair de la commune Noblesse, & le rendre considerable, & à ses voisins, & aupres du Roy. Par le conseil de tous les amis & le desir mesme de Stactee (car l'ambition regne puissamment dans les esprits debiles) il entreprend vn voyage à la Cour pour venir à bout de cette affaire auant son mariage. Où allez-vous Triphon, vous ruinez vostre fortune & vostre amour, par ou vous voulez establir l'vne & l'autre; O prudence humaine que ta lumiere est foible parmi les tenebres palpables qui nous enuironnent: Les affaires du monde sont embarrassees de tant d'intrigues, que c'est entrer dans vn labyrinthe que d'entreprendre d'en desmesler quelqu'vne, on s'y esgare tant il y a de tours & de destours, quand vous pensez entrer vous sortez, quand vous croyez en sortir vous entrez. Dedale inexplicable. Triphon trouua tant de difficultez à surmonter, & tant d'obstacles à son dessein, qu'encore qu'il fust excellent Courtisan il y perdit toute sa finesse. Semblable à ces bons nautonniers qui dans vne furieuse tourmente perdent leur science, la violence de la tempeste estant plus forte pour attaquer leur vaisseau que leur art n'est subtil pour se deffendre des vagues. Il en est des affaires comme des nasses, l'entree en est facile, l'issuë mal-aisee. Cependant Triphon s'opiniastre à la poursuitte,

& s'engage dans la despence, ressemblant à ces ioüeurs qui perdent tout sous l'espoir de se r'acquiter. Il croit qu'il y va de son honneur s'il ne vient à bout de ce qu'il a entrepris, & cependant l'ombre d'honneur qu'il recherche le fuit, plus il la suit, & lors qu'il la pense tenir elle s'eschape. Il coula plus d'vn an en ce fascheux exercice, se repentant assez de fois d'auoir quitté le port pour monter sur vne mer si pleine d'inconstance. Representez-vous les impatiences de Stactee qui se fasche que l'ambition en l'esprit de Triphon ait l'ascendant sur l'amour. Elle est bien marrie de l'auoir engagé par son conseil en cette poursuitte, elle a beau le rappeler par ses lettres, il ne reuient point, & pour toutes responces elle n'a que des delais & des excuses. Encore s'il prenoit vn terme asseuré, mais cela ne se peut par celuy qui poursuit vne affaire dont l'euenement defpend des volontez d'autruy. Durant ces languiſſantes longueurs voici l'ambition qui vient à la trauerſe attaquer Stactee, & qui luy fait commettre ce qu'elle a tant blaſmé en Triphon, qu'elle a pluſieurs fois appelé par iniure plus ambitieux qu'amoureux. Philoſtrat grand Seigneur & de toute autre marque que Triphon, ayant ietté les yeux ſur le viſage de Stactee y trouua des graces qui le captiuerent d'entrer dans cette place que par la porte de l'Egliſe, il n'y auoit point d'autre moyen, l'abſence de Triphon auoit eſté ſi longue que preſque on auoit oublié ſa recherche, le temps meſme de ſon retour eſtoit ſi incertain qu'on croyoit qu'il euſt pris racine à la Cour, & qu'il ne s'en deuſt iamais arracher. Ce nouuel amant iette tant d'eſclat, & par ſa qualité, & par ſes richeſſes, que ces rayons qui l'enuironnent esblouïssent les yeux de l'ambitieuse Stactee, & pour auoir part à cette grandeur luy font mettre en oubly sa premiere foy. Les parens mesmes contribuent à son humeur, & luy donnent des libertez, & à Philostrat des licences qui furent cause de la ruine de cette imprudente. Ce ieune Seigneur dont le pere estoit encor en vie, & Lieutenant de Roy en vne Prouince que ie ne veux pas nommer, & luy mesme aspirant à la mesme charge se met à caioller Stactee, & à la tenir de si pres, qu'en fin la proye tomba dans ses filets sous vne promesse de mariage, mettant la consommation deuant la publication, qu'il remettoit ou apres la mort de son pere, ou lors qu'il luy auroit fait trouuer bonne cette alliance. Tandis que le temps se passe de la sorte, & que Philostrat possede secrettement celle qui le reçoit en son sein en qualité de Mary, cette pratique ne puſt eſtre ſi cachee que les amis de Triphon ne s'en apperceuſſent, qui auſſi-toſt luy donnerent auis que ſa maiſtreſſe eſtoit muguetee par vn galand. Cet aiguillon le picquant viuement luy fit abandonner la Cour pour eſcarter par ſa preſence l'orage qui le menaçoit. Comme il eſt auprès de Stactee, il recognoiſt bien à ſes diſcours quelle a changé d'humeur & d'affection pour luy, & que la grandeur de Philoſtrat l'auoit aueuglee, il eſpie ſi bien tous ſes deportemens (& ou ne penetre l'œil de la ialouſie) qu'il deſcouure la meſche, & recognoiſt qu'il eſt trahi. Il caiolle ſi bien Stactee, faiſant ſemblant de flatter ſa nouuelle election, & de vouloir l'aider à la conqueſte de cette bonne fortune, que cette fille ſimple & niaiſe ſe voulant excuſer enuers luy d'infidelité ſous quelque image de force, tant de la part de ſes parens, que de

L'Inepte vanterie. 265

Philostrat, elle s'accusa assez deuant Triphon qui deuina bien le reste. Il continuë neantmoins, mais faintement à l'honorer & à la seruir, Philostrat le souffrant sans ialousie, parce que cela couuroit mieux son ieu, & faisoit paroistre qu'il n'auoit point de part, ny de pretensions en Stactee. Cette Damoiselle mesme aide à cela par le conseil de Philostrat, & luy fait des accueils deuant le monde tels quelle deuoit faire à vn homme qu'on tenoit pour son accordé. Triphon obtient d'elle des particuliers entretiens, & mesme de parler à elle durant la nuict à des fenestres escartees. Il en vint si auant que Philostrat mesme en entra en ombrage, & se repentit d'auoir permis à Stactee d'vser de ces feintes, qu'il craignoit en fin deuoir se terminer en de veritables faueurs. Triphon s'estant apperçeu qu'il en entroit en ialousie prit plaisir à luy augmenter cette humeur, & mesme outre les contenances qu'il tenoit en la presence de Stactee & de Philostrat, son inconsideration le porta à des ineptes vanteries, se glorifiant d'auoit auecque Stactee des priuautez qu'il ne possedoit nullement. Cela mit Philostrat en vne telle colere qu'il fit appeler Triphon pour se battre en duel, ils se battent auecque chacun vn second. Dés la seconde passee, Triphon qui estoit fort adroict au maniement des armes, & vn des gentils Cheualiers de la Cour perce Philostrat au bras de l'espee, le met hors de combat, & l'oblige à luy rendre les armes, & à luy demander la vie, comme il vient selon la coustume ayder son second, voila que des gens de la suitte de Philostrat qui le cherchoient par tout arriuent, voyant leur maistre en cet equipage ils se voulurent ruër sur Triphon, &

le sacrifier à leur colere, quoy que Philostrat leur criast, & leur deffendit de luy nuire comme à vn braue Cheualier & de qui il tenoit la vie. Ces brutaux se mettent en deuoir de l'offencer, & voila aussi-tost les deux seconds qui s'accordent, & qui se ioignans à Triphon le deffendent contre cinq ou six assaillans. Philostrat s'estant ietté à corps perdu dans cette meslee empescha par son authorité & par sa presence qu'ils n'acheuassent Triphon qu'ils auoient desja blecé. Ils se separerent de la sorte, Philostrat blasmant la supercherie des siens & iurant d'en faire vn chastiment exemplaire. Ce qu'il fit, les escartant de telle sorte d'auprés de soy que nul n'en osa approcher. Cependant Stactee n'est pas satisfaicte entierement des mesdisantes vanteries de Triphon, qui battent tout a fait à la ruine de sa fortune. Elle crut ne pouuoir guerir l'esprit de Philostrat de ses soupçons qu'en exterminant celuy qui en estoit la cause. Elle se sert de ceux-là mesme qui l'auoient des-ja pensé tuër, & que Philostrat auoit chassez de son seruice, adioustant quelques presens & quelques persuasions à leur colere ils entreprennent d'assassiner Triphon, ce qu'ils sont long temps à executer, parce que ce Gentil-homme n'alloit que bien accompagné. Cependant Stactee presse Philostrat de l'espouser solemnellement, il ne s'excuse plus sur la crainte de son pere, mais sur la priuauté qu'elle a euë auecque Triphon, qui s'estant reconcilié auecque Philostrat donnoit d'elle les plus sinistres impressions qu'il pouuoit à ce ieune Seigneur. Il continuë en ses gausseries contre Stactee, voulant par vengeance ruiner d'honneur celle qui luy auoit esté infidelle. Mais cette femelle irritee luy auoit dressé vn piege

L'Inepte vanterie.

où il fut attrapé, car en fin ceux quelle auoit portez à faire le coup guetterent tant qu'ayans trouué Tryphon à leur auantage ils l'assassinerent miserablement. Apres ce coup tout s'escarterent, il y en eut vn malheureux qui fut pris, & qui descouurit tout le mistere, accusant Stactee comme celle qui auoit esté la principale cause de ce meurtre. Philostrat prit cette occasion aux cheueux pour se deffaire de cette mauuaise beste, & au lieu d'accomplir sa promesse de mariage, il sollicita côtre elle auecque les parens de Triphon, & fit tant qu'il la fit condamner à perdre la teste. L'inconstance, l'ambition, la sotte vanterie, la ialousie, la vengeance, la tromperie, l'ingratitude, l'aueuglement, la colere, & tant de passions viennent en foule sur le theatre de cette sanglante representation, que pour les considerer par le menu il faudroit que ie passasse la brieueté que ie me suis prescripte en la narration de ces tragicques euenemens.

L'Esprit partagé.

HISTOIRE II.

CE fleuue qu'vn Roy de Perse asseca en le partageant en diuers ruisseaux nous apprend qu'vn esprit diuisé en plusieurs objects n'a aucune mire asseuree, & pour embrasser trop n'estreint rien. C'est ce que dit l'ancien prouerbe, qui chasse plusieurs lieures à la fois n'en prend pas vn. Deux Seigneurs voisins en la Prouince Armorique pour vnir dauantage leur ancienne amitié destinerent leurs enfans à vne alliance encore qu'ils fussent bien ieunes, Gorgias fils d'Agatharcide estoit esleué par son pere sous l'espoir d'auoir vn iour pour espouse Mongine fille vnique de Ceremon. Ces ieunes enfans s'entreuoyoient souuent à ce dessein, mais comme ils estoient en vn aage voisin de l'enfance le feu de l'amour n'auoit pas de prise en vn bois si vert. Gorgias ayant atteint vn peu de vigueur fut enuoyé en la capitale de cette Monarchie pour y apprendre dans les Academies les exercices propres à la Noblesse. A mesure qu'il commença à se sentir son inclination le porta à aymer, mais à aymer d'vne façon si volage & si generale, qu'il aymoit en mesme temps en diuers lieux. Ayant passé vne partie de son adolescence en ce fantastique amusement, estant en vn aage plus fort il ayma en mesme temps trois óbiects pour trois considerations toutes differentes, s'imaginant que s'il reüssissoit en vn (& il ne pouuoit legitimement pretendre d'auantage) il auroit occasion de s'estimer heureux, au moins de cette felicité mondaine qui regarde l'vtile, l'honorable, ou le delectable. Frequentant chez vne Princesse à la façon de Cour, tant pour luy rendre ses deuoirs que pour apprendre la conuersation ciuile dans les bonnes compagnies, il ietta les yeux sur vne niepce de cette dame, & la trouua à son gré, celle-cy que nous appelerons Sibille, soit pour satisfaire à sa vanité, & paroistre adoree de plusieurs, l'amusa de quelques tesmoignages de reciproque bien-veillance, mais comme elle estoit accorte & rusee, on connut à la fin que s'estoit pour se donner du passe-temps parmi ses compagnes de la simplicité de ce ieune Academiste, hantant

en

en d'autres lieux il fit aussi rencontre d'vne vefue que nous nommerons Iuliane, à peine auoit elle vingt ans, & pour auoir esté deux ans aux costez d'vn vieillard il l'auoit laissee riche de quinze mil liures de rente. Comme le premier parti flattoit Gorgias par la vanité d'vne haute alliance. Il voyoit en cetui-cy tant de commoditez que cela rauissoit son desir. Mais vn plus bel escueil rompit sa liberté, ce fut le beau visage d'vne simple Damoiselle nommee Charlote, mal partagee des biens de fortune, mais tellement auantagee de ceux de la nature qu'elle estoit le rauissement de tous les yeux qui la consideroient; S'il aima cette-cy en effect pour l'amour d'elle mesme, il en fut aussi reciproquement aimé comme personne dont l'alliance estoit honorable & vtile à la fille, mais des deux autres ce ne fut qu'en apparence & par maniere d'entretien. Sibille auoit tant de courage qu'elle aspiroit encore à quelque chose de plus grand que n'estoit nostre Cheualier. Iuliane nee & nourrie dans Paris n'en eust pas quitté le seiour pour tout le païs des Armoriens, & sçachant bien qu'en espousant Gorgias elle seroit contrainte de l'y suiure, elle n'auoit aucune inclination pour ce parti. Cependant nostre homme partagé entre de fausses esperances & de vrayes inquietudes, voyoit tantost l'vne, tantost l'autre, auec autant de soin & de passion que s'il n'en eust qu'vne dans l'ame. Ses parens auertis de son humeur crurent qu'il estoit temps de conclure le mariage de luy & de Mongine, pour le retirer de tant de friuoles desseins qui allambiquoient son esprit. Ils luy en escriuent, mais il est tellement enyuré de ces trois amours qu'il ne peut, ny ne veut leur faire au une res-

L'Esprit partagé.

ponce. Pressé de s'en retourner il les prie de le laisser encore dans ce grand theatre de l'Estat où il y a tant de partis à choisir, & de toutes les sortes, sans s'arrester à vn qui ne luy est pas agreable. On luy enuoye le portraict de Mongine, mais quand il le confere aux traicts qu'il adoroit sur le front de Charlote elle luy semble vne image de l'aideur. On luy represente la noblesse de son sang, mais quand il se represente l'illustre alliance de la niepce d'vne Princesse, & qui auoit l'honneur d'appartenir aux plus grands de l'Estat, toute la race de Mongine luy semble basse & mesprisable. Si on luy dit que c'est vne heritiere fort riche. Iuliane luy reuient deuant les yeux dont les biens sont incomparablement plus grands que ceux que peut pretendre Mongine. Quand on luy propose qu'ils sont dauantage en sa bien-seance il se

S ij

trouue tellement attaché au seiour de Paris qu'il en oublie sa patrie, comme s'il eust esté en l'Isle des Lothophages, ou en vn lieu plein d'enchantemens & de charmes. Ses parens qui croyent que sa ieunesse ne luy donne pas encore assez de iugement pour cognoistre son bien, determinent de clorre ce mariage, & d'en passer les articles, se promettás assez d'obeïssance de sa part pour les luy faire signer. Ils s'assemblent donc auecque ceux de Mongine, & en font les accords, promettant de les faire approuuer à Gorgias dans vn certain temps, iamais cetui-cy ne les voulut signer, au contraire il vsa de tant de termes de mespris contre Mongine, & mesme en escriuit d'vne façon si offençante que les parens indignez rompirent ce traicté, & iurerent de ne donner iamais leur fille à cet insolent. Comme c'estoit vn morceau friand il ne demeura pas au plat, les partis se presenterent en foule, entre les autres ils choisirent Lisimaque Seigneur de qualité & qui valoit bien Gorgias. Tandis que cette alliance se minute, voyons les beaux succez que nostre esprit partagé rencôtre en ses amours. La feinte de Sibille se descouurit, & Gorgias ayant remarqué en beaucoup de railleries quelle se mocquoit de luy, & qu'il luy seruoit de suiet de risee se retira de sa poursuitte. Iu'iane ayant rencontré à Paris vn homme selon son inclination se maria sur son visage sans se soucier de ses plaintes, ny de ses discours. Il ne luy restoit que Charlote qui eust bien-tost conclu le marché auecque luy s'il eust eu le consentement de ses parens, qu'il ne pouoit esperer à cause de l'inegalité de ce parti trop petit pour vn homme de sa condition. Il est renuoyé à cela s'il veut continuër sa recherche & ses pretensions, autrement il est prié de s'en departir pour ne donner suiet à la mesdisance de gloser sur sa frequentation auec cette fille, qui estoit adoree de plusieurs autres, à qui son extreme beauté donnoit d'extremes passions. Se voyant donc rebutté de toutes parts, & que ses parens ne luy vouloient plus enuoyer dequoy paroistre en cette grande ville il reprit la route de son païs, iustement lors que Lisimaque estoit sur le point d'espouser Mongine. Il vid cette Damoiselle, & l'absence de Paris luy rendát la beauté de Charlote moins excellente, il trouua en cette-cy des graces qui luy plûrent. De plus repensant à l'ancienne amitié de leurs maisons, à la commodité du voisinage, aux biens & à la noblesse de cette fille, il se repentit, mais trop tard, du mespris qu'il en auoit fait, & desira s'il eust peu renoüer cette alliance. Mais elle estoit trop auancee auecque Lisimaque pour la diuertir. Il n'y auoit qu'vn seul moyen selon son auis qui estoit de le faire appeler. Il l'essaya, mais Lisimaque se mocqua de luy, & le traitta en ieune homme sortant de l'Academie. Vn Gascon auoit vn iour à Paris emprunté vne assez bonne somme d'vn Gentil-homme de Picardie, cetui cy luy demandant le payement de cette debte, le Gascon le fit appeler en duël, le voulant satisfaire, disoit-il, à coups d'espee, le Picart luy met les sergens en queuë, le fait serrer dans vne prison, & luy dit quand vous m'aurez payé nous auiserons à nous battre. Lisimaque en fit de mesme à Gorgias, ie ne veux point, luy respondit-il, souïller mes nopces par du sang, quand i'auray espousé ma maistresse ie receuray vostre cartel, & sçauray bien chastier vostre temerité. Là-dessus les nopces se firent, & à la barbe de Gorgias Lisimaque emporta Mongine. Le Gouverneur de la Prouince auerti de cette querelle, & que Gorgias estoit l'appelant le voulut faire saisir, mais il esquiua cette prise s'enfuyant à Paris, où il trouua Charlote accordee à vn Gentil-homme fort riche, & dont elle estoit fort contente. Se voyant rebutté de tous costez & frustré de toutes ses attentes, pour passer son deplaisir il s'en alla en Flandres, ou l'on tient qu'il mourut assez sinistrement, mais parce que ie ne sçay pas les particularitez de sa fin, ie ne m'arresteray qu'à considerer le tourment de cet esprit diuisé en luy-mesme, & partagé en tant de fantaisies. Son inconsideration à des-obeïr à ses parens qui auoient pris tant de peine à procurer son bien. Sa sottise de se vouloir faire aimer par force à vne fille à qui il auoit donné tant de suiet de le

L'Esprit partagé.

haïr. Le tardif repentir de son imprudence. Et sa fin miserable parmy des armes estrangeres.

Le Rauisseur ingrat.

HISTOIRE III.

VN Marchand Prouençal que nous nommerons Eupelome (ie n'ay pas appris distinctement en quelle ville il faisoit sa demeure) auoit en sa tutelle vn de ses neueux appelé Arcesilas fils de l'vne de ses sœurs, qui estoit morte sans autre heritier. Il l'esleuoit auecque ses enfans d'vn soin tout paternel. Il se seruoit de luy en son trafic, & se reposoit entierement sur sa fidelité, tant pour les affaires domestiques, que pour le commerce estranger. Il trafiquoit d'ordinaire en Espagne où il auoit intelligence pour le regard du negoce auecque des Marchands de Catalogne & de Valence, & principalement auec vn Marchand de Barcelone fort honorable à qui nous donnerons le nom de Philende. Tandis qu'Acesilas s'auançoit ainsi auprès de son oncle qui luy donnoit part & profit en ses negotiations. Il desira le pouruoir & se descharger de sa tutelle, luy estant auis que desormais il estoit capable de se conduire & de gouuerner son propre bien. Il luy trouua vn parti assez conuenable selon son iugement, & qu'Acesilas mesme eut à gré. Ce fut Marine honneste fille d'vn autre Marchand à qui le pere faisoit des auantages raisonnables, & proportionnez aux facultez d'Acesilas. Ceux qui sçauent combien l'Espagne est suiette aux desbauches qui corrompent le plus l'esprit & le corps de la

Le Rauisseur ingrat. 283

ieunesse, ne trouueront pas estrange si ie di que nostre Prouençal à force de frequenter parmi cette nation y laissa alterer ses mœurs, s'addonnant aux vices qui regnent le plus en ces contrees. Il faudroit n'auoir iamais esté à Valence pour ignorer que c'est le Naples de l'Espagne, & le seiour des delices & de la licence. Acesilas ne se contentant pas de ces Sirenes qui sont sur ce beau riuage, & qui enchantent les plus habiles, aiguisant son esprit par la resistance & la difficulté, deuint passionné pour Cratee fille d'vn Marchand auec qui traficquoit son oncle, & que nous nommerons Iuigo. Il trouua de la correspondance en cette fille, qui rencontrant dans l'air François de nostre Acesilas ie ne sçay quoy de plus agreable que sur les visages bazanez de ces demi-mores qui habitét ces cótrees, en deuint si fort touchee qu'il luy fut aisé de conduire sa trahison au point que vous entendrez. Il ne manquoit point tous les ans de faire vn voyage en Catalogne & en Valence, ou comme facteur & nepueu d'Eupelome, il estoit receu & logé dans les maisons de Philende & d'Inigo tant que duroient ses affaires, & là traitté auecque toutes les courtoisies dont on a de coustume d'assaisonner vne amiable hospitalité. Ayant donc cet accez chez Inigo, & cette entree dans les affections de Cratee sa fille, il eust bien volontiers tenté de la demander pour femme, mais deux choses s'opposoient à cette temerité, l'vne qu'il n'estoit pas assez riche pour aspirer à ce parti, l'autre quelle estoit recherchee par Idelphonse ieune Valentin de fort bóne maison qui en estoit extremement picqué, & à qui le pere la destinoit pour femme. Encore que Cratee n'eust pas beaucoup d'inclination pour Idelphonse, son esprit estant tout occupé des perfections qu'elle s'imaginoit en Acesilas, si est-ce quelle estoit comme contrainte de suiure la loy de l'obeïssance qui luy estoit comme necessaire. Sur le desespoir de la conquerir Acesilas s'en retourna en France, laissant autant de douleurs de son esloignement à Cratee, qu'il en emportoit de la quitter. Voyez ie vous prie si vne si rare constance que celle de cette fille meritoit d'estre recompensee d'vne ingratitude & d'vne infidelité pareilles à celles que ie vous feray tantost voir en cet indigne François. Tant s'en faut que l'absence effaçast de la memoire de Cratee l'idee d'Acesilas, qu'au rebours elle la representoit à tous momens à son souuenir en vne si auantageuse forme qu'elle ne fut plus susceptible d'aucune autre impression. Elle auoit iuré à Acesilas lors qu'il prit congé d'elle de luy estre si fidelle que tant qu'il viuroit il ne seroit pas au pouuoir de ses parens de luy faire prendre vn autre homme pour mary, & Acesilas de son costé luy auoit promis vne fidelité inuiolable, nous verrons bien-tost qui sera le pariure, & de quelle part la fermeté demeura. Acesilas, soit par desespoir de pouuoir conquerir Cratee, soit par legereté, soit pour trouuer plus de charmes sur le visage de Marine, que sur celuy de Cratee, oubliant ses sermens Espagnols se laissa aller aux conseils de son oncle qui luy persuadoit de prendre Marine. Durant cette recherche il receuoit tous les iours des nouuelles de Cratee, par où il apprenoit les rigueurs quelle faisoit sentir à Idelphonse, pour le rebutter, & luy faire par le despit perdre son amour. Sa constance à resister à ses parens portez à cette alliance, ce qui partageoit merueilleusement l'esprit de nostre irresolu, qui estoit comme vn fer entre deux aimans, Cratee qui auoit moins de beauté que Marine auoit aussi plus de richesses & de passion pour luy, & Marine qui auoit moins de moyens le rauissoit par ses graces. La facilité de conquerir celle-cy l'attiroit, mais il estoit encore plus picqué par la difficulté de la conqueste de l'autre. Voyez à quoy se determina cet esprit double, & comme sa duplicité fut cause de son malheur. Il prend Marine pour accordee. Apres auoir tiré en langueur cette conclusion, & le temps arriuant de son ordinaire voyage en Espagne il remet les fiançailles & les nopces à son retour, s'imaginant que s'il pouuoit acquerir Cratee il auroit vne meilleure fortune, & que son pis aller seroit Marine. L'Archer qui vise à deux buts en mesme temps n'en peut attaindre aucun, vous l'allez voir par experience. Estant arriué à Valence iugez de la ioye de Cratee reuoyant celuy quelle auoit tant desiré, iugez du contentement d'Acesilas voyant tant de disposition en Cratee de faire pour luy complaire tout ce qu'il trouueroit à propos. Cela luy haussa le courage & fit qu'il se resolut de demander cette fille pour espouse à son pere, Cratee luy promettant de declarer à Inigo quelle n'auroit iamais d'autre mari que luy. Cette resolution prise fut executee, & Inigo iugeant par cette demande d'Acesilas que leur secrette affection auoit esté la remore qui auoit iusqu'alors empesché l'obeïssance qu'il esperoit trouuer en sa fille comme personnage plein de prudence, iugea que de s'opposer de droict fil à ce torrent ce seroit pour le rendre plus enflé & plus furieux, mais qu'il falloit luy oster sa force en biaisant.

qu'il fit auec assez de dexterité, entretenant Acesilas de complimens & de belles parolles, & protestant qu'il estoit extremement marry d'estre engagé de parolle auec Idelphonse, & que s'il luy en eust parlé le premier il luy eust donné toute sorte de contentement, mais que s'il pouuoit la retirer, ou faire en sorte qu'Idelphonse quittast le desir d'espouser sa fille il deuoit esperer de luy toute satisfaction. Ces termes que la sagesse humaine tira de la bouche d'Inigo furent de l'huile sur le feu de ses amans, qui flattans leurs esperances d'vn facile pardon, s'ils passoient outre, ou par vne fuitte, oû par vn secret Hymenee prirent le parti de leur passion qui leur dicta l'vn & l'autre. Cratee s'estant donc chargee de ce qu'elle auoit de plus precieux, s'estant remise durant les tenebres de la nuict à la conduitte d'Acesilas gaigna vne barque qu'il auoit loüee expres, & cinglent aussi-tost du costé de Barcellone, ses amans s'estans donné la foy consommerent leur mariage sur l'Element mesme qui a donné naissance à Venus selon l'imagination des Poëtes : mais les vents qui auoient secondé leurs desirs au commencement se reuolterent, & changeans de costé les repousserent malgré qu'en eussent les nochers à la coste de Valence où ils gaignerent la terre auec resolution de ne se commettre plus à l'inconstance d'vn element qui leur auoit donné tant de frayeur. Inigo sçachant la fuitte de sa fille met en campagne tous les Archers qu'il pust ramasser, & fit monter sur mer quelques matelots pour aller apres les fuyards, qui en fin descouuerts en la terre furent saisis sur le territoire du Royaume de Valence tirant vers Barcelonne, & comme on les vouloit r'amener au lieu d'où ils estoient partis, les presens qui selon le prouerbe Espagnol rompent les rochers, eurent tant de pouuoir sur les cœurs des Archers que Cratee obtint la liberté de celuy quelle tenoit pour son espoux, se promettant de faire aisement sa paix quand elle seroit deuant son pere. L'ingrat Acesilas que cette fille auoit obligé, tout autant qu'vne fille peut obliger vn homme, ne fut pas plustost hors du peril ou son rapt l'exposoit, & de retour en Prouence qu'oubliant sa parolle & les faueurs qu'il auoit receuës de Cratee il se resout de fiancer Marine, & de l'espouser aussi tost, mais cela ne pust estre conduit auecque tant de promptitude qu'Inigo ne donnast auparauant des nouuelles à Eupoleme du rapt que son nepueu auoit fait de sa fille, luy en racontant l'histoire tout au long en la façon que nous l'auons recitee. Eupoleme qui estoit homme d'honneur & de foy trouua cette action si mauuaise qu'il iura qu'Acesilas en feroit la reparation, à raison dequoy il s'opposa ouuertement au mariage de Marine & de luy. Les parens de Marine auertis de cette double lascheté qu'il vouloit commettre en espousant leur fille apres auoir abusé Cratee, conceurent vne telle haine contre luy qu'ils rompirent le traitté là dessus. Viennent d'autres lettres de la part d'Inigo apportees par son facteur qui promettoient à Acesilas tout bon traittemét, & vne tres grande somme, pourueu qu'en espousant Cratee il effaçast la tache qu'il auoit imprimee sur l'honneur de sa maison. Eupoleme iugeant cet effect plus que raisonnables, & Acesilas se voyant rebuté du costé de Marine crût que sa faute seroit son bonheur, & qu'il ne pouuoit mieux choisir que d'embrasser le parti qu'Inigo luy proposoit, mais il ne voyoit pas l'ameçon caché sous l'appast, ny le piege qu'on luy dressoit, il arriue à Valence auecque le facteur d'Inigo, qui le reçoit à bras ouuerts comme gendre. Considerez ie vous prie comme l'excés de l'amour cache tous les deffauts du suiet aymé, encore que Cratee eust toutes les occasions de haïr Acesilas pour la trahison qu'il luy brassoit en voulant espouser Marine apres l'auoir enleuee & deshonoree, si est-ce quelle estoit autant passionee de luy que iamais, & tant s'en faut quelle le regardast comme desloyal, qu'elle le consideroit comme vn tresor retrouué. D'autre costé Idelphonse pour tant de legeretez & de honteuses inconsiderations de Cratee n'auoit point esteint le brasier qui le consumoit pour elle, & toute infidelle quelle estoit il en estoit esperdument amoureux. Iusques à offrir à Inigo d'espouser sa fille comme vefue d'Acesilas, si apres qu'il l'auroit espousee il luy faisoit trancher la teste comme à vn rauisseur, sur cette parole Inigo resolut de satisfaire à sa vengeance en l'auant son honneur dans le sang d'Acesilas, & apres de donner sa fille à Idelphonse. Mais les mauuais desseins n'ont iamais d'heureuse issuë. Inigo donne vne dotte immense à sa fille surquoy Acesilas l'espouse, mais il fut bien estonné quand le soir au lieu de venir entre les bras de sa femme on le fit descendre dans vn cachot où il seiourna iusques à ce que son procés fut iugé, & n'en fut tiré que pour estre conduit au supplice, estant condamné à auoir la teste tranchee par derriere, maniere de punition pratiquee en Espagne contre les traistres. Vous cognoistrez les regrets & les douleurs de la trop fidelle Cratee par ce qu'elle fit depuis. Elle sceut que son Acesilas auoit esté osté du nombre des viuans à la sollicitation d'Idelphonse qui desiroit cette expiation auant que de l'espouser, & d'effect on luy proposa ce mariage peu de iours apres cette expedition. Au lieu de le reietter selon le veritable sentiment de son cœur elle y preste l'oreille, se frayant par là le chemin à la vengeance qu'elle proiettoit, en peu de iours il fut conclu. Qui croira la fureur de cette femelle irritee contre celuy qui l'aime auecque tant de passion apres s'estre laissee aller entre les bras d'vn autre. Elle mesla le propre iour de ses nopces de la poison dans le pain & le vin qu'on fait prendre aux espousez selon l'ancienne ceremonie de l'Eglise. Poison si violent que l'ayant elle mesme pris aussi bien qu'Idelphonse ils furent morts auant que l'heure de se coucher fust arriuee, de sorte qu'il fallut changer leur lict en vn cercueil. Qui nous eſtonnera ici d'auantage ou l'inconſtance & l'infidelité d'Aceſilas, où la conſtante fidelité de Cratee, ou l'extreme amour de Cratee & d'Idelphonſe pour des infidelles. A quels excés ne ſe porte l'eſprit humain agité de ces furieux demons, l'amour & le deſeſpoir. De moy ie ne puis rien conclurre de tout cecy, ſi ce n'eſt que ces paſſions aueugles trainent touſiours ceux qui les ſuiuent en des precipices horribles, & les portent à des fins tragicques & miſerables. Quiconque ſe peut exempter de leur tyrannie meine vne vie douce, & coule ſes iours heureuſement, dreſſant ſes pas aux ſentiers de la paix.

La Princesse ialouse.

HISTOIRE IV.

'Eſt vn foudre quand la colere tombe en vne grande puiſſance, dit cet Ancien, & le Sage d'vn ton plus graue compare le courroux du Roy au rugiſſement d'vn lyon, dont le bruit eſpouuante tous ceux qui l'oyent. Que ſi la colere a de ſi grands effects que fera la ialouſie qui tourmente l'ame qui en eſt ſaiſie, ainſi que nous apprend le ſacré texte comme ſi elle portoit ſon enfer. Amalor Prince Alleman de la maiſon de Brunſuic en eut vne experience horrible qui luy fit cognoiſtre iuſques ou va la rage d'vne femme animee de cette ſanglante & cruelle paſſion. Il auoit

espousé vne Princesse, dont l'historien de qui ie tiens cet euenement ne dit point le lignage. Apres auoir passé auec elle quelques annees auec autant de paix qu'on en peut desirer en vn mariage bien ordonné. Villehade ieune Damoiselle de la suitte de Gorgonia (ainsi appelerons nous cette Princesse) ayant donné dans les yeux d'Amalor laissa dans son cœur les impressions d'vne amour si vehemente qu'il ne pouuoit auoir plus de repos qu'en la presence de cet obiect. Il ne faut qu'vn brin d'absinthe pour rendre amer vn vase tout plein de miel, ce mariage qui auparauant estoit comblé de roses n'eut plus que des espines, car Amalor ne tesmoignant plus tant de caresses, ny tant d'affection à Gorgonia qu'il auoit accoustumé, parce que son œil auoit desrobé son cœur & l'auoit transporté en vn suiet illegitime, ce manquement fut pris pour vn desdain, & chacun sçait que comme l'estime de la chose aymee est vn des hauts points de l'amitié, que le mespris en est le coupegorge. Gorgonia se rendit curieuse de sçauoir la cause d'vn si mal-heureux effect, & elle ne la rencontra que trop tost pour son contentement, elle apprit que son ennemie estoit sa domestique, & quelle nourrissoit dans son sein le serpent qui la picquoit si mortellement. Il fut impossible à Amalor de cacher longuement son feu, celuy dont il estoit consumé se monstre par tant d'indices, & le suiet de cette flame estoit si voisin qu'il eust fallu que Gorgonia se fut creué les yeux pour ne le pas apperceuoir, c'est ce qui met cette Princesse en vne ialousie aussi grande qu'estoit l'amour de son mary. Elle fait ce qu'elle peut pour empescher le progrez de cette affection puis qu'elle s'estoit trop tart auisée de la naissance, mais comme l'art d'attaquer & de prendre les places est plus grand & plus fort que celuy de les deffendre, la victoire demeura du costé d'Amalor qui sceut par tant d'artifices & de machines gaigner l'esprit de Villehade (le bruit mesme courut qu'il y auoit apporté quelque espece de force) qu'il posseda son corps & triompha des despouïlles de son honnesteté. Ne se cōtentāt pas de ce honteux trophee, faisant comme gloire de sa cōfusion, il ne se cachoit plus en cette infame practique, & ce qui allumoit de plus fort le brandon de la ialousie, ou plustost de la rage dans le cœur de Gorgonia, c'est que ces insolences se passoient sur son visage dās sa maison par vne de sa suitte, & presque deuant ses yeux. A n'en mentir point c'est vn iuste & vif ressentiment à vne honneste femme de voir fouïller son lict, & de se voir enleuer ce quelle a de plus precieux au monde, le cœur & le corps de son mary, & ie ne croi point de patience & en ce sexe,) si elle n'est heroïque & extraordinaire) qui puisse soustenir vn si violent effort. Gorgonia toutesfois comme Princesse courageuse beuuoit ce calice auecque plus de generosité que de patience, defferant aux passions de son mary sur l'esperance de le ramener à son deuoir par la voye de la douceur & de la moderation. Mais quand la vanité de Villehade se mit de la partie, & que renduë (comme vne autre Agar) insolente par les faueurs & les embrassemens de son maistre, elle commença à perdre le respect qu'elle deuoit à sa maistresse, & maistresse qu'en sa presence elle offençoit si cruellement, ce fut lors que Gorgonia vid sa raison en desordre, & que la grande colere s'emparant de son esprit y appela les pensees des plus furieuses vengeances que puisse conceuoir vne femme ialouse & si vilainement outragee. Combien de fois luy vint-il en fantaisie de defigurer, ou auecque ses ongles, ou auecque des rasoirs ce visage impudique qui auoit serui de pierre d'achopement à la fidelité de son mary, trop heureuse Villehade si elle eust esté punie de ce leger supplice, mais le ciel reseruoit son impudence à vn plus digne de sa faute, le coup eust esté trop fauorable qui ne luy eust raui que la beauté sans luy oster la vie, c'eust esté faire comme la foudre qui tombant sur le serpent luy arrache seulement le venin sans le faire mourir. La Princesse agitee de differentes fureurs ne sçauoit à quoy se resoudre pour oster cette espine de son cœur, & cet opprobre de sa maison, elle s'en plaint à ses parens qui estans de maison souueraine en tesmoignent de grands ressentimens à Amalor, il fait ses excuses comme il peut, & reiette sa faute sur la ialousie de sa femme qui luy fait imaginer des choses qui ne sont point; A la fin apres beaucoup de querelles, de bruit, & de tempestes, Gorgonia ayant protesté à son mary que s'il ne chassoit cette seruante qui luy faisoit des brauades elle la ietteroit par les fenestres, où la feroit perir d'vne cruelle mort, pour accoiser tous ces rages, & du dedans, & du dehors qui menaçoient la teste d'Amalor & de son amie, il se resolut non de la quitter (car son affection estoit trop attachee à cet obiect) mais de la faire sortir de sa maison, & de l'oster de la presence de la Princesse, l'enuoyant en quelqu'vne de ses terres où il la pourroit posseder quand il luy plairoit. Cette resolution communiquee à Villehade qui s'estoit renduë fort souple aux volontez du Prince de qui elle ne s'estoit pas renduë moins passionnee qu'il estoit d'elle, fut trouuee fort à propos, mais pour mettre l'esprit de Gorgonia en repos, ils auiserent de se seruir du stratageme que vous allez entendre. Amalor comme las & desgousté de Villehade fait semblant de la renuoyer chez ses parens, & passant par vne des maisons du Prince on fit courir le bruit quelle estoit tombee malade, & qu'estant accouchee auant terme (car elle estoit grosse quand elle sortit) elle estoit morte de cette couche; Cette fourbe fut si bien coloree que ceux mesme du lieu y furent trompez, & quelques confidens exceptez, on fit en sorte que ceux-là mesmes qui la mirent en terre estimoient quelle fut vrayment morte, parce qu'on leur monstra vn visage de cire semblable à celuy de Villehade qu'on attacha à vn phantosme qui fut enterré comme me si c'eust esté son veritable corps. Si les presens furent abusez, imaginez vous s'il fut aisé de faire passer cette trousse pour vne verité en la creance de Gorgonia, veu que nous sommes naturellement credules aux euenemens que nous desirons. Amalar de son costé contrefit l'affligé si proprement qu'il adiousta beaucoup à la creance commune : Voila donc la Princesse en paix pour ce regard, & le Prince ioyeux d'auoir fait si heureusement passer vne fable pour vne verité, alloit souuent à la chasse au Chasteau où sa maistresse estoit morte en l'opinion du monde, & vous eussiez dit que sa passion le portoit à euocquer les manes de cette trespassee, & qu'il estoit comme ces esprits qu'on tient errer autour des tombeaux. Cependant il la possedoit veritablement tandis qu'on le persuade qu'il est blecé en l'imagination, & qu'il poursuit

Amph. Sanglant. V

vne ombre, & de faict durant deux ans que Villehade fut en ce palais d'Armide, en ce Chasteau enchanté, elle eust deux enfans de luy, & tandis qu'on la tient au rang des morts elle augmente le nombre des viuans. Mais comme il n'y a rien de si secret qui ne s'euente, à la fin les trop frequentes allees & venuës d'Amalar en ce Chasteau engendrerent des soupçons & des doutes, il en vint des rapports aux oreilles de Gorgonia qui r'allumerent les charbons qui n'estoient couuerts que de cendre, pour s'en esclaircir elle voulut aller en cette terre, Amalar s'y opposa, ce qui renforça ses coniectures, elle perseuere en ses importunitez, Amalar en fait retirer Villehade par quelques iours, si bien que Gorgonia n'y treuue que le nid, mais sa curiosité luy ayant fait corrompre par argent quelques vns de ceux qui sçauoient le mystere, elle apprit que son ombrage estoit vn corps, & son opinion vne verité. La voila dans ses premieres resueries; mais elle ne sçait comme esclorre sa vengeance. Elle se retire à la demeure ordinaire du Prince, & aussi-tost Villehade reuient au Chasteau en la maniere de ces corneilles qui retournent aux clochers ou elles nichent si tost que cesse le tintamarre des cloches. La fortune offrit dans peu de iours l'occasion à Gorgonia de se vanger de son ennemie, les troubles ordinaires à l'Allemagne appelerent le Prince ou l'honneur a de coustume de conuier les grands courages comme estoit celuy d'Amalar. Il ne fut pas plustost parti pour se rendre parmi ceux de qui il soustenoit la querelle, que Gorgonia s'en va au Chasteau où estoit Villehade, & l'ayant surpris au despourueu s'en rendit la maistresse aussi-tost qu'elle parut, se voyant son

V ij

ennemie en sa puissance, & en l'absence de son mary elle sceut sans beaucoup de peine de cette infortunee Damoiselle comme s'estoit conduitte la comedie dont vous allez voir la tragicque issuë. On trouua mesme dans le tombeau le phantosme qui auoit esté enterré en la place de la viuante Villehade, Gorgonia vit aussi les deux enfans quelle auoit eus d'Amalar depuis sa retraitte en ce lieu là. La Princesse voulant de toutes ces offences qui la regardoient faire vne punition memorable, fit estrangler ces pauures innocens deuant les yeux de la mere qui en pasma de douleur, & durant sa pamaison au lieu de luy fournir de remedes pour l'en faire reuenir, elle luy fit lier les pieds & les mains des mesmes cordes qui auoient estoufé ses enfans, & l'ayant fait coudre dans vn suaire elle la fit clouër dans vne biere, & les corps de ses enfans auec elle, & la fit ietter dans la mesme fosse où son fantosme auoit esté mis, la fit couurir de terre ou cette miserable fut estouffee, & perit d'vne mort cruelle. Cette nouuelle fut rapportee au Prince qui trouua ce procedé si estrange & si barbare qu'animé de colere contre Gorgonia, autant qu'il auoit esté picqué d'amour pour Villehade, il la menaça si elle se presentoit iamais deuant luy de luy faire sentir le mesme supplice qu'elle auoit fait endurer à celle qu'il aymoit. Ce qui fut cause que pour euiter sa fureur elle se retira chez ses parens, qui depuis trauaillerent à sa reconciliation auec son mary. Dans ceste histoire nous remarquerós la malheureuse fin d'vne insolente adultere, qui non contente de soüiller le lict de sa Maistresse, s'estoit comme portee auec arrogance à la traitter auecque mespris, de plus que les tromperies ressemblent au fard qui dure peu, & tombe à la fin à la honte des personnes qui en vsent. Et principalement qu'il n'y a rien de si furieux qu'vne femme ialouse, & que les vengeáces qu'elle medite donnent tousiours en des extremitez, non moins espouuentables que singulieres.

La funeste supercherie.

HISTOIRE V.

LA prudence de la chair, dict le grand Apostre, c'est vne mort, vous l'allez voir en cette histoire ou vn pere tout au rebours de son intention void reüssir en mal vn conseil qu'il auoit pris pour le bien de celuy qu'il auoit mis au monde. Policrates Seigneur de marque en Aquitaine voyant Almain son fils embarqué dans l'affection d'Aristee, Damoiselle de peu de moyens & d'vne assez basse noblesse en estoit en la fascherie commune aux peres qui ont des enfans volontaires, & qui deferent peu au iugement de ceux qui les ont engendrez. Angoisse à la verité qui ne peut estre bien connuë que de ceux qui ne demandans autre recognoissance des trauaux qu'ils ont pris pour auancer des enfans, que leur obeïssance, s'en voyent frustrez par leur rebellion, causee par quelque violente passion qui leur fait oublier leur deuoir. Cette Aristee qui fut le centre des desirs d'Almain, & des deplaisirs de Policrates, auant qu'estre adoree par ce ieune Seigneur elle auoit esté seruie assez long temps par vn Gentil-homme de son voisinage & de sa condition appelé Cyrus, elle auoit correspondu si auant à ses affections qu'on tenoit tout asseuré que le mariage suiuroit cette recherche à cause de leur egalité. Mais aussi-tost qu'Almain parut sur les rangs à sa seule veuë Cyrus fut desarçonné, & le courage d'Aristee deuint si grand que son premier seruiteur disparut en son souuenir, & de telle sorte qu'il sembloit qu'il n'eust iamais eu de part en ses bonnes graces. C'est ainsi que les passions se destruisent l'vne l'autre, la plus forte aneantissant tousiours la plus foible: car si l'amour est plus forte que l'ambition elle raualera les plus grands à des obiects indignes de leur qualité, & si l'ambition domine elle effacera aussi-tost de l'esprit l'affection qu'on aura euë pour vn obiect mediocre, affin de la transporter vers vn plus esleué. Cette ingratitude fut extremement sensible à Cyrus, mais qu'eust-il fait sinon accuser vne fille d'estre fille, c'est à dire, la pure substance de la legereté. Tandis qu'il soufpire sur l'inconstance d'Aristee & que les vents emportent ses souspirs Almain gaigne païs dans l'amitié de cette volage, qui glorieuse de se voir aimee par vn homme qui luy faisoit esperer vne bonne fortune par son alliance, auoit à desdain les vulgaires obiects & les hommes de condition mediocre. Et certes Almain se rendoit si fort opiniastre à cette amour qu'il est à croire qu'il se fust terminé dans l'Hymen, si Policrates apres auoir en vain employé les deffences & les menaces pour rompre ce coup ne se fust auisé d'vn stratageme qui n'aura pas la fin qu'il se propose. Il va à la Cour & y meine son fils auecque soy pour tascher de le diuertir par d'autres obiects dont le grand theatre de la France n'est pas moins esclattant que le ciel par le brillement de ses estoiles. Mais il a beau faire voir à Almain diuerses compagnies, il porte par tout le trait qu'il a dans le flanc, & il ne trouue point de dictame qui l'en face sortir. Son cœur frotté d'vn aiman qui est en Aquitaine se retourne tousiours de ce costé là comme vers son Nort. Et comme si Paris & la Cour luy eussent esté des seiours ennuyeux il delibere d'y laisser son pere dans les affaires qui l'y auoient amené, & de s'en retourner auprès de celle qui estoit en mesme temps son repos & ses douces inquietudes. Le rusé vieillard pour rompre cette intelligence s'auisa d'vne telle supercherie, il trouua vn homme qui sçauoit parfaictement bien contrefaire diuerses escritures, il luy fait voir de celle d'Almain, en moins de rien il l'imita si naïfuement qu'Almain mesmes y eust esté surpris, il luy fit escrire vne lettre à Aristee, où il luy mandoit qu'ayant esté comme contrainct par raison d'Estat, & son pere l'y ayant obligé par les prieres d'vn Prince qui auoit vn pouuoir absolu sur ses volontez, de donner sa foy à vne Damoiselle de grande maison, il estoit extremement marry de ne luy pouuoir tenir la parolle qu'il luy auoit donnee accompagnee de tant de sermens, & qu'il la coniuroit de prendre cette priuation en patience; auec protestation qu'il auoit grande part au deplaisir, & que toute sa vie il l'honoreroit & la cheriroit comme vne perle de vertu, & comme vne personne accomplie. Ce congé artificieux baillé à Aristee luy fut presenté par Cyrus (Policrates l'ayant ainsi concerté auecque ce Gentil-homme.) En mesme temps on met ordre que nulle lettre d'Almain ne soit renduë à Aristee, & que nulle de cette fille ne vienne entre les mains d'Almain. Cyrus qui estoit passionné pour cette fille mesnagea si bien cette occasion aupres des parens d'Aristee, leur ayant communiqué l'alliance controuvee d'Almin, & le refus qu'il faisoit de leur fille, que donnans foy à ce rapport ils la luy accorderent en mariage. Mais il n'est pas où il pense, car cette courageuse fille se voyant descheuë de ses hautes pretentions en la terre les esleua vers le ciel, & iura de n'estre ia mais à aucun homme puis qu'Almain de qui elle estimoit la foy inuiolable luy auoit manqué. Non loin de la maison de son pere estoit vn ancien Monastere de Benedictines où elle auoit vne tante, & où elle auoit esté esleuee estant petite, ce fut là qu'elle proietta sa retraitte, & comme elle se vid pressee par ses parens d'entendre à l'alliance de Cyrus elle leur fit sçauoir sa volonté qui estoit d'estre Religieuse, volonté qu'elle effectua se iettant dans ce Cloistre &

en prenant le voile, ayant esté quelque temps sans receuoir des nouuelles d'Almain de qui elle s'estimoit oubliee. Cette retraitte d'Aristee vint aussi-tost à la cognoissance d'Almain qui s'estonnant d'vn changement si soudain ne put estre retenu par le respect, ny par la deffence de son pere, qu'il ne prit la poste pour aller voir sur les lieux si ce qu'on luy en auoit escrit estoit veritable, il ne le trouua que trop vray. Il abboucha Aristee de qui il apprit comme tout s'estoit passé, elle luy monstra sa lettre qu'il recognut estre de sa main auant que l'auoir l'euë, mais il la des-auoüa aussi-tost qu'il en eust veu le sens. Il iura qu'il auoit esté trahi, & qu'il y auoit de la supercherie. Aristee luy dit quelle l'auoit euë par l'entremise de Cyrus, surquoy Almain se douta qu'estant amoureux d'Aristee il s'estoit serui de cet artifice pour le supplanter en son absence. Et là dessus entrant en vne extreme colere il crut qu'vne telle offence ne se pouuoit lauer que par le sang, il fit appeler Cyrus, qui estant braue & determiné receut le deffi, & s'estant trouué au lieu du combat mena si rudement Almain qu'apres l'auoir percé en diuers lieux il luy osta les armes, & luy fit des playes dont il mourut trois iours apres, ayant appris auant que mourir que son propre pere estoit l'autheur de cette supercherie, & auoit fait escrire la fausse lettre qui estoit cause de sa mort. Cyrus ayant sur les bras vne si forte partie que Policrates ne vuida pas seulement le païs, mais se bannit volontairement de la France, & se relegua en Flandres, theatre des guerriers, pour y trouuer dans les armes vn honorable tombeau. Et Policrates s'auisa, mais trop tard, de la faute qu'il auoit faitte en faisant contrefaire la lettre de son fils, & apprit à ses despens la verité de cet ancien prouerbe, que le mauuais conseil est pire à son autheur qu'à aucun autre.

La genereuse vengeance.
HISTOIRE VI.

L'Effect des mines donne à connoistre que le feu mis à la poudre qui n'a point d'air cause des bouleuersemens estranges. Il n'y a rien de si lasche que des villageois quand ils sont froids ou separez, mais quand vne fois ils sont esmeus & vnis ils font des massacres estranges, & il n'y a mine plus furieuse, ny embrasement plus horrible, ny torrent desbordé qui face de plus espouuentables rauages. Vous en allez voir vn exemple terrible & qui vous fera cognoiſtre que le deſeſpoir fait quelquefois produire aux ames les plus viles des actes d'vn courage qui paſſe les bornes communes. Au retour de ce voyage que Monſieur le Duc d'Alençon fit en Flandres, d'où il ne reuint pas en ſi bon ordre qu'il y eſtoit allé, ſes troupes faiſant leur retraitte à la deſbandade ſelon que l'Hiſtoire de ce temps-là nous le repreſente, ſe reſpandirent dans la Champagne & la Picardie auecque ſi peu de diſcipline militaire qu'il ſembloit que non la Flandre, mais la France fuſt leur païs de conqueſte. Vn Capitaine nommé le Pont conduiſant vne Compagnie de cent hommes d'infanterie prit ſon deſpartement en Picardie & ſe logea en vn village nommé Brecourt, où ſes ſoldats firent des excés qui ne ſe peuuent redire ſans horreur. Le Capitaine n'auoit garde de les en punir

eſtant

estant le premier à leur donner mauuais exemple. Ie laisse à part les excés du boire & du manger, car bien qu'ils ruinent les pauures villageois, si ne sont ils pas à comparer aux rançonnemens, aux exactions d'argent, ny au violement des femmes & des filles. Ce Capitaine fut logé en la meilleure maison du village chez vn riche laboureur appelé Aubin, qui tascha de luy faire la meilleure chere dont il se pût auiser, sçachât bien que cette sorte de demôs ne se plaisent pas au ieusne. Mais comme on dit que les tygres sont d'vn naturel si farouche que leur cruauté ne se peut adoucir par aucun bon traictement, les cœurs cruels sont faicts de telle façon qu'ils ne se peuuent appriuoiser par aucune courtoisie, ils se rompent pluftost qu'ils ne se flechissent. Le Pont estoit vn brutal qui outre le blaspheme dont il assaisonnoit tous ses propos

Amph. Sanglant. X

estoit addonné à toute sorte de vices, à la deshonnesteté, au sang, au carnage, au brigandage, au ieu, à l'yurognerie. Quoy que fit Albin il ne pouuoit assouuir cet abysme de vin & de viande, & encore qu'il le seruit abondamment & assez delicatement pour le village, ce n'estoit iamais assez il se plaignoit sans cesse. Vn iour apres auoir bien beu il ietta les yeux sur vne des filles de son hoste appelee Marie, qui luy sembla capable de contenter ses infames desirs. La fille qui estoit honneste reietta ses carresses assez rudement, ce qui picqua ce brutal d'autant de colere qu'il auoit d'impureté en l'ame. Comme il estoit le maistre & auoit la force à la main il fait empoigner cette fille, la fait lier sur vn lict, & quoy quelle criast & reclamast le secours de son pere qui estoit trop foible pour l'aider en cette extremité, d'autre chose que de ses prieres & de ses larmes, ce malheureux tison d'enfer deshonnora cette pauure fille sur le visage de ses parens, & non content de cette barbarie, par vne inhumanité plus que barbare apres auoir conténté sa concupiscence il se voulut vanger des chastes resistances de cette creature, & voyant que son Lieutenant & son enseigne aboyoient apres cette proye, il la leur abandonna pour en faire à leur volonté. Apres vn si cruel affront ce miserable non assouui se voulut mocquer de ses larmes & de ses plaintes, & le soir en soupant rempli de vin comme vn tonneau il se mit à gausser cette fille & à la menacer de pis si elle continuoit à faire la desdaigneuse, iurant qu'il la prostitueroit à tous ses soldats durant la nuict si elle ne le venoit embrasser, la genereuse fille qui ne vouloit pas suruire à la perte de son honnesteté (encore que celle-là puisse estre appelee honneste qui a esté forcee) espia le temps que ce sac à vin entonnoit vn grand verre dans son vilain estomac, & d'vn grand cousteau qu'elle tenoit prest à cet office, luy ayant percé le ventre elle en fit sur le champ sortir l'ame maudite meslee parmi le vin & le sang. Les soldats qui l'enuironnoient se iettent sur cette creature, & en vn moment la mettre en pieces; voila toute la maison en rumeur. Albin s'enfuit, & comme il auoit vn grand credit parmy les villageois de son lieu, il va si bien esmouuoir la commune animee du desastre qui luy estoit arriué, que les païsans armez de ce qu'ils rencontrerent allerent en foule donner sur les soldats logez, çà & là, & la plus part couchez (car c'estoit bien auant dans la nuict) si bien que pris au desarroy vne bonne partie fut esgorgee sur le champ, & ceux qui se rendirent à discretion ne furent reseruez au lendemain que pour mourir de plus cruels supplices. Car aussi-tost qu'il fust iour les païsans s'assemblerent, & tindrent conseil de quelle façon ils expedieroient leur prisonniers, il fut conclud que de vingt-cinq ou trente qu'ils tenoient il n'y en auroit aucun qui pust auoir la vie, mais que tous periroient auec des tourmens les plus cruels qu'ils pourroient inuenter. C'estoit vne merueille de voir comme l'appetit de vengeance aiguisoit les esprits rudes & grossiers de ces villageois: car il n'y en eut vn seul qui ne mourut d'vn different, genre de mort à celuy de son compagnon. Et ceux qui eurent plus de faueur ce furent ceux qui ne moururent que d'vn supplice. Les vns furent noyez, les autres precipitez, les autres enfoncez en terre tous viuans, vn autre tiré à l'arquebuse, cetui-cy pendu, l'autre bruflé, l'autre efcorché, l'autre rompu, l'autre efcartelé, l'autre tenaillé, l'autre efgorgé; En fomme il n'y a forte de cruauté que ces païfans n'exerçaffent fur ceux qui le iour precedent leur tenoient le pied fur la gorge & auoient exercé fur eux & fur leurs femmes toute forte d'outrages & de vilainies. Iufte iugement du ciel fur l'infolence de ces foldats difciplinez, & qui me fait fouuenir de ce mot d'vn Prophete, mal-heur à toy qui defrobes, car tu feras pillé, mal heur à toy qui outrages, car tu feras violenté, & de cet autre de l'Euangile. Vous ferez mefurez de la mefme mefure dont vous mefurez les autres. Et de ce traict du Pfalmifte, Dieu fera vne abondante retribution aux infolens & aux superbes. Quant à la vengeance de la fille ie la trouue extremement genereuse pour sortir d'vne personne de son aage, de son sexe, & de sa condition, & elle me semble auoir quelque air du courage de Sisara & de Iudith. Et l'emotion qu'Albain excita selon mon auis à quelque image du tumulte que fit le pere de Virginie parmi le peuple Romain, sur le violement & le meurtre de sa fille, d'où proceda le bannissement des Tarquins.

Le tesmoignage du sang.

HISTOIRE VII.

Es Histoires sont pleines des exemples de ceux qui ont esté conuaincus des meurtres secrets qu'ils auoient commis par le sang qui sortoit en leur presence des playes des meurtris. Les escriuains en rendent diuerses raisons que ie pourrois rapporter icy, mais pour ne ranger parmi les euenemens particuliers des discours de Philosophie Naturelle ou Morale, ie me contenteray de representer en ce lieu vn manifeste iugement du ciel sur vn semblable tesmoignage, d'où nous apprendrós que la peine n'est pas moins inseparable de la coulpe que l'ombre du corps, & que le criminel ne peult iamais estre à l'abry de la Iustice diuine, ny mesme de l'humaine, ny par l'esloignement des lieux, ny par la durée des temps. En l'vne des Vniuersitez de Flandres (ie ne veux point dire laquelle) vn ieune homme de la Duché de Gueldres fut enuoyé pour estudier aux loix, & comme il n'y a point d'aage qui y soit moins subiet que celuy que l'on coule en leur apprentissage les esprits estans desreiglez & iniustes lors qu'ils se meublent de ceste science qui apprend à distribuer la Iustice, il auint que ce Gueldrois que nous nommerons Apion, violant les loix de l'hospitalité entreprit par mugueteries & caiolleries à reduire Aimée fille de son hostesse à ses deshonnestes volontez. Ceste fille aussi simple que l'autre estoit malicieux se voyant caressée par vn enfant d'assez bonne maison & qui parmi les flatteries dont il amplissoit ses oreilles mesloit des discours & des souhaits de mariage ; laissa tellement aller sa creance à ces fausses promesses, pipée elle mesme de sa propre inclination & de l'affection quelle conceut pour ce trompeur qu'ayant laissé emprisonner son cœur par l'ouye, & beu le venim caché sous les parolles emmiellées de ce discoureur, elle deuint en peu de téps la proye de ses sales desirs par la mauuaise accointance qu'elle eut auecque luy. Encore que ceste pratique fust assez secrette comme se passant sous vn mesme toict & estant aisé à ces miserables Amans d'esbleuir les yeux d'vne bonne femme de Mere plus attentiue à son mesnage qu'aux deportemens de sa fille, si est-ce que Caride la seruante s'en apperceut, & au commencement en fit des grandes reprimendes à Aymée : Mais que ne

peut la poudre d'or en des esprits ser-
uiles, elle altera tellement l'esprit de
Caride que de suruelliante elle deuint
complice, & au lieu de descouurir à la
Mere sa maistresse le desuoyement
de sa fille elle seruoit de voile à ces larcins & elle contribuoit à ceste tromperie autant quelle pouuoit Ce train
ne dura pas long temps sans se faire
cognoistre par ses marques, les che-
mins se frayent à force de marcher, &
quoy que le Sage die des traces de
l'homme imperceptibles en vne ado-
lescente, celles d'Apion ne se rendirent en fin que trop sensibles à Aimée.
Vous entendez bien ce que ie veux
dire auecque cet honneste desguisement. Or voyez combien sont folles
ces inconsiderees qui commettent
leur honneur sur vne mer si perfide
que celle des sermens d'vn ieune hô-
me qui croit que les protestatiós d'vn
Amant sont autant d'accens inutiles

dont la memoire perit auecque le son. Cette tumeur d'Aimée ne fut pas pluſtoſt venuë à la connoiſſance d'Apion que ſans ſe ſouuenir de ſa foy tant de fois iurée, & de ceſte amitié qu'il auoit depeinte immortelle craignant le vacarme & la iuſtice des lieux, il deſloge ſecrettement & s'enfuit en ſon païs ſans prendre congé ni de ſon hosteſſe ni de ſa fille qu'il auoit malheureuſement deshonorée. Repreſentez-vous les regrets, les douleurs & les deſeſpoirs de cette fille abandonnée, qui pour euiter l'infamie ſe fuſt volontiers cachée à ſes propres yeux, & qui euſt choiſi la poiſon ou les precipices ſi elle n'euſt eſté retenuë par Caride, qui la deſtournoit de ces ſanglans deſſeins, la nourriſſant d'eſperance, & luy faiſant croire que la peur pluſtoſt que l'infidelité auoit fait eſcarter Apion, & que ſans doute il luy tiendroit parole

Le tesmoignage du sang. 333

& la tireroit de la misere où il l'auoit plongee. Tandis qu'elle l'amuse de cette façon, la mere estonnee de la fuitte du Gueldrois, & voyant la tristesse de sa fille entra en des soupçons qu'à la fin elle ne trouua que trop veritables, & comme elle vouloit tempester autour de cette fille, Caride l'appaisa, luy faisant entendre qu'Apion auoit promis à Aimée de l'espouser, & quelle n'eust pas esté sage si elle eust refusé vne si bonne fortune. De cette façon la tourmente fut accoisee, & la mere mise en son calme. Cependant on cache la grossesse d'Aimee tant que l'on peut, & Caride se charge de porter le fruict à Apion, & de le conuier par ce gage à s'acquiter de sa promesse, & à disposer ses parens de consentir à son mariage auec Aimee. La bonne mere se laisse aisement persuader ce qu'elle desire, Aimee accouche d'vne fille assez secrettement. Caride se charge de la porter en Gueldres à Apion, mais entre elle & Aimee il y auoit bien vne autre intelligence, c'estoit de suffoquer ce fruict & de l'enterrer au pied d'vn arbre, sur les nouuelles quelles eurent que le Gueldrois estoit allé en Allemagne, & que c'estoit vne folie d'esperer qu'il espousast cette fille qu'il auoit desbauchee Ce malheureux dessein fut executé, vne absence de quelques iours fit croire à la mere que Caride auoit porté cet enfant à son pere de qui elle rapporta de nouuelles promesses qu'elle auoit inuentees, la chose se passa ainsi sans beaucoup de bruict, n'y ayant que la mere d'Aimee, la Sage femme & Caride qui sceussent cet enfantement. La mere ne voyant point venir le Gueldrois ne se put tenir de se plaindre à quelques-vns de ses parentes, disant tout haut qu'il auoit desbauché

Le tesmoignage du sang. 335

sa fille sous promesse de mariage, & donnant à iuger par ses discours le reste de ce qui s'estoit suiui. Il arriua en fin au bout de deux ans que le loüage de la maison ou cette femme tenoit des Pensionnaires estant fini le maistre y logea vn autre mesnage. Et comme on cultiuoit le iardin au pied d'vn petit arbre le corps de cet enfant d'Apion & d'Aimee fut descouuert aussi frais & entier que s'il n'y eust esté mis que depuis trois iours, grande rumeur en la maison, Aimee & sa mere sont appelees à ce spectacle, & voila chose estrange qu'en la presence d'Aimee (qui tesmoignoit à la palleur de son visage, & à ses tremblemens l'emotion de son cœur) ce petit corps rendit par la bouche & le nez, & mesme par les yeux beaucoup de sang bouillant & vermeil. La Iustice appelee, & voyant ce signe se saisit de la mere & de la fille, celle-là fraya le chemin à la confession de celle-cy: car elle dit franchement qu'il y auoit assez long temps qu'vn Escolier Geldrois nommé Apion auoit desbauché sa fille, & qu'elle auoit esté grosse de son fait: mais que l'enfant auoit esté enuoyé au pere par Caride, & cette bonne femme disoit cela comme vne verité quelle croyoit, & pour descharger sa fille. Mais Aimee pensant reietter sa faute sur Caride donna ouerture à sa propre condamnation. Elle accusa la seruante de ce meurtre, il y auoit vn an quelle auoit quitté son seruice pour aller seruir en vne autre ville qui estoit à sept lieuës de là, on l'enuoye saisir, & aussi-tost Caride renuoya la faute sur Aimee quelle accusa d'auoir estranglé son enfant, elle ne l'ayant qu'enterré. Ainsi la verité cachée deux ans sous la terre reuit le Soleil, & sortit du puis de Democrite à la confusion de ces deux miserables

rables creatures, Aimee, & Caride, qui furent toutes deux condamnees à la mort & executees publiquement, Dieu reiettant leur honte sur leur visage, & mettant à la lumiere du iour ce qui s'estoit pratiqué parmy les tenebres.

L'Intemperance Precipiteé.

HISTOIRE VIII.

Il en est de la colere & de l'amour comme des chiennes, celles-cy produisét leurs petits aueugles, & ces passions ne font leurs actes qu'auec aueuglement. Que si selon cet Ancien, tout vice est precipité, ceux-cy le sont sur tous les autres. Vous allez voir cette preuue par Amph. Sanglant. Y

les effects en l'Histoire tragicque & scandaleuse qui va suiure. Hermione la merueille des yeux qui la consideroient estoit vne fleur de beauté qui auoit pris naissance en l'vne de ces contrees de nostre France qui sont en leurs riuages baignees de l'Ocean. Elle fut l'enuie de plusieurs, & l'esperance de peu. Ce courage aussi reuesche que son visage estoit attraiant, ressembloit d'vn costé à l'aymant noir qui attire, & de l'autre au blanc qui reiette le fer. Que de desirs & de desespoirs faisoit elle naistre dans les ames, mere & marastre tout ensemble des affections dont elle estoit la belle cause, à trauers tous ses desdains plus fascheux à supporter que les plus cruels supplices. Paciam & Lancestas Gentils-hommes de merite & de valeur maintindrent leur amour pour elle en la mesme façon que sur le mont-Ætna, la flamme se conserue parmi les neges & les glaces. Il n'y auoit rien de si froid que cette source de tant de feux, rien de moins susceptible d'amour que celle qui embrasoit tant de poitrines Ne vous imaginez pas que tous les respects, ny les seruices, ny les soins, ny les complaisances, ny les assiduitez, ny tout ce qui peut flechir l'ame la plus barbare luy donnassent plus d'inclination pour Paciam que pour Lancelas, tous les hommes luy estoient autant indifferens que si elle eust esté d'vn mesme sexe, & la statuë qu'aima Pigmalion eust esté plus facile à esmouuoir, que cette insensible à receuoir les impressions de la bien-veillance qui ont tant de force sur les plus puissans esprits. Mais comme l'on dit que le diamant la plus dure de toutes les pierres ne se casse iamais qu'il ne se reduise en poudre, & comme le plomb qui est si froid se font tout à

Y ij

coup; aussi verrez vous dissiper en vn instant toute cette glace, & fendre cette dureté, non tant par l'effort de l'amour que par celuy du courroux dont cette ame superbe & desdaigneuse estoit plustost touchee. Il vaut mieux dire quelle mesprisoit également ces deux Cheualiers que nous auons nommez, que d'asseurer quelle les aimast auec esgalité. Ils s'opiniastrerent neantmoins à cette recherche, non tant pour esperance qu'ils eussent de flechir ce cœur impitoyable, que par le mouuement de la vanité, chacun d'eux se faschant de ceder la place à son Riual, & d'estre crû moins amoureux ou genereux que l'autre. Comme ils se consumoient en vain aupres cet obiect qui se rioit de leurs peines. Il auint par les fausses lunettes de cette lunatique passion, qui s'appele ialousie, que Lancesslas s'imagina qu'Hermione regardoit son Competiteur plus fauorablement que luy, & prestoit plus volontiers l'oreille à ses entretiens. Là-dessus que de discours en sa pensee, que de pensees en son ame, que de fureurs saisirent son esprit. Il se laissa si auant aller à cette passion que se reiettant par le despit à l'autre extremité opposee à l'Amour il ne songeoit qu'aux moyens de se vanger de celle dont il estimoit receuoir des outrages pour recompenses de ses seruices. L'espee qu'il employa contre elle ce fut sa langue dont les coups ne sont pas moins sensibles ni moins dangereux que de celle là puis qu'ils vont à la ruine de la reputation, chose que les grands courages prisent plus que leur vie. Il se met donc à mesdire d'Hermione tout ouuertement & à la blasmer de certaines actions d'autant plus odieuses à cette fille quelles estoient faussement inuentées. Et c'est en cela que la calomnie est plus meschâte & moins supportable que la simple mesdisance, parce que celle-cy a quelque fondement en la verité, de sorte que ceux qui sont atteints de quelque deffault la prénent pour vne iuste reprehension, mais l'autre chargeant les innocens de crimes qui ne sont pas met hors des termes de la patience les plus endurans & les plus fermes esprits. Hermione qui auoit le cœur hautain se voyant touchee en la prunelle de l'œil estoit en vne rage desmesuree, & en ceste humeur ne mesditoit que des vengeances contre Lancellas. La premiere occasion qui s'en offrit fut receuë d'elle les bras ouuerts & saisie aux cheueux tant elle apprehendoit qu'elle ne luy eschappast. Paciam la venant voir & l'entrenant de ses passions ordinaires; Comment, luy dit-elle, me voulez vous faire croire que vous m'aimez endu-

L'Intemperance precipitee. 343

rant si laschement que Lancellas deschire ma renommee auecque sa langue de serpent, la preuue de la vraye amitié est le soustien de ceux qu'on aime. Alors Paciam luy repartit que ce n'estoit ny manque d'Amour ny de courage, mais vn pur mespris qui le retenoit, sçachant que les mesdisances de Lancellas ne faisoient autre impression dans les ames que de se faire tenir pour vn insigne calomniateur, disant des choses si esloignees d'apparence que pour le croire il eust fallu estre despourueu de iugement. C'est tout vn reprit l'irritée Hermione, ie ne tiendray iamais pour ami celuy qui prendra si peu de part en mes interests, & vous me faictes cognoistre à vostre patience que vous auez peu de passion pour moy. Si vous me voulez du bien vous me vangerez & luy ferez rentrer sa calomnie dans la gorge autrement ne vous presentez plus

Y iiij

deuant moy. Que si vous lauez dans son sang l'opprobre qu'il veult ietter sur ma renommée, ie ne seray iamais ingrate d'vn tel seruice & vostre recompense sera moy mesme, car ie ne penserois pas me pouuoir descharger d'vne telle obligation que par ce pris-là, sous le lien toutefois d'vn legitime mariage. Iamais ceste orgueilleuse beauté n'auoit esté si auant ny parlé si ouuertement à Paciam qui fut si raui de ce langage que s'il eust eu dix mille vies il les eust exposées au hasard pour faire la conqueste des bonnes graces de ceste fille. Il iugeoit bien que c'estoit plustost l'animosité quelle auoit conceuë contre Lanceslas qu'aucune Amour qu'elle eust pour luy qui luy auoit tiré ces paroles de la bouche, mais que luy importe t'il par quelle voye il arriue à son but & à ceste possession tant desirée. Se voyant donc vne si iuste cause en main & vne si desirable recōpense deuant les yeux, ces deux esperons picquerent son courage & le porterent aussi tost à faire appeler Lancellas qui ne manqua pas de se trouuer au lieu assigné où il fit tout ce qu'vn braue homme peut faire pour disputer sa vie. Mais en fin le sort des armes se trouua du bon costé, & pour chastiment de ses calomnies il tomba sous l'espee de son aduersaire apres auoir confessé que tout ce qu'il auoit dit d'Hermione estoit faux & publié l'innocence de cette fille aux derniers abois de la mort. Cette victoire fut glorieuse à Paciam, mais elle luy fut cherement venduë, car il demeura atteint de trois blesseures dont il y en auoit vne assez legere, mais deux dangereuses, neantmoins il fut pansé auecque tant de soin que dans peu de iours les Chirurgiens asseurerent de sa vie pourueu qu'il se mesnageast selon leurs preceptes, & qu'il ne precipitaſt point ſa conualeſcence. D'autre coſté Hermione fut tellement tranſportée d'aiſe d'vne ſi ſolemnelle vengeance que n'ayant plus de colere contre vn homme qui auoit accru le nombre des morts, elle fut touchee tout à coup d'vne Amour extraordinaire pour Paciam qui auoit ſi genereuſement reſpandu ſon ſang pour purger ſa renommée de toute tache. Elle ne pût diſſimuler cet excés, elle l'alla voir, ſe ietta à ſon col, pleura ſur ſon viſage, & ſes larmes furent autant de brandons dans le cœur du blecé, elle luy iure vne amour inuiolable de n'auoir iamais d'autre mary, luy tend la main, luy donne la foy d'Hymen, que ce malade receut auecque des tranſports qui ne ſe peuuent comprendre, mais trop dangereux en l'eſtat où il eſtoit. Elle ne le void pas aſſez à ſon gré, elle en deuient ſi eſperduë qu'elle ne bouge du cheuet de son lict, elle passe auprès de luy les iours entiers, & vne partie des nuicts, qu'est-il besoin d'en dire dauantage, vous estonnez-vous si le feu prit à de la paille qui en estoit si voisine, ils se iurent la foy reciproque, & sur ces asseurances Hermione auparauant farouche & intraittable deuient si priuee & si domestique qu'elle prend vne partie du lict du malade, qui perdu d'amour pour cette creature, & sans songer à l'estat où il se trouuoit, voulut consommer son mariage auec elle, mais il le consomma de telle sorte que les premices de cette amour furent la fin de sa vie, & le lict de ses nopces luy seruit de cercueil, car ses playes s'estans desbandees & ouuertes il mourut dans les embrassemens de cette nouuelle espouse, qui d'ardant qu'il estoit deuint de glace en ses bras, & son ame s'en estant allee son corps sanglant &

froid demeura immobile auprès de cette amante. De dire son effroy, sa douleur, ses regrets, il ne seroit pas possible, mais son plus grand mal ce fut le scandale public qui la rendit la fable, la mocquerie, & l'horreur de tout le monde, comme ayant causé par son intemperance precipitée la mort à ce pauure Gentil-homme qui l'auoit aimée auecque des passions incroyables. Ce fut lors que cette reputation dont elle auoit esté si ialouse fut deschirée de toutes les langues, & que cette superbe fille se vit raualée au dernier point du mespris de l'opprobre, & de l'humiliation ou vne personne puisse estre reduitte, chastiée iustement & dignement par où elle auoit offencé. Cette vergoine luy fut si sensible & neantmoins si salutaire que Dieu qui tire le bien du mal, & la lumiere des tenebres luy en fit conceuoir vne horreur du monde où deformais elle ne pouuoit plus viure, qu'auec ignominie & reproche. Elle se ietta donc dans vn Cloistre s'enseuelissant ainsi dans le tombeau des personnes viuantes, & cachant sous vn voile, & sa honte, & cette insolente beauté cause de tant de funestes accidens.

La Mortelle Amour.

HISTOIRE IX.

Enez maintenant voir l'amour & la mort qui meslent leurs traicts ensemble, & si la pitié ne touche vos cœurs ie croiray que vous aurez sacrifié à l'insensibilité. Ce n'est pas assez que celuy qui ayme soit prodigue de ses biens pour le seruice de la chose aymee. Si encore

il n'expose le plus precieux de tous, qui est la vie, il pense n'auoir rien fait. Considerez le ie vous prie en ces deux amans qui vont paroistre sur ce Sanglant Amphitheatre, & regardez comme ils disputent à qui mourra auecque la mesme ardeur dont les autres pourchassent la conseruation de leur vie. Florian & Scaure auparauant bons amis perdirent cette bonne intelligence estans deuenus Riuaux, tant il est vray que l'Empire & l'Amour ne peuuent souffrir de compagnon. Arelia fut le commun obiect de leurs flammes & la cause de leur diuision. Ils s'engagerent diuersement en cette recherche, Florian par le voisinage, & Scaure par occasion. Florian & Arelia estoient de Palerme en Sicile Cité principale, & où le Viceroy de cette Isle seiourne ordinairement, Scaure estoit de Catane, mais ordinairement à la Cour estant enga-

La mortelle amour. 351

gé à la suitte du Vice-roy par le devoir de quelque charge. Florian & luy amis de longue main se voyoient en la place au Palais, aux compagnies, selon la façon des conversations Italiennes, & quoy que leur amitié fut estroitte elle ne l'estoit pas jusques à ce point de se communiquer leurs affections: car si les Italiens sont discrets en tout, ils sont sur tout secrets en leur amour. Aussi cette passion est elle semblable au vin & aux parfums qui se gastent par l'event. Et ceux qui sçauent de quelle façon l'amour honneste se pratique en ces contrees-là ne trouueront nullement estrange que ces deux Cheualiers ayent eu vne mesme visee, sans que l'vn s'apperceust du feu de l'autre. Florian Gentil-homme du lieu ayant permission des parens d'aimer Arelia s'y conduisoit vn peu plus ouuertement, mais Scaure qui estoit comme estranger (au moins n'eſtant pas de Palerme) cachoit d'auantage ſon ieu, & encore qu'il ne fuſt pas moins picqué il diſſimuloit neantmoins mieux ſon mal, & n'en faiſoit pas paroiſtre tant de ſignes. Il eſtoit pourtant ſi accort qu'il trouua les moyens d'abborder Arelia, & de luy faire entendre cette exrreme paſſion qu'il ſouffroit pour elle, & meſme il eut tant d'inuention ou de bon-heur qu'il la rendit ſuſceptible de ſon tourment. Si bien quelle prefera le ſeruice de ce Catanois à celuy du Palermitain, & de telle ſorte que Florian s'en apperceut, & reconnuſt pluſtoſt par elle les affections de Scaure, que par Scaure meſme, & Scaure apprit auſſi de cette fille la recherche que Florian faiſoit d'elle, à quoy il taſcha d'apporter tous les empeſchemens dont il-ſe pût auiſer. Encore qu'ils euſſent deſcouuert de cette façon les pretenſions l'vn de l'autre ils furent

furent toutefois si discrets, où pour mieux dire si dissimulez qu'ils ne se parlerent iamais sur ce suiet, chacun ioüant son roolle à part, & taschant par subtilité de supplanter son compagnon Arelia eust volontiers donné congé à Florian qu'elle traittoit auecque des froideurs capables de desgouster les plus eschaufez, mais le respect qu'elle portoit à ses parens l'empeschoit de luy declarer ouuertement qu'elle se sentoit importunee de luy. Cependant sous main & par des intelligences secrettes elle fauorise Scaure autant que l'honnesteté luy peut permettre, elle luy fait bon visage, luy parle des yeux, reçoit de ses lettres, & luy fait des responces; bref elle arriue iusques à ce point de luy parler durant la nuict par vne fenestre escartee, & d'auoir auecque luy de longs entretiens. Il n'y a rien de si caché que les yeux d'vn Riual ne descouurent, car s'ils voyent souuent ce qui n'est pas, comme n'apperceuroient ils ce qui est. C'est la coustume des amans principalement en Italie de passer souuent, & le iour & la nuict deuant les maisons de celles qu'ils aiment. Florian faisant cet exercice, & Scaure aussi se rencontrerent assez souuent faisans cette ronde, & se faisoient du guet l'vn & l'autre. En fin Florian, ou mit tant d'espies aux auenuës, ou espia si bien luy mesme qu'il descouurit l'endroit des secrets & tenebreux entretiens de Scaure & d'Arelia. Il se cache en vn coin d'où il entendit quelques vns de leurs deuis, & n'en apprit que trop pour sçauoir que son Riual auoit de grands auantages sur luy. Qui sçait l'humeur Italienne croira bien tost que la ialousie luy alluma dans le cœur vn furieux appetit de vengeance, mais pour se deffaire de son ennemi à petit bruict il s'accoste d'vn braue (ce sont ceux qu'on appele en France des coupe-iarets, & qui se loüent pour assassiner les hommes) & s'en fait accompagner, resolu en estant assisté de prendre durant la nuict Scaure à son auantage & de s'en deffaire. Il se met en embuscade d'où sortant comme vn lion pour assaillir Scaure, il le trouua si bien armé que luy & son braue chamaillerent long temps auant que de le pouuoir percer, en fin ils le blecerent mais legerement, & Scaure se voyant reduit à vn point qui l'obligeoit de faire son second du desespoir, entre si furieusement sur Florian qu'il le tuë sur la place, & aussi-tost le braue chercha son salut en sa fuitte. Cela c'estoit passé sans tesmoings durant les tenebres de la nuict, on ne sçait pas determinement qui a tué Florian: mais Scaure se trouuant blecé le lendemain de ce meurtre est saisi par coniecture & mis en prifon, il nie d'auoir tué Florian, & feint de fes blefleures d'autres caufes apparentes. Mais comme elles paroiffent friuoles aux Iuges ils font fur les termes de le condamner à perdre la tefte. Arelia fçachant ou fon amant eftoit reduit, fe confiant fur le credit de fes parens, & tranfportee d'affection pour ce Cheualier demande qu'il foit eflargi, & declare que c'eft elle qui a fait tuër Florian par vn braue, d'autant qu'il l'auoit offencee en fa reputation. Elle entre en prifon en la place de Scaure qui ne pouuant affez admirer la genereufe amour de cette fille attendoit en patience l'iffuë de cette affaire. Qui alla fi auant que quelque follicitation que fiffent les parens d'Arelia elle alloit eftre condamnee à la mort comme meurtriere, lors que Scaure fe remit entre les mains de la Iuftice, & declara ouuertement comme tout s'eſtoit paſſé de la façon que nous l'auons deſcrit. Il diſoit aſſez, mais nulle preuue de ſon dire, le braue qui auoit accompagné Florian eſtoit diſparu, on croit que Scaure eſt l'attaquant pluſtoſt que le deffendeur, & qu'il aura fait mourir Florian de la meſme façon qu'il dit que Florian le vouloit aſſaſſiner, la coniecture en eſt violente puiſque Florian en eſt demeuré ſur la place. Toutes les voix allerent à cette coniecture & conclurent à la mort, Arelia reclame & ſouſtient que c'eſt le deſeſpoir qui fait parler Scaure, que c'eſt elle qui eſt coupable, qu'il n'eſt pas receuable en ſa propre accuſation. Ce debat amoureux & mortel tient les Iuges en ſuſpens, en fin apres auoir bien balancé le fait le baſſinet de la condamnation pencha du coſté de Scaure. Tous ſes amis & ſes parens demanderent ſa grace au Vice-roy qui l'euſt donnee bien volontiers, mais les parens de Florian reclamoient, parce que Scaure eſtoit de ſes Officiers & comme ſon domeſtique. Ce que pût faire le Viceroy qui ſe voyoit les mains liees ce fut de ſuſpendre l'execution de l'Arreſt de mort iu'ques à ce que la grace fuſt venuë d'Eſpagne, mais ſoit que l'innocence de Scaure ne fuſt pas bien repreſentee à Madrit, ſoit que les parens de Florian y euſſent plus de credit que ceux de Scaure, nonobſtant les lettres de faueur du Vice-roy la grace fut refuſee, & Scaure fut mené au ſupplice encore qu'il n'euſt tué Florian qu'en ſe deffendant, verité qu'il publia & declara au dernier ſouſpir de ſa vie. Arelia luy vouloit tenir compagnie en cette condamnation, mais on ne ſuiuit pas ſon inclination amoureuſe & deſeſperee, on luy donna la vie pour ſupplice au lieu de la mort qu'elle demandoit pour faueur. Voyant donc quelle ne pouuoit mourir par les mains d'autruy, ny iustement par les siennes, au lieu de la mort naturelle elle choisit la ciuile, & s'enferma dans vn Cloistre où elle consacra le reste de ses iours au seruice de Dieu. Seruice preferable aux diademes & aux couronnes. Heureuse la tempeste qui la ietta en ce port heureux, ou deliurée des mains de ses ennemis les passions mondaines, elle pouuoit seruir Dieu en saincteté & en iustice tout le temps de sa vie. O Seigneur que vos voyes sont admirables, & par combien de moyens attirez-vous à vostre suitte les ames de vos esleus. Tantost par des chaisnons de dilection les liens de Charité qui sont d'or & de soye, tantost par les chaisnes d'Adam par les miseres & les infortunes humaines. Tantost bridant d'vn frein &

d'vn camorre les maschoires de ces pecheurs farouches & indomptables qui autrement ne s'approcheroient pas de vous. Soyez beni en vos dons, comme vous estes sainct en toutes vos œuures.

L'Enfant desbauché.

HISTOIRE X.

Ictoric Seigneur des plus nobles de l'Aquitaine n'auoit que trois masles de son mariage, & parce que les Cadets en ceste contrée-là n'ont presque autre partage que la cappe & l'espée, les aisnez emportant tout le bien de la succession, il tascha de mettre les siens à l'abry de la necessité en les iettant dans l'Eſtat Eccleſiaſtique. Le ſecond fut chargé de quelques benefices qui eſtoient de longue main & comme hereditaires en la maiſon, le dernier eut pour ſa part vne Croix de Malte qu'on luy fit porter preſque dés ſon enfance. Le ſecond que nous appellerons Procope & qui faict le perſonnage principal en cette Hiſtoire eſtât deſtiné à l'Egliſe fut auſſi rangé aux lieux où il pouuoit eſtre inſtruit des choſes qui le pouuoient rendre accópli en cette profeſſion. Ie veux dire qu'il fut eſleué dans l'eſtude & les lettres, & ſous la diſcipline de ceſte ſainte & fameuſe Compagnie qui ioint auec tant de iugement & d'induſtrie la ſcience auecque la Pieté. Il auoit l'eſprit ſi bon qu'il faiſoit vn grand progrés dans la connoiſſance des arts & des liures, & eſperoit on vn heureux ſuccés de tant de trauaux & qu'il reuſſiroit auantageuſement en la profession qu'il auoit embrassee plustost par la volonté de ses parens que de sa propre inclination. Desia il auoit meublé son esprit de l'intelligence des langues & de la Philosophie, & il commençoit à saluer les portiques de la Reine des Sciences, la Theologie lors que son aisné surpris d'vne maladie qui ne le tint que huict iours rendit au tombeau ce que tous les hommes luy doiuent. L'heritage de Victoric estoit si grand & sa succession si auantageuse, que les benefices de Procope n'estoient pas vn ayman assez fort pour le tenir dauantage attaché à vne profession où il ne se portoit que par des considerations purement humaines. Il mit bas aussi franchement que promptement cette soutane Ecclesiastique qu'il ne trainoit qu'auecque peine, & en fit vn present à son Cadet auecque ses benefices qu'il luy resigna dont l'autre se

L'Enfant desbauché. 363

tint plus content que de la Croix qui l'obligeoit à vne pauureté perilleuse. Et comme il arriue assez ordinairement que les filles qui ont esté esleuées sous vne conduitte fort contrainte deuiennent femmes licentieuses aussi tost que par le mariage elles sont mises en quelque sorte de liberté, aussi Procope ayant depuis son aage plus tendre porté à regret le ioug d'vne vie plus gesnée qu'il n'eust desiré se voyant dans vne condition plus libre passa aussi tost en des licences qui le porterent au precipice des desbauches & des desordres. Son Pere qui le desiroit rendre accomply en la profession des armes, & luy faire prendre l'air du Monde, fit dessein de le depayser, & de l'enuoyer en Italie pour y polir son esprit dans la soupplesse naturelle à ceste nation, & affin qu'il s'y dressast aux exercices conuenables à vn Gentilhomme, il le mit en bon equipage

& luy donna vn Gouuerneur pour l'accompagner en ce voyage qui a besoin d'vne guide seuere quand il se faict en vne verte ieunesse. Ce fut le manquement que fit Victoric, car il luy donna vn ieune homme appelé Baldomane pour le conduire qui luy mesme en eust eu besoin d'vn conducteur, qui au lieu de retirer Procope de ses vitieuses inclinations, luy donnoit exemple de dissolution, & qui n'ayant pas assez de vigueur pour se faire craindre fut aussi tost mesprisé par ce ieune Gentilhomme à qui non seulement il laissoit la bride sur le col, & luy estoit indulgent, mais le poussoit quelquefois au mal & l'y tenoit compagnie. Il ne faut donc pas s'estonner s'il se trouua dans les dangers ou nous verrons que le porterent ses diuerses folies. Apres qu'il eut trauersé les Alpes, passé la Lombardie & la Toscane, & faict quelque seiour à

L'Enfant desbauché. 365

Rome il passa iusques à Naples où il fit estat de frequenter les Academies qui y sont en grand nombre, & d'apprendre en ces fameuses escoles de Noblesse ce qui le pourroit rendre signalé quand il seroit de retour en son païs. Il se logea pour ce suiet chez vn Escuyer appelé Horace qui auoit beaucoup de ieunes Gentilshommes dans sa maison, qui outre l'exercice du cheual en apprenoient encores plusieurs autres. Chacun sçait la façon de viure des Italiens, & que la ialousie leur est si particuliere que parmi eux ce n'est pas tant vn vice que leur naturel. Et l'histoire des Vespres Siciliennes fait assez connoistre que les François qui voulurent à Naples & en Sicile vser de la liberté de leur mœurs n'eurent pas de iugement en leur conduitte, & que s'ils auoient eu assez de valeur & de courage pour conquerir ils manquoient de prudence pour se conseruer. Horace en vn aage assez auancé auoit pris vne femme assez ieune & fort belle, qu'il tenoit enfermée si estroittement qu'à peine pouuoit elle estre veuë des rayons du Soleil. Son departement estoit plus clos que n'eust esté vn Monastere, car il estoit sans veuë & sans parloir, & moins penetrable que le Serail du grand Seigneur. Les Gentilshommes Italiens qui logeoient chez Horace esleuez en ceste humeur ne s'estonnoient point de cette sorte de vie, & sans donner des ombrages à ce ialoux Escuyer ils ne manquoient pas de diuertissemens dans la ville de Naples (l'vne des plus licentieuses du monde) pour passer leur temps selon leur fantaisies. Il n'y eut que nostre François qui picqué de curiosité voulut voir par occasion cette belle prisonniere, & par malheur il la trouua si agreable qu'il en deuint passionné

L'Enfant desbauché.

La difficulté de l'aborder ne le rebutta point de son entreprise, au contraire l'opposition picqua son desir, & la vanité se meslant dans son Amour il crut que s'il pouuoit venir à bout de son desir il y auroit autant de gloire que de plaisir en sa conqueste. L'art de prendre les villes, disent les ingenieurs, est plus grand que celuy de les garder, & le feu des Amans est plus subtil que toute la finesse des ialoux. Procope fit tant par ses artifices que non seulement il vid ceste femme, mais encore il luy parla, & parla de telle sorte qu'il la rendit susceptible de sa passion. Depuis ce temps-là leurs flammes reciproques leur firent trouuer des inuentions secrettes pour continuer leur commerce que ie laisse dans l'obscurité du silence puis que cela ne pouuoit se terminer qu'en des œuures de tenebres. Rien de si clos qui ne s'esuente. Ces practicques ne peurent estre cachées long temps, l'œil penetrant de la ialousie s'en apperceut, & comme le limier ayant rencontré la moindre fumee ne cesse de tirer le traict qu'il n'ait conduit le Chasseur iusques au repaire de la beste; Aussi l'esprit picqué de ialousie n'a pas si tost apperceu la moindre estincelle d'apparence qu'il n'a aucun repos iusques à ce qu'il se soit entierement esclairci de la verité. Horace qui estoit vn vieux routier dans les ruses de cette passion qui subtilise les esprits, veilla de tant de façons qu'il rencontra les certitudes de ses doutes. Que de rages le saisirent se voyant trompé & se croyant trahi. Nostre François trop peu dissimulé pour cacher sa passion ne luy en donnoit que trop de marques, mais sa femme sçauoit si bien cacher son feu sous la cendre de la feinte, qu'encore quelle fust toute de flamme pour Procope elle paroissoit

paroissoit toute de glace. Le dessein d'Horace estoit de surprendre ces amans ensemble, & d'en prendre vne vengeance memorable. Toutefois il crût qu'il luy seroit plus vtile de se vanger à la sourdine, & se reseruant peut estre le bouccon pour le faire gouster à sa fidelle partie, il s'auisa d'vne industrie malicieuse pour chastier le François. Il auoit dans son escurie vn cheual de regne extremement fort & plain de courage, mais vicieux à outrance. A raison dequoy on estoit contrainct de luy tenir les yeux bouchez auecque des lunettes, & de l'attacher à des poteaux pour le faire manier par haut. Horace fit monter plusieurs fois Procope sur ce cheual, accommodant en sorte les lunettes quelles tomboient à la premiere esbrillade, & alors ce cheual furieux ruoit, mordoit, escumoit, tempestoit si horriblement qu'aucun n'en osoit approcher pour secourir celuy qui estoit dessus. Vne autre fois comme il estoit attaché aux poteaux & que Procope le faisoit aller à grouppades, les cauçons rompirent, & ce cheual commence à sortir d'escole & de manege, & à se cabrer si droict qu'il tomba à la renuerse, & si Procope n'eust esté prompt à vuider les arcons, & à se ietter à corps perdu à quartier il eust esté tout brisé de cette cheute. Il en fut quitte pour vne froissure de iambe qui le tint quelques iours au lict. Durant ce temps-là il apprit de quelques vns de ses compagnons la ialousie que l'Escuyer auoit conceuë de ce qu'il voyoit sa femme, & ayant de là coniecturé qu'il auoit du dessein sur sa vie, il en parla à Baldamore qui fut d'auis qu'ils se retirassent à petit bruict de cette maison pour euiter les mauuaises propheties, Ce qui fut fait sous quelque fpecieux pretexte. Honoré eftant bien fafché que fa vengeance n'euft reüffi felon fon intention. Procope fe rangea en vn autre manege, ou parmi les ieunes Cheualiers qui s'y rencontrerent il fit amitié particuliere auec vn Gentil-homme Capouan dont le pere & la mere eftoient habituez à Naples. Cet ami luy donna entree en la maifon de fes parens, où il fut receu auec cette courtoifie qui eft fi naturelle aux Napolitains que leur Cité en porte le nom de gentille. Ce compagnon de Procope auoit vne fœur d'vne beauté non vulgaire dont il deuint auffi-toft amoureux, & defcouurant franchement fa paffion à fon ami, tant s'en faut qu'il l'euft def-agreable, qu'au contraire il loüa fa fincerité, & iugeant que ce François feroit vn parti auantageux pour fa fœur (comme fans doute il euft efté) il luy promit toute faueur pourueu que ses pretensions eussent vne fin honneste. Ce que Procope luy iura solemnellement. Sur cette asseurance nostre François peu consideré sans songer à l'authorité de ses parens s'engage insensiblement en cette recherche. Le Capouan n'eut pas beaucoup de peine à disposer sa sœur à cette affection: car outre que les François sont fort estimez à Naples en haine de la tyrannie Espagnole. Procope auoit vne telle grace qu'elle estoit capable de donner de la bien-veillance à vn cœur qui n'y eust point eu d'inclination. Adioustez à cela que la reputation de la liberté Françoise frappe si doucement l'imagination des filles Italiennes, que pour sortir de l'esclauage de leur païs elles font peu de difficulté d'espouser des François. Le Capouan communiqua à ses parens le dessein que Procope auoit pour sa sœur, qui s'estant enquis de sa qualité, de sa naissance, & de ses moyens, tant des Banquiers que des autres François qui estoient à Naples, & ayans apris que leur fille ne pouuoit esperer vn meilleur parti, recueillirent si fauorablement cette proposition qu'ils en redoublerent les caresse, vers Procope à qui ils tesmoignerent toute sorte de bien-veillance. Et quand ie di toute sorte, i'entens que mesme ils passerent les bornes du iuste & de l'honneste, parce que la mere du Capouan iettant vn peu trop attentiuement les yeux sur le visage de nostre François y trouua des charmes qui lierent sa liberté, & luy firent naistre le desir de s'acquerir ce ieune Gentilhomme en autre qualité que de gendre. Se seruant neantmoins de ce pretexte pour luy faire des accueils extraordinaires, & auoir le moyen de luy descouurir sa passion, elle arriue bien-tost à son but, ayant

Aa iij

affaire à vn homme assez disposé à cette sorte de complaisance. Si la verité & le courant de l'Histoire ne m'y forçoit i'aurois horreur de dire que le mary de cette Dame fut pris au mesme filet, & en rendit de tels tesmoignages à Procope qu'il ne reconnut que trop l'abominable dessein de ce vieillard qu'il eut en vne detestation telle que vous pouuez penser. Neantmoins la passion qu'il auoit pour la fille luy faisoit supporter les sottises de ces deux espoux, dont les desirs differens estoient extremement execrables, l'vn offençant la nature, l'autre le plus sacré lien de la societé ciuile. Ie veux passer legerement sur vn pas si glissant & si contraire à nos mœurs que la seule pensee n'en peut estre que scandaleuse, pour faire voir la confusion de tous ces desordres, & cognoistre par les effects l'abomination de la cause. Quatre ialousies s'allument en mesme temps à l'occasion de Procope. Car les passions de la fille, de la mere, & du pere n'estans que trop visibles, la fille deuint ialouse de la mere, & la mere de sa fille, le mary de sa femme & de sa fille, & la mere de sa fille & de son mary, le ieune Capouan deuint ialoux de l'honneur de sa mere & de sa sœur, embarrassement, ou plustost embrasement si estrange que c'est vne merueille qu'il n'en arriua du scandale & plus de mal-heur. Mais le ciel ayant pitié de l'aueuglement de Procope le tira comme miraculeusement des bras de la mort, & du milieu des embusches que le Capouan & son pere luy auoient dressees. Car soit que Procope eust quelques trop estroittes priuautez auecque la mere de cette fille qu'il recherchoit, soit qu'il n'y eust de sa part que des complaisances, le mary de cette femme ayant esté rebutté auec horreur par ce François qui auoit payé ces malheureuses carresses auecque des menaces & des outrages, entra en la creance qu'il possedoit sa femme, & là-dessus il prit resolution auecque son fils de se vanger de Procope. Vn soir donc comme il sortoit de sa maison apres auoir esté quelque temps en conuersation auecque la mere & la fille il le fit aceuillir par trois ou quatre braues payez pour l'assassiner: mais le bon heur ayant destourné de dessus Procope deux coups de pistolet qui luy portoient dans la teste, il mit la main à l'espee si courageusement, & se deffendit auec tant d'addresse que blecé legerement en deux endroits il mit deux braues en mauuais estat, & assisté de ses gens qui accourroient au bruit, il se demesla des deux autres & gaigna la ruë, le pere & le fils comme vrais poltrons regardans ce combat par les fenestres

L'Enfant desbauché.

sans oser se mettre de la partie. De cette façon Procope se retira de la hantise de cette maison, effaçant de son souuenir la beauté de cette fille dont l'amour luy auoit pensé estre si funeste. Mais estant de l'humeur de ces Marelots qui eschapez d'vn naufrage où ils auoient voüé de ne retenter iamais les hazards de la mer, ne sont pas plustost sur la terre qu'ils s'y ennuyent, & ne souhaittent rien tant que d'entreprendre vne nouuelle nauigation. Il ne fut pas plustost sorti d'vn peril qu'il s'alla preciter dans vn autre tant Baldamore estoit peu soigneux de la conseruation de celuy qu'on auoit remis à sa conduitte. Vn matin estant à l'Eglise en vn iour de feste il entendit vne voix sortant de dessous vn grand voile qui le conuia d'escouter trois parolles. Procope qui auoit tousiours l'œil & le cœur à l'erte preste aussi-toſt l'oreille au chant pipeur de cette Syrene, qui luy fit entendre quelle eſtoit vne Damoiſelle Eſpagnole de ſon voiſinage, qui touchée pour luy d'vne ſecrette paſſion n'auoit oſé ſe fier à perſonne pour la luy faire entendre. Noſtre Cheualier errant eſtonné d'vne telle auanture, & craignant que ſous vn tel appaſt il n'y euſt vn hameçon caché, luy reſpondit auecque toute la courtoiſie qu'il pût exprimer, voilant ſous des parolles gracieuſes les ſentimens & les ombrages de ſa penſee. Cette femme qui luy auoit parlé de la ſorte, eſperát que ſa veuë auroit plus de perſuaſion en vn inſtant que ſes diſcours, eſtant couuerte d'vne grande mante à l'Eſpagnole qui ne voyloit pas ſeulement ſon viſage mais tout ſon corps, ayant dextrement relcué ce voyle auec vne main dont la blancheur faiſoit voir que tous ceux de ſon païs ne ſont pas

Mores, fit paroiſtre aux yeux de noſtre François vn viſage éclatant de beauté dont il ne fut pas moins eſbloui que d'vn eſclair qui fuſt ſorti de deſſous vn nuage obſcur. Cet eſchantillon luy fit iuger de la piece, & ſans ſe laiſſer trop piper aux attraits de cette belle Magicienne il ſe comporta ſi acortement en la deſcouuerte de cette auanture qu'il connut que ce ne pouuoit eſtre aucun piege qui luy fuſt dreſſé par ſes ennemis. Il communiqua ceſte fortune à Baldamore qui au lieu de le retirer de ce precipice ou le plaiſir eſtoit accompagné de beaucoup de danger, il s'en rendit participant & l'aida en ceſte conqueſte. Si elle fut facile, Procope ayant eſté prouocqué de la ſorte par ceſte eſtrangere, vous le pouuez imaginer, tant y a que ce commerce fit voir qu'entre les François & les Eſpagnols nonobſtát leur antipathie il y a encore de ſecrettes intelligences. Mais comme le feu se descouure par ses estincelles il est malaisé que celuy qui faict aimer ne se manifeste par quelques apparences ; cette Espagnole estoit femme d'vn Hidalgue qui auoit quelque appointement dans vn de ces trois Chasteaux dont les Castillans brident la liberté de Naples. Il y couchoit assez souuent, ce qui facilitoit la practique de Procope & de cette bonne Dame. De qu'elle sorte elle fut descouuerte, c'est ce que ie n'ay pû apprendre de celuy de qui ie tiens cette Histoire & qui a connu Procope familierement, tant y a que l'Espagnol se resolut à faire vn exemplaire chastiment de ceux qui luy ioüoient vn si mauuais tour. Il implore l'assistance de ses compagnons (car d'attaquer vn François seul à seul & sans supercherie ce n'est pas le propre d'vn Espagnol ny d'vn Italien) & s'estant mis en embus-

L'Enfant desbauché. 381

cade autour de sa maison le sort tomba sur Baldamore qui ayant sa part à la cóqueste d'Espagne alloit ceste nuict-là visiter la Castille, il fut attaqué cóme il entroit, & n'estant que blecé legeremēt au bras les pieds luy demeurerent sains & libres dont il escrima si bien & si dextrement qu'il mit tous les Espagnols hors de combat: Peut-estre ces vaillans hommes estimant blesser leur grauité de courir apres vn fuyard. Depuis ce temps-là cessa la practique de Procope auecque la femme de cet Hidalgue qui se contenta d'auoir donné la chasse à ceux qui alloient chasser sur ses terres. Voicy encore vne autre auanture de nostre Cheualier qui se peut bien appeler errant puis qu'il commettoit tant d'erreurs en suitte l'vne de l'autre: Mais auanture qui luy mit la mort dans le potage & qui luy pensa couster la vie. Outre la beauté de son visage qui n'estoit pas des mediocres il auoit vne grace si accomplie qu'il auoit presque à se deffendre de ce que les autres recherchent auecque des soins si curieux & des peines si cuisantes. Vne vefue de son voisinage ietta les yeux sur ce bel escueil & les y ayant arrestez trop attentiuement elle sentit par la vn secret venim se glisser en son ame vne passion larronnesse entra par ces fenestres de son corps qui luy desroba le cœur. Elle auoit des enfans assez grands & mesme elle estoit en vn aage qui commençoit à luy prescher la temperance, sa beauté qui en son temps auoit esté des exquises ressembloit aux rayons du Soleil qui se couche, qui ont plus de douceur que de pointe. Elle en conseruoit pourtant les restes auecque tant d'art, & se deffendoit des rides auecque tāt d'industries quelle estoit encore quelque chose de ce quelle auoit esté, &

elle ressembloit à ces beaux mias anciens bastimens qu'vne main mesnagere a reparez & mis en assez bonne forme. Nostre François qui estoit homme de grand appetit ne trouua point de degoust en ce morceau, & sans faire le delicat se voyant preuenu de cette creature il luy tesmoigna vne reciproque bienueillance qui passa si auant leur cómerce que la vefue pour couurir cette communication d'vn texte d'honnesteté, parloit tout haut de l'espouser. Et certes elle l'eust faict si le poisson eust voulu mordre à l'appast: Mais Baldamore qui sçauoit qu'il auoit au retour d'Italie à rendre conte des actions de Procope veilla si bien sur ses deportemens qu'il persuada aisément à ce ieune Gentilhomme qui de luy mesme n'estoit porté qu'à la recherche de son plaisir nullement au mariage de ceste Dame qu'il ne se deuoit pas engager en cette amour iusques à ce point. Tandis donc qu'il cingle à pleines voiles dans les contentemens qu'il pouuoit desirer en cette pratique l'apprehension que les enfans de cette vefue conceurent que leur mere passionnee pour cet estranger ne l'espousast & ne les priuast de son bien pour l'en fauoriser, les mit en ceruelle, & les fit penser aux moyens, ou de rompre cet intelligence, ou de se deffaire d'vn homme, qui outre le des-honneur qu'il leur apportoit pouuoit encore leur apporter beaucoup de preiudice. Ils prennent conseil sur cela d'vn de leurs oncles, qui comme Italien & rusé fut d'auis qu'ils suiuissent plustost en cette conduitte la fraude que la violence, & appelassent à leur secours la poison plustost que le fer. Aussi à la verité n'eussent-ils rié auácé par les menaces & par la force; car outre que Procope leur estoit trop redoutable à cause

de

L'Enfant desbauché.

de sa valeur, s'ils l'eussent offencé ouuertement ils eussent attiré sur eux l'indignation d'vne mere qui les eust priuez de son heritage. Ils mirent donc à execution l'auis de leur oncle, auecque l'industrie dont ceux de cette nation sont assez bons ouuriers. Dans peu de iours Procope se trouua pris, & par les accidens qui le trauaillerent il reconnut assez qu'il auoit mangé quelque morceau mal assaisonné. La doute qu'il en eut se passa en creance par le iugement qu'en firent les Medecins dont il fut si promptement assisté, que non sans de grandes douleurs & vn extreme peril il se tira des prises de la mort. Ce fut à luy d'euiter l'escueil où il auoit pensé faire vn si triste naufrage. Mais comme il arriue souuent que les mauuais Pilotes voulans euiter des bancs se iettent en haute mer où ils sont battus des vents & des orages; aussi Procope voyant combien les passions des femmes particulieres & de difficile conqueste luy estoient perilleuses, fut porté facilement par son mauuais gouuerneur de Scille en Caribde, & poussé dans le commerce de celles qui vendent leurs ames à Sathan, & leurs corps aux hommes. Ce fut dans cette mer de malheurs ou Procope & Baldamore voguans sans Nort & sans timon firent vn desbris de leur santé dans ce mal qui porte le nom de la ville où ils estoient. Cette nauire des Argonautes ne les mena pas à la conqueste de la toison, mais plustost à sa perte puis qu'ils y perdirent & le poil & la peau. Mais comme aux lieux ou abondent les maux, les remedes aussi sont frequens, ils furent si bien secourus qu'ils ne perdirent pas la vie, mais ils la conseruerent affin quelle leur seruit par apres de punition de leurs erreurs passees, & des fautes de

L'Enfant desbauché. 387

leur ieuneſſe. Cette infame maladie fait bien des treues à ce qu'on dit, iamais de paix, & ſi elle ſe guerit en apparence, elle eſt incurable en effect pour le regard d'vne entiere gueriſon. Apres que Procope eut paſſé enuiron deux ans en Italie il fut rappelé en France par ſes parens, où il rapporta les mauuaiſes habitudes qu'il auoit contractees en vn ſi blaſmable commerce. Durant ſon abſence ſon pere qui ne ſouhaittoit rien tant que de le voir marié, auoit ietté les yeux ſur la fille d'vn grand Seigneur dont il pouuoit eſperer vne alliance pluſtoſt illuſtre qu'vtile. Ayant fait ſonder le pere de la fille il le trouua diſpoſé à ce mariage, de ſorte que les parens eſtans tombez d'accord Procope ſe trouua preſque auſſi-toſt marié que de retour. Comme il eſtoit beau & de bonne mine, & au reste fort addroit aux exercices conuenables à vn Gentilhomme, il fut trouué si agreable par Tyrannio (ce Seigneur dont nous venons de parler) & par Cereale sa fille qui ne sçauoient pas quel serpent estoit caché sous ces belles fleurs que les nopces furent promptement concluës. Mais comme la plus belle pomme est souuent la plus gastee, aussi sous les mines specieuses il y a quelquesfois bien des deffauts à couuert. La pauure Cereale en eut vne triste experience : car dans peu de temps par l'vsage de son mary elle tomba en des accidens qui firent connoistre aux Medecins quelle estoit attainte de cette contagieuse maladie, qui est le fleau des incontinens. Cecy venu aux oreilles de Tyrannio il en entra en vne colere demesuree, & plein de fureur contre son gendre qui auoit rapporté de si mauuais fruicts d'Italie, & si funestes à sa fille, il ne menaçoit Procope de rien moins que de le mettre en pieces sans attendre que son mal enuieilli luy rendist le mesme office. Cereale accablee de douleur & de misere vomissant autant d'iniures que d'ordures, ne faisoit que battre l'air de ses plaintes contre son mary. Procope s'escarte pour quelque temps, estimant que sa fuitte le sauueroit, & des outrages de son beau-pere, & des tempestes de sa femme. A la fin apres auoir supporté vn ennuyeux esloignement il se resolut de se presenter deuant son beau-pere, & de luy demander pardon auecque tant d'humilité qu'il ne luy pust refuser. Il prit l'occasion d'vn festin où ce Seigneur se trouua auecque plusieurs des amis de Procope, ce banquet se faisoit à dessein d'y introduire ce Gentil-homme, & de le mettre en la bonne grace de Tyrannio par les prieres communes de tous les assistans. Mais il arriua tout au rebours de ce qui auoit esté proietté, car Tyrannio surpris à l'improuueu par Procope qui se ietta à ses pieds, entra soudain en vne telle fureur qu'au lieu de l'entendre, & en suitte les prieres des conuiez, il prit le couteau qui le seruoit à table & en donna vn si grand coup sur la teste de Procope qu'il luy offença la ceruelle, & mourut de ce coup trois heures apres l'auoir receu, faisant tant de pitié à celuy à qui il demandoit pardon aux abbois mesmes de la mort, qu'il se repentit amerement de s'estre laissé aller à vn si prompt assault de colere. Son regret alla si auant qu'il en tomba malade, & entra en des frenaisies qui tesmoignoient que la douleur de son corps prouenoit du desordre de son esprit, à peu pres semblable à celuy d'Ale-

L'Enfant desbauché. 391

xandre apres le meurtre de Clitus. Il se remit neantmoins & reuint en santé. Cereale fut bien tost consolée de la perte d'vn homme qu'elle n'eust iamais accosté qu'auec horreur. Ainsi mourut Procope cet enfant desbauché, monstrant en sa mauuaise conduitte que ceux qui suiuent les desirs de leurs cœurs, & cheminent en leurs inuentions, ressemblent à ceux qui durant la nuict marchent à la lueur de ces ardans qui les conduisent en des precipices.

Bb iiij

L'Impudent Adultere.

HISTOIRE XI.

Il y a des hommes si brutaux & si desesperez en leur meschanceté que s'ils ne combloient la mesure de leurs fautes & ne faisoient arriuer leurs pechez iusques au dernier point ils ne seroient pas satisfaicts. Si bien que non contens de faillir selon le train commun ils accompagnent leurs malices de circonstances si noires & si extraordinaires qu'il semble que mettans l'hóneur dans l'infamie ils se vueillent rendre signalez par l'excés de leurs crimes. L'Escriture appele cela mettre sa gloire dás sa propre confusion.

Macrobe principal sujet de cette Histoire fera voir cette humeur en ses deportemens : Car non content de traicter sa femme Gondene, quoy que sage & vertueuse auecque toute les indignitez qu'il luy eust pû faire sentir si elle n'eust pas esté honneste, luy mesme luy donnoit occasion de se perdre en l'imitant en ses desbauches & dissolutions. Les mespris & les violences qui aigrissent les plus chastes & les portent à des actions despitées qu'elles ne commettroient iamais si leur esprit n'estoit point irrité par le desespoir, n'eurent point assez de force pour mettre le sien en desordre, & iamais cette pensée ny entra de se vanger des outrages de son mari par sa propre infamie estât femme d'honneur & ialouse de sa reputation, elle sçauoit que l'infidelité de son mari n'eust pas excusé la sienne, & que selon le iugement du monde celle d'vne femme est tenuë bien plus grande que celle de l'homme encore que deuant Dieu elle soit esgale à cause de la deffence qui est sans distinction. Resoluë donc de souffrir toute sorte d'extremitez plustost que de perdre la qualité qui la faisoit marcher sans rougir, & la teste leuée deuant le monde, elle en vint iusques-là de fermer les yeux à toutes les eschapées de son mary, & voyant que les ialousies quelles luy auoit tesmoignees au commencement estoient cause du mauuais traictement quelle en auoit receu. Macrobe ne pouuant endurer quelle luy reprochast ses máquemens de foy, elle se fit quitte de cette humeur & sans se soucier de ce qu'il faisoit ny de s'enquerir de ses passions elle pensoit acquerir la paix en luy laissant la liberté toute entiere, sans controller aucune de ses folies: Mais soit que Macrobe ne voulust

L'Impudent Adultere. 395

point cueillir de roses sans espines ny courir sans contredit apres des illicites voluptez, soit qu'il vouluſt par vne humeur maligne eſtre mauuais à ſa femme, en cela meſme en quoy elle luy teſmoignoit trop de bonté, non content d'entretenir à la veuë de tout le monde vne autre femme dont il eſtoit eſperdu & au ſcandale de toute la ville où il faiſoit ſa demeure non trop eſloignée des riues de Lizere, il l'amene dans ſa propre maiſon ou ſur le viſage de ſa femme il viuoit auec elle en vn concubinage non moins abominable qu'impudent. Ce fut icy ou toute la ſageſſe de Gondene fut deuorée, & que la prouiſion de patience qu'elle auoit faicte ſe trouua trop courte pour ſouſtenir vn ſi long ſiege & vn ſi violent aſſault. Quand l'obiet du deplaiſir eſt abſent les traits en ſont plus mouſſes, mais la preſence en aiguiſe la pointe & les rend plus penetrans. Cela fut cause que des murmures elle en vint aux plaintes & des plaintes particulieres aux publiques, & iusques aux menaces de faire leuer ce scandale & ce desordre par les mains de la Iustice puis que les siennes estoient trop foibles pour repousser vn si cruel outrage. Mais tant s'en fault qu'elle esloignast ce fleau de son tabernacle par ces oppositions qu'au contraire la flamme de Macrobe s'augmentant pour sa concubine par le vent des souspirs de sa femme legitime, il vint iusques à vn tel degré d'esfronterie de cómander à Siluane (ce sera icy le nom de ceste infame qu'il entretenoit) de faire tous les affronts à Gondene dont elle se pourroit auiser, l'asseurant qu'en tout ce quelle feroit contre elle, non seulemét il la supporteroit, mais qu'il s'en tiendroit son obligé. C'est le propre des personnes impudicques d'eſtre ordinairement impudentes & de ſe plaire à des inſolences par ou elles teſmoignent quelles ont perdu toute ſorte de reſpect. Ce commandement fit tellement enfler le cœur naturellement arrogant de cette vilaine qu'elle commença à meſpriſer, & puis à ſe mocquer de Gondene, apres à la gourmander, de là à la menacer, & en fin venant des brauades, de parolles aux effects, à mettre la main ſur elle, à luy donner apres des iniures & des dementis, des ſoufflets & d'autres coups qui laiſſoient ſur le corps de cette femme legitime des impreſſions de l'outrecuidance de cette perduë. Iob auecque toute cette patience qui le rend ſi renommé, euſt il bien pû endurer vne telle affliction, luy qui ſe plaint des mocqueries de ſa femme qui le prouocquoit à blaſphemer. Lors qu'elle ſe penſoit plaindre à Macrobe de ces outrages, elle receuoit de luy des responces qui luy estoient autant d'augmentation de douleur, apprenant de sa bouche que Siluane ne faisoit qu'executer ses commandemens, & que celuy de qui elle deuoit esperer du support estoit deuenu l'autheur de ses miseres. Ie laisse à dire pour n'infecter l'esprit d'vn Lecteur d'imaginations moins honnestes les caresses impudiques qu'il faisoit à Siluane en la presence de Gondene pour faire mourir celle-cy de despit, & quand elle pensoit destourner ses yeux de ces spectacles qui luy creuoient le cœur, il la contraignoit de les ouurir affin que sa veuë fust souillee de ses vilainies. L'insolente Agar ne deuint pas seulement la maistresse, mais elle contraignoit encore Gordene à luy rendre des seruices si abiects que i'ay honte de les nommer. Car outre les plus vils offices de la maison quelle luy faisoit exercer par force, c'eſtoit vne faueur quand elle ſeruoit cette infame à la femme, & quand elle l'aidoit à s'habiller quand elle ſortoit d'entre les bras de ſon mary, & à ſe deshabiller quand elle alloit tenir dans ſon lict la place qui luy eſtoit deuë. Le dirai-ie, mais pourquoy non, puis que c'eſt le plus eſſentiel de cette Hiſtoire, & le plus preſſant aiguillon du deſeſpoir de Gondene, Macrobe l'effronté la contraignoit quelque fois de coucher auecque luy, & de tenir vn de ſes coſtez tandis que Siluane eſtoit à l'autre, de qui ſoule il auoit l'accointance, & parce que Gondene n'euſt iamais voulu tenir cette place ſi elle n'y euſt eſté violentee, il l'y forçoit tantoſt le poignard dans la gorge, tantoſt le piſtolet dans la teſte : Vn ſoir donc qu'il l'auoit cruellement battuë & tourmentee pour la reduire à ce point, d'eſtre ſpectatrice de ſes abominables embraſſemens auec Siluane, cette Amazone renduë courageuſe par le deſeſpoir ſe ſaiſit de ſon piſtolet qu'il auoit laiſſé ſur la table, & le laſchant contre ces infames adulteres, elle tua ſon mary ſur le champ, & bleça du meſme coup Siluane de telle ſorte quelle en mourut de là à quelques heures. Il tint à peu qu'apres vne execution ſi ſanglante elle ne ſe donnaſt du poignard dans le ſein, croyant par ce moyen euiter la honte d'vn ſupplice public quelle ~~penſoit luy~~ eſtre ineuitable, mais inſpirée d'vn meilleur genie elle reietta ceſte furieuſe penſee, remettant à la prouidéce du ciel l'arreſt de ſa vie, où de ſa mort. Le lendemain ſans ſonger à vne fuitte qui luy euſt eſté facile, mais qui l'euſt peut-eſtre renduë plus coupable, elle ſe remit franchement entre les mains de la Iuſtice, declarant tout haut ſon action, & le motif de ſon deſeſpoir, elle

elle eut pour tesmoins de cette verité tous les domestiques de Macrobe qui deposerent des mauuais traittemens, & des cruautez qu'il exerçoit tous les iours sur cette femme. Les Iuges detesterent l'impudence de cet adultere mary, & estendans le priuilege des maris sur cette femme violentee, & outrageusement persecutee, ils excuserent tellement sa iuste douleur qu'ils l'estimerent plustost digne de pardon que de chastiment. Ils donnerent donc la vie & la liberté à celle qui mesprisoit la mort tant elle estoit satisfaicte de sa vengeance, vengeance quelle auoit executee comme poussee de Dieu sur ces infames adulteres, dôt la memoire fut autant en execration que celle de Siluane glorieuse. De telle sorte qu'en la conttee quand il se trouuoit quelque fascheux, cruel ou infidele mary les femmes, & mesmes

Amph. Sanglant. Cc

les hommes le menaçoient de la valeur de Siluane. La Iustice du ciel reluit auec tant d'esclat en la fin mal-heureuse de cet impudent adultere, que les yeux qui la contemplent n'en sont pas tant éclairez qu'esbloüis.

Le despit inconsideré.

HISTOIRE XII.

Ceux qui ont les yeux bádez heurtent à des lieux qu'ils euiteroient s'ils auoient la veuë libre. Et souuent le despit inconsideré porte ceux qui en sont touchez en des precipices d'où ils se destourneroient si leur esprit n'estoit point offusqué de nuage. C'est vne regle d'or pour les actions humaines que celle de la discretion qui marche ayant en main cette lampe des Vierges prudentes ne se fouruoye point dans les labyrinthes où se perdent ceux qui ne suiuent pas ce filé. Paterne & Camerine les deux poles ou tournera tout cet euenement, nous en apprendrons des nouuelles, & nous enseigneront par leur exemple à moderer les premiers mouuemens de la colere, & à tenir tellement en bride le despit, action prompte & peu iudicieuse, qu'il ne nous porte point en des repentances non moins inutiles que tardiues. On ne sçauroit auecque le pinceau de la plume despeindre vne affection semblable à la reciproque bien-veillance de ces deux amans, dont le ciel filoit le destin auecque l'or & la soye, si par vn despit indiscret ils n'eussent point esté eux-mesmes les artisans de leur mauuaise fortune. L'vne de ces Prouinces de nos Gaules qui sont arrosees des douces eaux de la Saone les vid naistre, leur voisinage fut la premiere cause de leur connoissance, cette connoissance prouint de leur ordinaire conuersation, cette frequentation fit naistre la complaisance, & la complaisance engendra l'amour en leurs cœurs, de l'amour prouindrent les ombrages & les ialousies, de là les deffiances & les despits qui les porterent dans les embarrassemens que vous allez entendre, & dont le succés ne fut par moins triste que funeste. Au commencement leurs communs parens souffrirent leur amitié, & bien qu'il y eust quelque inegalité aux moyens (vnique regle des alliances selon la prudence du siecle) si est-ce que la Noblesse estant semblable, le courage en Paterne suppleoit à ce deffaut, mais cette ieunesse en ses premieres flammes n'auoit aucun esgard à cette difference, l'amour ayant cette naturelle proprieté, ou d'vnir les personnes egales, ou d'egaler les personnes dont les cœurs sont vnis par son lien. Tandis qu'ils nourrissent leur feu du bois des desirs & des honnestes entretiens, & que l'espoir est l'huille de la lampe de leur reciproque affection. Voici qu'vn tourbillon vient rauager toute leur attente, & qu'vn ialoux despit vient comme vne gresle impetueuse gaster toute leur moisson. Luxor Gentilhomme d'âge auancé, & qui n'ayant iamais esté beau, mesme en sa plus fleurissante ieunesse auoit adiousté vn grand surcroist de l'aideur aux ordinaires defformitez de la vieillesse, ce Luxor dissie ayant apperceu en vne compagnie cette naissante & fraische beauté de Camerine en fut tellement touché que sans penser à ses deffauts qu'il pensoit peut-estre reparer par les perfections de cette Damoiselle, il se resolut de la conquerir par l'vnique moyen du Mariage. Il auoit tant & de si grands biens, & possedoit dans la Prouince du Roy des Poissons, vne qualité si eminente qu'vne fille que la fortune eust mise en vne condition beaucoup plus eminente que Camerine eût encore esté plus esleuee par l'alliance de Luxor. Se voyant inepte à descouurir son feu à cet obiect si disproportionné à son aage, il ne fit point plus de façon que d'en faire parler aux parens de la fille par le plus apparent de la Prouince, qui tint à autant d'honneur de porter cette parolle, que les parens de la receuoir, entre demander & obtenir il n'y eut qu'vne fort petite espace : car il n'y auoit point de consultation à faire en vn si euident auantage que faisoit Luxor, de qui la seule protection pouuoit presque seruir de doüaire à la fille. Cette Victime est donc sans en estre auertie destinee au sacrifice des flammes de ce Vieillard, le premier auis qu'on luy en donna comme d'vne chose resoluë ne l'estonna pas moins que si tout à coup vn éclat de tonnerre eust frappé ses oreilles d'vn bruict non moins estourdissant qu'épouuantable. Quand elle eut auec vn peu de temps recueilli ses esprits elle se trouua en mesme instât surprise de deux diuerses passions qui faisoient à l'enui à qui emporteroit son cœur, car d'vn costé son amour pour Paterne qui y auoit pris de fortes racines ne luy permettoit pas de le payer d'inconstance & d'ingratitude, de l'autre l'ambition qui la flattoit du desir d'estre grande Dame luy donnoit des assauts, d'autant plus rudes qu'ils estoient pl... oux, & d'autant plus vehemens c... leur violence paroissoit agreable. L'espee de la resolution luy manquoit pour trancher d'vn reuers ce nœud Gordien quelle ne pouuoit deslier en aucune maniere. Si le despit ne fut venu à son secours dont elle suiuit le mouuement rapide, comme les spheres inferieures celuy du premier mobile. Cecy auint de cette façon. Les parens de Paterne ayans appris que Luxor auoit fait demander Camerine penserent que ce n'estoit pas à leur fils à estre competiteur d'vn Seigneur si puissant qui les auoit fait prier de commander à Patrice de se deporter de la recherche d'vne fille qui luy estoit promise. Patrice mesme iugea bien que ce n'estoit pas à luy à mesurer son espee contre ce supplantateur, & que ce qu'il pouuoit faire estoit de murmurer bassement contre Luxor, & se plaindre de sa mauuaise fortune, supportant au reste auecque patience vn mal sans remede, & la perte d'vn bien qu'il ne se pouuoit conseruer. Ses parens, soit par industrie & pour obliger Luxor, soit par vn dessein veritable auoient ietté l'œil sur Narsette ieune Damoiselle du voisinage qu'ils luy commanderent de voir, soit pour faire voir à Luxor qu'ils le destinoient autre part pour luy complaire, soit que cette alliance leur fust agreable. Paterne non sans vn extreme effort d'esprit (son ame estant toute retournee vers Camerine, & luy estant bien difficile d'estendre si tost des anciennes flammes, & d'en allumer de nouuelles) plus pour complaire à ses parens que par aucune inclination qu'il eust pour Narsette, se mit à la voir & à luy parler en homme dont les affections estoient plustost sur le bord des leures que dans le fond du cœur; ces visites se passans plustost auecque vn compliment ceremonieux qu'auecque de sinceres tesmoignages de bien veillance. Il n'en estoit pas ainsi de Camerine, car elle estoit tellement attachée à Paterne que rien ne l'en pouuoit separer ny grandeur de Luxor, ny commandement de ses parens, ny force ny douceur, ny persuasions ny violence, l'Amour en son esprit ayant gaigné l'ascendant sur l'ambition & estant resoluë de souffrir toute sorte d'extremitez plustost que de quitter Paterne. De vous dire les froids accueils ou plustost les mauuais traictemens dont elle payoit les seruices & les carresses de Luxor il seroit inutile, car si la haine est le contraire de l'Amour representez-vous que si elle aimoit Paterne auecque tant d'ardeur, elle n'auoit pas moins d'auersion de Luxor à qui elle en rendoit toutes les preuues dont elle se pouuoit auiser, affin qu'il se destournast de ses poursuittes, mais ce vieillard de qui les

Le despit inconsideré.

ans n'auoient pû esteindre la concupiscence, ne diminuoit point son ardeur pour les froideurs & les rigueurs de son Idole, au contraire sa passion se renforçant par ces difficultez deuenoit tous les iours de plus en plus vehemente. Et si l'espoir ne fust venu à son secours il fust mort en cette peine, tous ses soins & ses soumissions ne pouuans flechir ceste dedaigneuse beauté. O que si Paterne eust eu auec elle vne iuste correspondance, & sans redouter la qualité de Luxor & condescendre à la volonté des siens s'il eust tenu ferme en sa poursuitte qu'il eust donné de peine au Vieillard. Mais aussi tost que Camerine sçeut la recherche qu'il faisoit de Narsette par le commandement de ses parens, & que laschement il la cedoit à Luxor dont la grandeur l'estonnoit, elle conceut vn tel despit de se voir ainsi delaissée par bassesse de courage quelle se resolut en vn instant de payer son ingratitude par vne inconstance, & de regarder Luxor de meilleur œil en acquiesçât au vouloir des siens. Quel estonnement au Vieillard Amoureux de voir en peu de temps l'humeur de sa Maistresse toute changée & ses yeux auparauant comettes de desdain & de courroux deuenus des Planettes fauorables & de benigne influence. Alors voguant sans contradiction dans la mer de ses desirs il obtint d'elle ce consentement quelle auoit dénié à ses parens & les accords estans faicts les fiançailles suiuirent incontinent ou le iour des nopces fut arresté. Durant ces interualles elle apprend de Paterne qu'il n'a aucune inclination pour Narsette qu'il ne l'a veuë que par mine & par compliment, & qu'il n'a iamais eu d'affection que pour elle. Vn flambeau nouuellement esteint & qui fume encore se

Le despit inconsideré.

r'allume aisement. L'Amour de Camerine amortie par vn iniuste & aueuglé despit se r'enflamme au vent de cette verité qu'elle apprit de la bouche mesme de Paterne se plaignant à elle de sa legereté & se disant malheureux de la voir ainsi passer entre les bras d'vn Vieillard de qui elle pouuoit esperer des biens & des hôneurs, mais non pas des plaisirs & des delices. Il accompagnoit ses plaintes de ses larmes dont l'eau ardante r'alluma des brasiers dans la poitrine de cette Amante, elle se répent de s'estre fiancée & luy proteste de ne donner aucun consentement au mariage. Paterne se retire sur cette asseurance deliberant de voir de quelle sorte Camerine resisteroit aux assaults de ses parens & de Luxor, & si sa constance pourroit triompher de tant de violence. Tous les apprests de la feste estoient faits, les habillemens achetez & en estat, le iour pris pour la celebration des espousailles lors que Camerine fit entendre aux siens & par eux à Luxor qu'elle ne le pouuoit ny vouloit prendre pour mary, alleguant d'assez mauuaises raisons pour couurir son inconstance. On la presse, on la prie, on la coniure, on la menace, elle demeure ferme en sa resolution comme vn roc au milieu des vagues. A la fin n'y ayant si forte determination qui ne s'esmeuue, comme il n'y a si fort arbre que les vents n'esbranlent ne pouuant plus resister à tant de tempestes elle coniura Paterne de l'enleuer, luy promettant de le suiure par tout où il la voudroit conduire, mais cet homme soit par deffault de courage, soit pour la crainte qu'il auoit de se ruiner de vie & de biens sçachant bien que Luxor le persecuteroit iusques au dernier point, & ne luy pardonneroit iamais vne

Le despit inconsideré. 41

telle offence; il ne voulut iamais executer ce dessein, qui à la verité estoit fort temeraire. Camerine attribuant ce manquement de hardiesse à peu d'Amour, animée d'vn second despit se rend à la volonté de ses parens & espouse Luxor qui couronnant sa teste de mille lauriers pensoit à la conqueste de cette beauté, s'estre rendu maistre de tous les tresors des Indes. Tandis quelle pense s'estre vangée de cette laschetté de son premier Amant. Paterne la voyant au pouuoir d'vn autre s'apperceut mais trop tard de la faute qu'il auoit faicte de mesnager si mal la bonne volonté de cette fille, & despité à son tour contre la legereté du sexe & l'infidelité du monde par vn sainct desespoir il se resolut de quitter le siecle & de se ietter dans vn Cloistre, ce qu'il executa plustost qu'on ne se fust apperceu de sa volonté trompans ainsi (mais d'v-

ne pieuse fraude) ses parens & Narsette. Si le commencement du mariage de Camerine se passa auec quelque sorte de douceur. Le Nouitiat de Paterne se coula auecque tant de ferueur qu'il se porta à faire profession auec vn mespris si absolu de toutes les choses du monde qu'il monstra bien que pour arriuer à l'eternité il auoit vn tres-grand courage, n'estant pas du rang de ces lasches dont l'Euangile parle, qui mettent la main à la charruë & regardent en arriere. Il prit des aisles d'aigle & vola sans deffaillir, il vola tousiours en auant sans rebrousser en son vol, suiuant cette maxime que n'auancer pas en la voye de Dieu c'est reculer. Il n'en fut pas ainsi de Camerine qui par le progrés de son mariage entroit plus auant dans le repentir; car soit quelle ne trouuast pas en son Vieillard plus de contentement que l'Aurore en son
Titon

Titon, soit que son humeur auare & ombrageuse luy donnast de la peine, elle conceut vn tel desgoust de cet homme, & son ancienne flamme pour Paterne se reueilla de telle sorte dans son esprit qu'elle ne pouuoit auoir de repos que dans les pensees inquietes quelle auoit pour ce premier amant, encore qu'il fust en vne condition esloignee de ses pensees, & en vne disposition d'esprit qui ne pensoit plus qu'auec horreur aux folies qu'autrefois l'amour luy auoit fait commettre. Mais que ne peut le tentateur en vne ame qui s'abbandonne à ses propres desirs, & qui lasche la bride à ses conuoitises. Plus Camerine trouue de difficulté à l'abbord de Paterne, plus elle anime sa passion, & tant s'en faut que la sainteté de la profession de Paterne la tienne en respect, qu'au rebours foulant aux pieds tout ce qu'il y a de plus sainct, elle se propose pour gloire de faire tomber cette estoile de son ciel, estimant quelle auroit autant de force par ses attraicts pour le reduire à sa volonté, quelle auoit eu de puissance pour le pousser par le desespoir au genre de vie où il s'estoit reduit. En quoy certes elle n'estoit pas despourueuë d'apparence puisque l'experience nous fait tous les iours connoistre que les suggestions des mauuais ont beaucoup plus de pouuoir sur les ames que les inspirations des bons Anges. Si est ce que la grace fut victorieuse de sa malice, & se trouua plus forte en Paterne pour resister aux charmes de cette Circé, qu'elle n'eut d'artifices pour perdre ce Religieux.

Outre la brieueté que i'affecte en ces Narratiós quelqu'autre cósideration m'empesche de despeindre icy les subtilitez de cette mauuaise femme auparauant quelle eust tout a fait descouuert son pernicieux dessein à Paterne. Qui n'en fut pas plustost certain que comme fidele à Dieu & vray Religieux auertit ses Superieurs de la passion de cette creature les priant de luy faire changer de Conuent pour euiter le malheur qui pourroit naistre de ceste puante flâme: Mais pour changer de lieu il ne fut point exempt de ses pretextes pour le voir aux lieux ou l'obeissance l'enuoyoit. Pour euiter cette persecution qui commence à se rendre scandaleuse, il change de Prouince fuyant ainsi deuant la face de l'arc & gardant les pieds de ses affections des lacs qui luy estoient tendus. Mais ce remede fut encore vain, car cette folle femme comme vne biche blessée d'vn traict demeuré dans la playe cherche par tout son dictame quelle voyoit (mais faussement) estre en la presence de l'obiect qui l'auoit blessée. Cette sottise quelque pretexte dont elle la voilaſt ſe rendit ſi connuë quelle obligea le Superieur de Paterne d'vn autre Luxor, qui picqué de ialouſie empeſcha les ruſes de ſa femme, luy commandant de ſe tenir auprés de luy, & ne receuant aucun pretexte d'auoir congé, qu'elle luy puſt alleguer. Cela la mit en tel deſordre que ſans auoir eſgard ny à ſa reputation ny à celle de ſon mary, elle ſe mit à faire des vacarmes, des ſcandales & des tempeſtes horribles, iuſques là le demon qui la poſſedoit, tranſportant ſon eſprit, que de luy faire dire à Luxor qu'il n'eſtoit pas ſon vray mary, mais que c'eſtoit Paterne à qui elle auoit donné ſa foy & ſa parole auparauant qu'elle eſpouſaſt Luxor. Elle ne pouuoit pas ſe declarer plus couuertement ny offencer plus ſenſiblement ſon mary, qui pour empeſcher qu'elle ne fiſt des actions qui preiudiciaſt à ſon honneur & à ſa reputation l'enferma dans vne chambre ou elle demeura prisonniere auecque la rage & le desespoir qu'on peult imaginer, elle y mourut. Au bout de quelque temps Luxor faisant courir le bruict quelle n'auoit point voulu manger, & que de ceste sorte elle estoit homicide d'elle mesme s'estant laissé mourir de faim: Mais la commune opinion, estoit que Luxor luy auoit faict prendre quelque morceau qui luy auoit faict haster le pas vers le cercueil. Se faisant ainsi quitte d'vne mauuaise femme & Paterne libre de la poursuitte de cette Proserpine qui comme vne furie estoit tousiours attachée à ses oreilles pour l'importuner de choses si absurdes & si esloignées de raison que i'aurois hôte d'en salir ce papier, & de conseruer à la memoire ce qui doit estre enseuely dans vn eternel oubli. Cependant nous apprendrons de cet euenement que d'vn soudain d'espit la repentance est ordinairement fort longue, & qu'il est aisé de faire des fautes, mais malaisé de les reparer.

La Belle Mort d'vne Beauté.

HISTOIRE XIII.

LA Beauté est vne qualité que les Dames qui la possedent estiment autant que la vie. I'en ay connuë vne qui ne souhaittoit de viure que tant qu'elle seroit belle, en quoy elle fut exaucée plustost qu'elle n'eust voulu. Il y en a plusieurs qui aimeroient mieux la mort que de suruiure à la perte de leur beauté, & pour peu qu'vne maladie leur face perdre de leur teint ou de leur embonpoint, elle en font plus de plaintes que si elles auoient perdu vne grande partie de leurs richesses. La Belle Helene celle qui fut cause de tant de morts & d'vn siege de dix ans. estant deuenuë vieille & en vn aage qui rauage la beauté (car vne belle vieille n'est pas vne chose moins rare qu'vn corbeau blanc) ne pouuoit sans larmes voir ses rides dans son miroir, se plaignant que toutes les glaces la trompoient, sans considerer qu'elle n'estoit plus que les cendres de ce flambeau qui auoit embrasé toute l'Asie. Vne Dame de nostre France & de nos iours ayant iuré apres la mort de son mary quelle aimoit vniquement de ne se parer ny mirer iamais, s'estant apres quelques années veuë inopinement dans vn miroir & le dueil l'ayant extremement changée, elle demanda de qui estoit le visage quelle voyoit dans cette glace, & ayant eu pour responce que c'estoit le sien, elle donna vn dementi pour replique & cassa ce cristal en l'accusant de fausseté. Iugez par là combien doibt estre heroïque l'action que ie vay represéter d'vne belle Dame qui se priua volontairement de ce riche don du ciel qui la rendoit agreable à des yeux à qui elle ne vouloit pas plaire pour conseruer son honnesteté qui estoit en vn peril euident. Elle estoit mariée à Eutique Gentilhomme de mediocre consideration & vassal d'vn grand Seigneur que nous appellerons Crescentian. Cette vertueuse Portiane estoit vn parangon d'honneur & de beauté en la Principauté des Catalons, il n'y auoit point d'harmonie esgale à la concorde qui estoit entre elle & son mary, qui se confiant en la probité de sa femme, bien qu'il ne fust pas ignorant qu'il possedoit vne perle qui ne meritoit pas moins d'estre gardée que regardée, ne conceut iamais vn seul ombrage de ialousie, encore qu'il vist assez d'yeux pleins de curiosité qui beuuoient à long traicts le doux venim qui couloit de ce beau visage. Mais le malheur voulut qu'vn Duc Catalan que ie nommerois bien, & de qui Eutique n'estoit pas seulement vassal, mais encore officier & comme domestique, voyant cette excellente beauté en deuint extremement espris. Il applicqua aussi tost son soin à luy faire entendre sa passion ; & par toute sorte de courtoisies & de liberalitez il taschoit de tirer dans ses filets cette proye qui estoit trop accorte pour s'y laisser surprendre. Il la flattoit par mille caiolleries, mais elle sçauoit imiter la prudence de l'aspic, fermant l'oreille de la creance à tant d'ineptes loüanges qui ne tendoient qu'à la ruine de son honnesteté ; il luy promettoit d'auancer son mary & ses enfans, d'esleuer leur fortune & d'augmenter de beaucoup leurs richesses : Mais elle qui aimoit mieux vne pauureté honorable que des cómoditez acquises auec infamie reiettoit bien loin tous ses propos assaisonnant auec tant d'honneur & de respect ses responces que le Duc en deuenoit de plus en plus enflammé. De sorte qu'arriué à l'extremité de sa patience & ne pouuant plus supporter l'impetuosité de ses desirs. Desesperant de tirer aucune faueur volontaire de cette femme il se resolut d'en venir à la force se promettant d'appaiser son mary par tant de biens & de presens qu'il l'obligeroit au silence, & au pis aller qu'il se deffendroit aisement d'vn homme plus foible que luy. Changeant donc de visage & de discours à Portiane il luy fit assez connoistre par ses propos qu'il ressembloit à ceux qui sont tentez de prendre par force ce qu'ils desirent & qu'on ne leur veut pas vendre ni donner de bon gré. Cette sage Dame tascha de coniurer ce tourbillon qui menaçoit sa pudicité de naufrage, mais voyant que ce naturel deuenoit d'autant plus farouche quelle le traictoit auecque douceur, & que d'ailleurs redoutant la puissance de ce Prince (il estoit tel de race) elle creût qu'il falloit aux extremes maux appliquer les extremes remedes, & que le meilleur & plus seur moyen pour le guerir de sa passion estoit d'en ruiner la cause, & de perdre cette beauté qui luy auoit seruy de pierre d'achoppement. Elle se laue donc le visage auec de l'eau forte qui luy brusla tout le teint & fit tomber par escailles la peau de sa face, de sorte qu'en cet estat elle paroissoit si hideuse qu'on eust crû que la lepre l'eust saisie. Le Duc la vit en cette forme & en eut horreur, mais vne horreur sacrée & respectueuse ayant sceu que le seul desir de conseruer la beauté de sa pudeur luy auoit faict coniurer si cruellement la destruction de ce que les Dames ont de plus recommandable. Ses iniustes ardeurs s'amortirent comme qui eust porté de l'eau sur vn brasier, mais il luy resta en l'ame vne si haute estime de la vertu de Portiane qu'il l'a regarda depuis comme vn vaisseau d'élite, vn temple du sainct Esprit, & vne image de perfection. Son Amour se changea en amitié, & amitié saincte & solide: Car outre les honneurs qu'il luy defera il auança de telle sorte son mary & ses enfans qu'il confessa depuis qu'il n'eust rien faict pour eux de si considerable si Portiane se fust renduë à ses desirs. Eutique mesme ne l'en aima pas moins, au contraire voyant esclatter les rayons de sa vertu au trauers des laideurs de ce visage deffiguré qui auoit esté autrefois le rauissement de ses yeux, il ne la regardoit plus que comme vne chasté saincte Heureuse beauté, d'auoir esté ainsi sacrifiée comme vne pure victime sur l'autel de l'honneur. Puisse cet acte Heroique viure dans le temple de la memoire autant de temps que la Vertu sera en estime parmy les bons. Et qu'il face honte à celles qui ne cultiuent les graces quelles ont receuës de la Nature, auecque tant d'art, que pour en faire des iniustes conquestes, & pour luy faire seruir d'appast aux yeux des inconsiderez.

Les deux Poisons.

HISTOIRE XIV.

L'Exemple de Dauid nous faict voir que l'Homicide & l'Adultere sont deux crimes qui s'entresuiuent ordinairement, & sont liez l'vn à l'autre, en la maniere que Iacob en naissant tenoit Esau par le pied. La raison en est euidente en ce que celuy des mariez qui fausse la foy iurée à sa partie ne peult se laisser emporter à d'autres affections sans souhaitter que les premieres soient esteintes, les liens nouueaux estans contraires aux anciens. Vn Seigneur Parmesan que nous appelerons Euode ayant espousé vne femme qui n'auoit pas beaucoup d'inclination à l'aimer apprit à ses despens que sans le lien d'vne mutuelle bien-veillance le mariage est vne société fort dangereuse. Et à dire le vray n'est-ce pas embrasser vne statuë que de posseder vn corps dont l'esprit est esloigné. Caliste estoit autant insensible aux carresses de son mary que si elle eust esté de pierre, & n'ayant esté iointe à luy que par la volonté de ses parens dont elle auoit suiuy le mouuement; elle auoit si peu de soin de luy plaire qu'Euode eust aussi tost eschaufé de la glace que de faire sauter dans son sein vne estincelle de ceste grande passion qu'il auoit pour elle. Cette froideur neantmoins plaine de mespris ne r'allentissoit point sa flamme, au contraire plus il possedoit ce qu'il desiroit, plus desiroit-il de le posseder: Mais voyant que le temps ny les bons traictemens qu'il faisoit à cette ingrate n'amollissoient aucunement la dureté de son cœur, comme les Italiens sont naturellement ombrageux, il se douta que quelque autre fust maistre du cœur dont il n'auoit que le corps en sa puissance. Et que peut-estre dans vne iouïssance legitime l'imagination estoit adultere. Il ne trouua son scorpion que trop veritable; car ayant espié de pres les actions de cette femme desdaigneuse il trouua (chose estrãge) quelle estoit deuenuë amoureuse d'vn de ses domestiques apelé Elpide ieune homme de bonne mine d'vn aage florissant & d'vne santé vigoureuse. Encore que cette rusée conduisist ce commerce auec vn secret merueilleux & vne dissimulation prodigieuse querellant sans cesse, & gourmandant celuy qu'elle aimoit le plus, & ne le regardant iamais qu'auec des yeux qui sembloient estincelans de courroux; si est-ce que le ialoux Euode penetra le secret de ce

cœur

cœur double, or deformais cette cachette des tenebres, soit qu'il en fust auerty par quelque seruante, soit que par vn soin vigilant il eust apperçeu quelque estincelle de cette puante mesche, il fit tant par son attention, qu'il cognut au vray qu'il estoit trahy; & bien qu'il meditast d'en faire vne haute vengeance, neantmoins parce que sa femme estoit de bonne maison, & appartenoit à vn Seigneur qui ne luy eust iamais pardonné, s'il eust vsé contre elle d'vne ouuerte violance, ioint qu'il eust rendu manifeste à tout le monde ce qui n'estoit qu'à peine reconnu de luy seul. Il prit vn autre conseil, & delibera de se deffaire de ces adulteres, de telle sorte que la mort fust la punition de leur crime, sans qu'il en fust esté accusé comme autheur. Ayant donc accosté deux Braues (ainsi appelle t'on en Italie les coupejarets & assassins) & faict prix auec eux pour tuer Elpide, il enuoya ce seruiteur aux champs sous le pretexte de quelque commission, & passant par vn bois il y fut rencontré par les deux meurtriers qui eurent bon marché de sa vie : car l'ayant inopinément saisy ils le tuerent sans aucune resistance. La nouuelle de cette mort venuë aux oreilles de Caliste, son feu que si long-temps elle auoit tenu caché sous la cendre de la feinte, se fit paroistre auec beaucoup d'inconsideration, son mary luy reprochât qu'elle pleuroit & regrettoit vn seruiteur qu'elle ne faisoit que quereller quand il estoit en vie, & que pour son suiet il auoit esté plusieurs fois en terme de chasser. Cette mocquerie n'estoit pas vn remede à la douleur de Caliste, qui s'enfoça depuis cette perte dans vne si profonde melancolie, & dans vne si fascheuse humeur, qu'elle n'estot plus supportable à son mary, qui pour se deffaire d'vn fardeau si fascheux eut recours à la subtilité si commune aux Vltramontains, d'assaisoner vn morceau qui bousche le passage des viures. Ils sçauent si dextrement mesnager les poisons, qu'ils les font durer autant qu'ils veulent, en sorte qu'on ne se puisse apperceuoir qu'ils ayent mis la mort dans le sein de la personne dont ils se veulent deffaire. Euode bon ouurier en cét art en fit donc prendre vne lente à Caliste, qui minant peu à peu les fondemens de sa vie, la menoit pas à pas au tombeau. Elle s'en apperçeut à la fin, mais trop tard pour y apporter du remede, parce que le venin s'estoit emparé des parties nobles, d'où les antidotes ne pouuoient plus le destacher. Aux discours de raillerie, & aux traicts picquans iusques au vif que luy lançoit Euode, elle s'apperceut bien qu'il auoit descouuert la verité de ses larre-

Ee ij

cins auec Elpide, & qu'ayant faict tuer cet homme, il l'auoit en suitte empoisonnée. Ce qui la fit resoudre par desespoir à ne mourir pas sans satisfaire à son esprit irrité par vne bonne vengeance. Comme elle n'estoit pas moins instruicte en la connoissance des venins que son mary, elle luy en fit prendre vn si violent que trois heures apres elle eut ce furieux plaisir de le voir mourir deuant ses yeux, prenant pour benedictions les maledictions contre sa trahison & son infidelité, qu'il vomissoit au mesme téps que son ame desemparoit de son corps. La Iustice se saisit de Caliste, qui ne nioit point d'auoir rendu le change à ce mary qui l'auoit empoisonnée elle mesme : & soit qu'elle preuinst la honteuse mort qui la menaçoit par vne poison plus forte, soit que celle qu'elle auoit prise fist son effect, elle mourut dans la prison auec l'infame renommee d'homicide & d'adultere.

La fortune Infortunée.

HISTOIRE XV.

Dans ces grandes plaines qui ont, comme ie croy, donné le nom à la Champagne le laboureur Priuat estoit attentif à cultiuer sa terre & à y faire de larges sillons auec le coûtre de sa charruë. Lors qu'vn Cheualier venant à trauers champs & d'vn quartier fort esloigné du chemin, luy demande si pour vne bonne somme d'argent il se voudroit charger de la nourriture d'vn enfant de bon lieu, mais dont le pere & la mere ne vouloient pas estre connus, luy faisant esperer outre les pistoles qu'il luy monstroit que cet enfant pourroit vn iour estre cause de sa bonne fortune. Le paysan esbloüy à la veuë de cet or, & qui auoit en sa maison la femme de son fils, fort bonne nourrice, prend ce doux faix, & sans faire plus longue enqueste le porte chez luy tandis que l'homme de cheual picque & disparoist en peu de temps deuant ses yeux. Ce petit poupon que nous appellerons Niuian fut esleué dans la famille de Priuat comme son petit fils, & comme il auoit vn rayon de Noblesse sur le front, encore qu'il vescust parmy des paysans son humeur n'estoit pas villageoise. Il n'auoit rien de rustique ny au corps ny en l'esprit, vne beauté extraordinaire, vne taille droitte, vne adresse merueilleuse, vn courage esleué, tousiours le Capitaine & le Maistre de ceux de son aage. Vn Seigneur passant vn iour par le village où il demeuroit le trouua si agreable & si gentil qu'il eut la curiosité de sçauoir qui il estoit, & il n'en apprit autre chose que ce que nous en auons dit, Priuat son pere nourricier n'en sçachant pas dauantage. Alors Macrin (c'est le nom de ce Seigneur) pressé du desir de voir à quoy se termineroit la bonne ou mauuaise fortune de cet enfant, qui auoit ie ne sçay quoy de grand & d'asseuré dans le front, fit resolution de l'emmener en vne Prouince voisine où estoit sa demeure. Niuian pouuoit auoir treize ou quatorze ans, il le donna pour Page à Abondante sa femme, qui le receut comme vn present precieux: Elle estudioit les actions, & le regardoit comme vn modele de gentillesse & de perfection. Elle l'ayma aussi tost de telle sorte que Macrin se repentit presque de luy auoir baillé, parce qu'il sembloit que depuis la venuë de ce

Page elle n'eut plus tant de soin ny d'amour pour ses propres enfans, faisant de ce beau fils son idole. Elle le faisoit si braue que cette pompe alloit à l'excés. Et Niuian se rendoit si souple à ses volontez & si complaisant, qu'il estoit le charme de son esprit & le paradis de ses yeux. Quiconque touchoit ce Page l'offençoit estrangement, & s'il eust esté moins enfant sans doute Macrin eust eu suiet d'en conceuoir de la ialousie. Il vescut quelques annees en cette condition, croissant tous les iours en beauté, en grace, en adresse, & se faisant mesme aymer de son Maistre, mais non pas tant que de sa Maistresse, qui en estoit plus folle qu'vne fille n'est de sa poupee. Elle le faisoit friser, poudrer & parfumer comme s'il eust esté vne fille; & s'il se trouuoit mal elle le seruoit auec des soins & des assiduitez incroyables. Macrin alloit souuent à la Cour, mais la Cour de sa femme estoit autour de son l'age. Estant à la Cour il se trouua engagé en vne querelle où il fut tellement blessé qu'il en mourut au bout de trois iours, laissant Abondante vefue à l'aage de quarante-deux ans. Niuian en pouuoit auoir dix-huict, & estoit en vne fleur de beauté digne d'occuper tous les pinceaux des Peintres. Abondante, que le respect du mariage auoit retenuë dans le deuoir & dans les termes de l'honnesteté, ayant par le temps seiché les larmes qui penserent noyer ses yeux en la mort de son mary, commença à ietter sur le visage de Niuian des regards autres qu'auparauant; & des eaux de ses pleurs sortirent des flammes qui embraserent son cœur. Elle luy faict quitter la casaque, & dans l'habit de deüil où elle s'estoit enfermee, & qu'elle fit prendre à tous ceux de sa maison elle trouua des graces nouuelles en Niuian, comme si elle eust rencontré des charbons ardans sous des cendres. Pourquoy m'arrestay-ie contre le dessein de la brieueté à depeindre la naissance & le progrés de cet Amour? elle brusle pour Niuian, & cette passion à qui on met vn bandeau sur les yeux, fermant les siens, à ce qui la pouuoit retirer de cette affection, elle ne les ouure que sur l'agreable frontispice de ce palais enchanté. Si quelque fois la raison luy darde ses rayons à trauers les nuages qui offusquent son esprit, & luy represente que c'est vn garçon dont la naissance est inconnuë, elle prend de là occasion de croire que c'est le fils de quelque grand Seigneur, & qu'il a trop bonne mine pour estre d'vn sang ignoble. Si elle pense que c'est vn valet, elle adiouste qu'il luy vaut mieux espouser vn seruiteur qu'vn maistre, & qu'auec le plaisir du mariage elle

La Fortude infortunée. 443

aura encore celuy de commander, & de s'exempter de subiection. Si elle regarde la disposition de l'aage, elle appelle à l'incertitude de la mort, qui faict que les ieunes gens sont aussi peu asseurez de viure que les personnes vieilles. Elle alloit à grand pas au mariage par ce chemin, mais le remord de l'interest l'empescha de cingler à pleines voiles où elle desiroit. Elle eust perdu la tutelle ou garde noble de ses enfans en se remariant; & reduite au petit pied de son doüaire, elle n'eust pas eu le moyen de soustenir le grand vol qu'elle auoit pris. De plus, elle se fust renduë la risee & la fable de toute la contree, & tant ses parens propres que ceux de son mary eussent faict des efforts pour rompre son dessein. Elle remet au temps l'accommodement de toutes choses, cependant la conuoitise la presse, l'obiect est present & en sa puissance, ne vous estonnez pas de sa cheute. Elle trouua son Adonis assez disposé à luy complaire. Il estoit ieune, elle estoit artificieuse, elle luy persuada ce qu'elle voulut, elle esbloüit les yeux de cet adolescent de presens & de belles promesses, elle luy fait voir que sa fortune est en ses mains, qu'elle le rendra riche & heureux s'il s'accommode à ses desirs: il se rédà ses volontez, & elle ioüit à la sourdine de celuy qu'elle aymoit de si lógue main, & dót elle estoit idolatre. Elle luy faict voir quelle ne le peut espouser ouuertement sans ruiner ses affaires, mais quelle ny manquera pas en sa saison, cependant elle luy promet ce quelle veult, & se faict promettre de luy ce qui luy plaist sur ces simples formalitez qui sont assez peu considerables en iugement, ils viuent auecque la liberté d'vn mary & d'vne femme ne pensans point commettre d'offence, & Abondante se promettant que ce commerce venant à se descouurir elle mettroit aussi tost son honneur à l'abry par le mariage. Elle vescut trois ou quatre ans dans ces delices, mais l'autorité que prenoit Niuian dans sa maison & dans le gouuernement quelle luy donnoit de ses affaires, iointe aux priuautez & familiaritez excessiues qui paroissoient entre elle & luy d'vn murmure domestique firent incontinent vn bruict public qui croissant par son progrés côme les fleuues par leur cours prescha sur les toits ce qui se faisoit dans les chambres, & manifesta la cachette des obscuritez. Cela pourtant ne pressa point Abondante à espouser Niuian pour ne perdre le maniment du bien de ses enfans dont elle soustenoit le lustre de sa vanité. Or vo⁹ sçaurez que Niuian estoit fils d'vn Seigneur de marque à qui nous donnerons le nom de Lambert qui en ses ieunes ans & du viuant de son pere auoit espousé clandestinement vne fille d'assez basse qualité de qui Niuian auoit pris naissance. Cette fille estant morte quelques annees apres auoir mis Niuian au monde laissa Lambert en la liberté de prendre vn autre party. Il espousa donc Rogelle fille de sa qualité de qui il n'eut que deux filles. Estant l'aisné de sa maison & en possedant les fiefs qui estoient substituez à des masles à l'exclusion des femelles, il auoit vn extreme desplaisir de voir ses filles frustrees de son heritage qui deuoit passer à ses neueux. De longue main il auoit esté attacqué de l'indisposition de la pierre, & s'en voyant pressé iusques à vne extremité si grande qu'il aimoit autant la mort que de viure en de si rudes & continuelles douleurs, il se resolut de se faire tailler, & parce qu'il preuoyoit le hasard où il se mettoit il voulut disposer de ses biens & puis mettre son ame en estat de comparoistr. deuant le tribunal de Dieu. Ce fut icy que la nature fit son effect, & que r'appelant en sa memoire celuy qu'il auoit oublié par l'espace de vingt-deux ans, il faict chercher Niuian pour l'appeler à sa succession & le rendre heritier de son nom & de ses armes. L'homme qui l'auoit remis à Priuat estoit mort & Priuat aussi, mais la belle fille de Priuat qui l'auoit nourry estant encore en vie donna de telles enseignes qu'en fin il fut trouué en la maison d'Abondante où il auoit esté esleué de la sorte que nous auós representé. Ces nouuelles n'apporterent pas moins d'estonnement à Niuian que de ioye à Abondáte qui crût lors que ses souhaits seroient glorieusement accomplis, & que son second mariage auecque son beau Medor seroit plus honorable que le premier. Niuian móte

acheual & part promptement pour aller recueilir vne si bonne fortune; son pere raui d'aise de le voir si beau & si accompli benit Dieu de luy auoir conserué vn tel heritier : Il declare son premier mariage & le publie & reconnoist Niuian pour son fils legitime qu'il institue son heritier, & de ceste façon se mit à la taille. Cette cure ne reussissant pas & la gangrene s'estant mise à la playe il fallut mourir & Niuian se vid presque aussi tost priué de son pere que reconnu pour son enfant: Il se trouue neantmoins en la possession des biens ou Lambert l'auoit mis en luy recommandant Rogelle sa seconde femme & ses sœurs. Les neueux de Lambert qui abboyoient il y auoit long temps apres cette succession s'en voyans frustrez par la venuë inopinee de Niuian entrent en des desespoirs & en des fureurs demesurees : Ils le veulent mettre en procés
& de-

& debatre les heritages qu'ils croyent leur appartenir, faisant declarer nul comme clandestin le premier mariage de Lambert. Abondante suruint là dessus, & faisant souuenir Niuian des bons offices qu'elle luy auoit rendus, & des promesses qu'il luy auoit faictes de l'espouser, le somme de les accomplir, & de la prendre pour sa femme. Niuian, ou aueuglé de sa prosperité nouuelle, ou las des embrassemens d'Abondante, que l'aage auancé rendoit moins agreable, luy respondit auec non moins de discourtoisie que d'ingratitude, que comme elle auoit mesprisé de l'espouser lors qu'elle pensoit estre plus que luy, il luy rendoit son change se voyant estre plus qu'elle; au reste, que de mille sermens amoureux on n'en feroit pas vne bóne obligation. Abondante si honteusement rebuttee, & se voyant perduë d'honneur & de reputation, conceut vn tel regret de la mesconnoissance de celuy qu'elle auoit aymé plus qu'elle mesme: qu'estant de retour elle se mit au lict, d'où elle ne sortit que pour estre mise dans le cercueil. Niuian coupable de cette mort n'en porta pas loin la punition: car ses cousins impatiens des longueurs de la Iustice, & faisans à la mode de nostre Noblesse, qui en ce temps-là se faisoit iustice à elle mesme par l'abominable vsage des duels, l'ayant faict appeller pour remettre la decision de leur different au sort des armes. Niuian se trouua au lieu assigné auec vn second, & comme il auoit esté esleué par Abondante plustost en Paris qu'en Hector, & en Adonis qu'en Achille, il tomba sous l'espee de l'aisné de ses cousins, qui luy fit perdre sur le champ la vie & l'heritage. Telle fut la Fortune infortunee de Niuian, qui vit comme vn esclair naistre & mourir son bon-heur en peu de iours, connoissant par experience que la felicité de cette vie est vn court songe, ou plustost l'ombre d'vn songe; & semblables à ces debiles vapeurs, qui s'abbattent presque aussi tost qu'elles s'eleuent. Ce n'est pas à nous de sonder les secrets de l'abysme de la Prouidence: car qui a iamais esté au conseil de Dieu? mais si on peut donner sans temerité quelque chose à la coniecture: il me semble que l'ingratitude dont il auoit indignement payé tant de bons offices qu'il auoit receus d'Abondante, le rendoit indigne de ioüir long-temps du bon-heur qui luy estoit arriué.

Ff ij

La prompte Credulité.

HISTOIRE XVI.

Eluy qui croit trop tost, dit le sacré Texte, est leger de cœur. L'honneur du Roy de gloire, dit le Psalmiste, veut estre accompagné de iugement. La soudaineté a cela de miserable, qu'elle traine à sa suite de longues repentances : la colere & le desespoir font faire des coups à la chaude dont on a tout loisir de s'en desplaire. Vous allez voir toutes ces veritez estalees sur le theatre de l'Histoire que ie vay tracer. Les Allemans, quoy qu'habitans d'vn climat froid, sont neantmoins prompts & boüillans : de là vient le prouerbe d'vne querelle d'Allemand, pour dire vne colere soudaine, & qui a pluſtoſt faict ſon coup qu'elle n'y a penſé, foudre qui precede ſon éclair. En vne ville du Diocese de Saltzbourg Peregrin gentil perſonnage d'aſſez honneſte famille, mais de petits moyens, eut le cœur aſſez bon pour eſleuer ſes deſirs vers Euphraſe, ieune Damoiſelle, de bon lieu & fort riche, ſon courage ſuppleant à ſes forces, & ſa gentilleſſe luy tenant lieu de pouuoir, il fit tant par ſes aſſiduitez & ſes induſtries qu'il s'inſinua dans les affections de la fille, & ſi auant, que comme il deſiroit par le mariage paſſer ſes iours auec elle: elle de ſon coſté ne pouuoit viure ſans luy. Ils tindrent leurs flammes ſecrettes autant qu'ils pûrent, ſçachans bien que les parens de la fille, qui n'auoient autre idole que le bien & l'intereſt, s'oppoſeroient à leurs affections auſſi toſt qu'ils en auroient la connoiſſance. Ils viuoient donc en compagnie

Ff iiij

& deuant les yeux du monde auec vne indifference estudiee, qui tenoit beaucoup plus de la froideur que de la passion: mais la frequentation, qui est l'huile de ce feu, descouurit à la fin leur intelligence, & à trauers leurs mines contrefaites leurs desseins furent euentez. Aussi tost les parens d'Euphrase se mettent en peine d'esteindre ce feu, qui estoit deuenu vn embrasement dans le cœur de leur fille. Il n'y a rien que les Allemans ayent en plus grande horreur que de se mesallier, comme sçauent ceux qui connoissent les mœurs de cette nation; & parce que Euphrase auoit quelque degré de noblesse qui manquoit à Peregrin, ses parens ne la battoient d'aucune plus forte piece que de luy remonstrer le tort qu'elle feroit à leur sang de le mesler auec vn moins illustre que celuy de leur race. Et certes, quoy que les Allemans soient tenus pour vne nation des moins ingenieuses & vaines d'entre les Europeanes, si est-ce qu'en ce point de la noblesse & des alliances, ils ont plus de consideration qu'aucune autre: & on peut donner cette loüange à la grandeur de leur courage, que la plus pure & ancienne noblesse qui soit au monde se trouue parmy eux. C'estoit donc là la principale batterie que les parens d'Euphrase pointoient contre son affection pour Peregrin. mais l'amour qui égale les inegalitez, & qui vnit les choses les plus esloignees, tenoit fort dans son cœur, & surmontoit ces foibles oppositions. Elle confesse qu'elle l'ayme, & l'ayme tellement, qu'il n'y a plus de place en son cœur pour aucun autre: & que si on luy refuse cet homme pour mary elle espousera vn tombeau. Les parens apres auoir employé les moyens les plus doux, & les persuasions qui leur sem-

Ff iiij

bloient les plus iustes & raisonnables pour la guerir de cette passion, & la destourner de l'inclination qu'elle auoit pour ce personnage, voyans ces remedes inutiles, parce que cette affection auoit ietté de trop profondes racines en son ame, se seruent de leur authorité pour arracher cette folie de son esprit par des moyens plus rudes: ils luy defendent la communication auec Peregrin, & menacent de faire vn mauuais tour à ce ieune homme s'ils s'apperçoiuent qu'il pratique leur fille, & qu'il continuë auec elle ses intelligences. Mais que ces defences sont friuolles contre vne si puissante passion que celle qui anime ces ieunes gens: au lieu de les desjoindre ils les resserrent & vnissent plus, n'y ayant rien qui soit plus desiré que ce qui est plus defendu, & la contrarieté picquant l'appetit de la mesme façon qu'en hyuer le feu est plus ardant quand le froid est plus aspre. Les inuentions de s'entreuoir ou de s'écrire furent plus subtiles en ces esprits que les empeschemens de ceux qui espioient leurs actions, & quelque remonstrance que les parens d'Euphrase luy fissent elle demeuroit tousiours ferme en sa resolution. Ils creurent que l'vnique moyen de la vaincre estoit de la donner à vn autre que Peregrin: ils luy cherchent donc vn party conuenable, & ayant trouué Domnole, ieune hóme égal en biens & en naissance, & disposé à prendre Euphrase pour femme si elle le vouloit pour mary, ils pressent cette alliance autant qu'ils peuuent, & la fille y resiste de toutes ses forces. Quelque mauuais traittement qu'elle fist à Domnole pour l'esloigner d'elle il auoit trouué sur son visage des traits si charmans qu'il ne se pouuoit empescher de la desirer, & ayant la parole des parens il esperoit tousiours que cette fille seroit trop foible pour y resister long temps, & qu'en fin elle seroit contrainte de se rendre à leur volonté: & d'effect ses parens la tiennent prisonniere, & luy font sentir tant de rigueurs que resolue de sortir de tant de peines par vne mort, puis qu'aussi bien toute esperance de posseder Peregrin luy estoit ostee. Sur ce furieux dessein elle contrefait la malade, & feint d'estre atteinte d'vn mal de costé si vehement qu'elle en perdit la respiration; chacun sçait que la prompte saignee est le souuerain remede de la pleuresie, & c'estoit à ce dessein qu'Euphrase fit cette feinte, on la saigne donc, & elle fit semblant de se sentir soulagee. Mais voyez son stratageme, apres auoir escrit à Peregrin auec son sang des protestations d'amitié inuiolable, elle luy declare qu'elle se va desbander le bras pour mourir par la perte de son sang, luy iurant qu'elle mouroit à luy, puis qu'elle n'auoit pû obtenir de la cruauté de ses parens de viure sienne. Ayant remis cette lettre à celuy qui luy en faisoit tenir de la part de Peregrin: elle s'enfonce dans son lict, & desbande son bras, resoluë de se laisser desfaillir par l'écoulement de son sang. Et sans doute sa pensee eust esté suiuie de l'effect, si par vn bon-heur inesperé sa mere la venant voir ne l'eust trouué éuanoüie, & toute baignee dans son sang. Elle crie aussi tost au secours, & quelque diligence que l'on apportast elle en auoit tant perdu qu'elle demeura en sincope quelques heures sans pouuoir reuenir de cette pasmoison, si bien que le bruit courut aussi tost par toute la ville qu'elle estoit morte : Quelques Medecins mesmes de ceux qui la virent en cet estat la tindrent pour passee, & Peregrin ayant receu cette triste nouuelle d'vn d'entr'eux, appliquant trop promptement sa creance à cet accident, resolut de quitter pour iamais vne terre où il ne pourroit viure sans mourir tous les iours mille fois par la violence de ses desplaisirs. Il monte à cheual, & s'estan durant la nuict desrobé de la veu͡e des siens, il s'en va du costé d'Italie, où il auoit determiné de se retirer si Domnole eust sur son visage espousé sa maistresse. Il s'en va donc rongé de plus de regrets que l'esté n'a de fueilles, & faisant deux fleuues de ses yeux il estoit mal-aisé de iuger s'il alloit ou par eau ou par terre. Cependant qu'il s'esloigne d'Euphrase, qu'il tient pour morte, cette fille secouruë de beaucoup de remedes reuient de bien loin saluer la vie: mais si pasle & deffaicte, que la mort mesme ne l'eust pas prise pour vne personne viuante: elle fut vn an tout entier dans le lict comme paralitique, & comme on ne la voyoit point par la ville chacun la tenoit pour morte : ce qui confirma le bruit de sa mort qui fut mandé à Peregrin, qui ayant roulé par l'Italie durant cinq ou six mois, las de trainer dans le monde vne vie vagabonde & miserable, se resolut de se faire Moine, & d'enseuelir dans vn Cloistre tous ses desplaisirs. Ce fut en Sicile, cette Isle qui en fertilité n'a point la pareille au monde, qu'il se ietta dás vn Conuét, & pource qu'il n'auoit point de lettres, ne pouuant estre Prestre, il se contenta de la qualité de Frere-lay, l'an de son Nouiciat expiré il fut admis à la profession dont il fit sçauoir la nouuelle en son pays auant qu'on sceust qu'il eust pris l'habit de Moine. Cependant Euphrase soit par sa bonne constitution, soit par la vigueur de sa ieunesse, soit par l'assistance des siens reuint à conualescence & peu à peu reprit cet embonpoint & cette beauté dont l'idée ne s'estoit point effacée du souuenir de Domnole, le temps l'ayant renduë plus sage & ayant eu tout loisir dans le lict de se repentir de sa folie qui l'auoit mise sur bord des deux morts temporelle & eternelle elle prit vn meilleur conseil, & sur l'auis qu'elle eut que Peregrin s'estoit faict moine & auoit faict profession ; elle crût que ce seroit vne vanité toute pure de penser dauantage à luy, veu mesme qu'vne longue absence ayant passé l'esponge sur les traits de son visage qu'elle auoit empraints dans le cœur, & tout espoir de le posseder luy estant osté il n'y auoit plus d'apparence de se tourmenter pour cette affection. La perseuerance de Domnole luy toucha le cœur, & sans vne ingratitude inexcusable elle crût ne pouuoir luy desnier vne reciproque bien-veillance. Elle luy tesmoigne donc des regrets du passé & luy promit de l'aimer à l'auenir & de rendre à ses parens toute obeissance. Durant que les affaires de ce mariage s'acheminoient Peregrin eut auis que cette Euphrase qui auoit esté morte en son opinion durant deux ans estoit encore en vie aussi belle que iamais & preste de se rendre aux desirs de Domnole sur la nouuelle que'le auoit euë qu'il s'estoit couuert d'vn froc. Quel assault au cœur de nostre Moine qui ne s'estant ietté dans le Cloistre que par melancolie & par desespoir se repentit aussi tost d'vn effect dont la cause estoit fausse. Apres quelques resueries & consultations il se desrobe du Cloistre va à Rome pour se faire dispenser de ses veux. Il y remonstre qu'il estoit dans le monde engagé de parole & par escrit à vne fille à qui il auoit donné sa foy & de qui il l'auoit receuë. Que la croyant morte

pressé de desespoir il s'estoit ietté dans l'estat monastique où il ne fust iamais entré s'il l'eust sceuë en vie, qu'ayant depuis esté aduerty de sa conualescence il demanda l'absolution des veux qu'il auoit faits sur cette fausse opinion. Soit donc qu'il obtint ce qu'il demandoit, soit qu'il fust refusé, tant y a que quittant l'habit & ayant des lettres de dispense (fausses ou vrayes c'est ce que ie ne sçay pas) il va en diligence en son pays, & s'y rencontre comme les accords de mariage d'Euphrase & de Domnole estoient desia faits & les fiançailles sur le point d'estre celebrees. Il forme son opposition, & ayant parlé à Euphrase à qui il raconta l'histoire de sa vie depuis son absence, cette fille soit quelle eust tourné toute son affection vers Domnole, soit quelle eust vne secrette auersion de tomber entre les bras d'vn Moine deffrocqué, soit qu'elle eust
quelque

que'que soupçon que la dispence de Peregrin ne fust pas legitime, tant y a qu'elle tesmoigna assez à Peregrin qu'elle auoit changé d'humeur & d'inclination, & que le trouble qu'il venoit faire à sa feste ne luy estoit pas agreable : ce qui mit Peregrin en tel desespoir qu'il se resolut de mourir ou d'oster la vie à Domnole, & d'effect allant bien armé pour l'attaque en quelque lieu qu'il le rencontreroit. Domnole en estat auerti n'alloit plus que bien accompagné & en deliberation de se deffendre; il fiança Euphrase sur le visage de Peregrin qui tenant cela pour affront boüilloit d'vne extreme colere. Colere qui l'aueugla de telle sorte que comme vn sanglier furieux qui se iette au trauers d'vne meutte de chiens ; tout seul auec vn courage ou plustost vne rage incroyable, il se ietta au milieu de ceux qui accompagnoient Domnole qu'il appeloit le voleur de son bien, & l'ayant blessé legerement il fut aussitost accüeilly de tant d'espees, que lardé de toutes parts il vomit ainsi son ame auec son sang. Cette mort ne fut pas vangee, parce qu'il auoit esté l'attaquant, & les autres n auoient esté que defendeurs. Ainsi finit cet homme à qui la credulité trop prompte fit faire vne échappee telle que nous l'auons depeinte : & Domnole estant guery espousa Euphrase, apres vne longue patience, auec des contentemens qui ne se peuuent dire.

Le Violement.

HISTOIRE XVII.

Elon noſtre commune façon de parler nous appelons Amitié la bienveillance d'hôme à homme, ou de femme à femme, & l'Amour celle d'homme à femme, ou de femme à homme. Mais combien ſont grands les auantages de l'amour ſur l'amitié? & combien ſon feu eſt il plus cuiſant & plus actif, puis que l'amour faict violer les loix de l'amitié les plus inuiolables? Tandis que Straton & Antonian eſtoient garçons ce n'eſtoit qu'vne ame en deux corps, rien ne les pouuoit ſeparer, meſmes deſplaiſirs & meſmes ioyes, meſmes intereſts, meſmes paſ-

Gg ij

se temps : tout estoit commun entre eux, & nul ne pouuoit dire quelque chose sienne, puisque chacun estoit plus à son amy qu'à soy-mesme: Ce pendant l'amour dont la vertu est si vnissante, met de la diuision en cette amitié par la rencontre que vous allez entendre. Apres qu'ils eurent passé ensemble leurs plus vertes annees, & que les plus forts mouuemens de la ieunesse estans refroidis, ils voulurent penser à leur fortune : ils penserent que l'vnique moyen de se retirer de toute desbauche, & de prendre vn train de vie plus reiglé & plus asseuré c'estoit de se marier. Tandis qu'ils sont en cette queste Straton fit rencontre de Menodore, ieune Damoiselle fort vertueuse & de bon lieu, & qui aux moyens & à la bonne naissance ioignoit vne beauté qui n'estoit pas des vulgaires. Ce fut là le bel object qui fit conqueste de son humeur auparauant volage & qui triompha de sa liberté. D'abord à ce lieu d'honneur que par la porte du mariage ny il n'en falloit pas esperer ny luy-mesme n'y auoit pas d'autre pretention, conduisant donc sa barque selon ce dessein, il sceut si bien mesnager le vent de sa bonne fortune & se trouua si bon Pilote qu'il arriua apres vne sage & heureuse recherche au port desiré. Antonian qui par le droict d'amitié prenoit part à tous les interests & à tous les contentemens de son Amy fut extremement aise de voir qu'il eust si heureusement rencontré en vn marché qui reusissoit à si peu de gens. Ce mariage de Straton & de Menodore se pouuoit dire tout de roses si l'amitié d'Antonian n'y fust venu semer des espines sanglantes dont les funestes effects apparoistront au progrez de ce narré. Quelque societé & communion qui soit entre des Amis chacun sçait qu'elle ne passe point iusques aux femmes, & que le lict non plus que le trône ne veult point de compagnon ; neantmoins la familiarité que l'infidele Antonian auoit chez Straton son amy luy ayāt donné suiet de ietter sur Menodore des yeux pleins d'adultere, il vint par ces regards inconsiderez aux desirs illicites, & de ces desirs aux complaisances, aux entretiens, aux affetteries, aux caiolleries qui ont de coustume de preceder les mauuais desseins. Menodore qui estoit l'honnesteté mesme, & qui ne voyoit que par les yeux de son mary, voyant l'estat qu'il faisoit de l'amitié de cet hōme qu'il tenoit vn autre soy-mesme ne pouuoit qu'elle ne l'estimast & en suitte qu'elle ne luy fist tous les accueils que la bien-seance & la pudeur peuuent permettre ce qui estoit pris par Antonian pour des faueurs nourricieres de ses esperances (tant il est vray que nous nous promettons aisement ce que nous souhaittons auec passion:) Au commencement il se conduisoit auecque tant d'accortise pour n'offencer par ses priuautez les yeux de son Amy & ne luy donner à connoistre l'alteration de son ame que Menodore mesme ne sçauoit que iuger de ce dissimulé qui contrefaisant le reserué encore qu'il fust bien esmeu souffloit le chaud & le froid d'vne mesme bouche: Car aux loüanges qu'il luy donnoit de sa beauté, de sa bonne grace, de sa gentillesse, par où il taschoit de preparer son cœur aux impressions de sa passion, il en adioustoit tant d'autres de son Amy, l'estimant heureux d'estre possesseur d'vn tel tresor, qu'il estoit mal-aisé de deuiner s'il la loüoit ou à cause de luy ou pour l'amour d'elle. Mais en fin pressé de la violence de ses desirs il luy falut parler plus clairemēt: car Menodore qui n'euft iamais imaginé vne ſi laſche trahiſon en vn tel Amy ne reſpondoit que par compliment à toutes ces caiolleries, & luy teſmoignant plus d'honneur & moins d'Amour qu'il ne deſiroit; il bruſloit à petit feu aupres de ſon remede, experimentant qu'il n'y a point de plus grande geſne que la preſence d'vn obiect ſouhaitté & deffendu. Il ſe deſcouurit donc & par vn coup ſinon de lancette au moins de languette il fit ſortir le pus infame de l'apoſtume qu'il auoit dans le cœur. De vous dire auecque quelle eſmotion & tremblement il s'exprima, & combien il apprehendoit le refus ou d'eſtre deſcouuert, c'eſt ce qui ne ſe peult repreſenter aſſez viuement par des paroles. Le criminel qui paroiſt deuant ſon Iuge pour eſtre interrogé, & ſur ſes reſponces receuoir l'arreſt de ſa vie ou de sa mort n'est point en vn plus grand desordre d'esprit qu'estoit Antonome : Mais le trouble n'estoit pas moins grád en l'ame de Menodore, car quand elle eust rencontré vn serpent, que disie, mais vn lyon rauissant en son chemin vne plus grande frayeur n'eust pas rauagé sa raison : Elle ne luy respondit que par le silence, & silence non de consentement, mais d'horreur. Antonian lisant assez sur la palleur de son visage & dans ses yeux égarez la confusion de ses pensees. A la fin quand vn peu de loisir luy eut donné le moyen de r'appeler ses esprits elle fit des reparties à Antonian telles que deuoit faire vne Dame qui prefere l'honneur à la vie, luy resmoigne auoir vne merueilleuse indignation de ce qu'il auoit esté si temeraire de soüiller ses oreilles de propos si esloignez de son deuoir. Alors Antonian se tint pour ruiné, lisant dans ce front honorable les presages de son malheur, & craignant de perdre en mesme temps son Amour & son Amitié qu'il tenoit pour les biens les plus precieux qu'il eust au monde. Ayant donc recours à la ruse pour reparer la faute qu'il venoit de commettre, il s'auisa d'vn prompt stratageme, faisant croire à Menodore que ce qu'il en auoit fait estoit du conseil de Straton qui l'auoit prié de la tenter de la sorte pour connoistre si son honnesteté estoit à l'espreuue des muguetteries. Cette femme qui estoit vne Colombe simple & sás fiel crût ce discours qu'il colora de beaucoup d'apparence, & ne garda aucune haine contre sa malice, croyant qu'il auoit en son action suiuy le dessein de son mary, mais il luy resta contre Straton quelque petite fascherie, voyant que sans luy auoir doné aucun suiet de soupçon il estoit entré en deffiance de sa fidelité. Toutefois elle s'appaisa venant à penser qu'il la consideroit comme femme, c'est à dire, comme vn roseau fragile & capable d'estre plié par toute sorte de vents. Depuis ce temps là Antonian marcha plus retenu en sa conduitte & ne traittant auec elle que d'vne façon fort modeste, il luy donna suiet de croire ou que ce qu'il luy auoit dit faussement estoit vne verité, ou qu'il auoit perdu la passion qu'il auoit trauaillé pour elle. Mais le meschant a bien d'autres pensees, car comme l'orgueil s'esleue tousiours, aussi la malice d'vn cœur depraué augmente sans cesse : il faict dessein d'attacher la peau du lyon ou celle du renard n'auoit pû atteindre, & de faire (pour venir à bout de sa malheureuse pretension) que la force suppleast au deffault de la ruse. Aussi bien ne voyoit-il aucune apparence d'acquerir de bon gré aucune faueur de cette femme honorable. Il luy fut aisé d'en trouuer l'occasion, car estant aussi souuent dans la maison de son Amy qu'en la sienne, & y viuant aussi librement que chez soy; il sceut que les affaires de Straton l'obligeoient d'aller à Paris pour la sollicitation d'vn procés, deliberant durant cette absence de faire son coup, & de satisfaire à son desir, sinon par Amour, au moins par violence. Straton part luy recommandant sa femme & sa maison, ce qu'il n'eust pas faict si Menodore l'eust auerty de l'attente qu'Antonian auoit voulu par ses persuasions faire à sa pudicité. Mais cette femme ayant pris la tromperie de ce meschant Amy pour vne chose vraye, & voyant que depuis il s'estoit tenu en deuoir, n'auoit pas voulu en parler à Straton de peur de mettre de la diuision entr'eux, & mesme de peur de tomber en des paroles aigres auecque luy en luy reprochant sa deffiance. Voila donc la brebis en la garde du loup qui ne manquera pas de faire son coup quand il en verra l'occasion fauorable. Il la trouua aussi tost, car la porte de la maison de Straton luy estant aussi ouuerte que la sienne faisant vn iour semblant de s'estre arresté à la chasse iusques à la nuict aux enuirons il y vint auecque deux valets menans des chiens & ayans des harquebuses. Il y est receu par l'innocente Menodore comme le maistre de la maison ; Straton voulant qu'on l'honorast & seruit chez luy comme luy mesme. Il se serre au departement qu'on auoit accoustumé de luy donner apres auoir faict la meilleure chere dont se pût auiser Menodore. Luy qui sçauoit toutes les addresses de la maison, & qui peult estre auoit gaigné par argent quelqu'vne des seruantes de Menodore ne manqua pas sur le milieu de la nuict de venir en la chambre de cette femme d'honneur accompagné de ses deux satellites. De vous dire l'estonnement de cette Dame il n'est pas necessaire, tant y a que pour passer legerement sur ce pas glissant, voyant qu'il ne pouuoit rien tirer d'elle de bonne volonté contre son deuoir à l'aide de ses deux valets il força ceste desolée & en arracha brutalement le plaisir qu'il auoit si long temps desiré & si vainement recherché. Il n'est point icy question de representer les douleurs de l'vne & le remords & le repentir de l'autre. Ie diray seulement qu'apres auoir assouui son appetit desordonné il se retira en sa maison & ayant ramassé la plus grosse somme qu'il pût sachant qu'apres vn tel acte il ne feroit pas seur pour luy en France, il passa en la Hollande pour y trouuer dans la guerre, dont elle est le theatre, vne mort plus honorable que ce que vous venez d'entendre de sa vie. Straton est auerty de ce violement par sa femme qui eut de la peine à le croire si forte estoit en son ame la bonne opinion qu'il auoit de ce faux Amy. Sa seule fuitte fit qu'il le iugea coulpable, & s'il fust demeuré en sa maison difficilement eust-il cru ce traict de luy, & eust plustost dementi le rapport de sa femme. Au lieu donc de courir apres pour se vanger d'vn si notable affrót, il ne daigna pas seulement en faire instance en Iustice, peult-estre, pour ne publier sa honte qui estoit connuë de peu de gens, peult-estre aussi pour ne pouuoir & ne vouloir prester la main à la ruine de cet Amy, & peult-estre encore pour estre cette offence de celles que la Noblesse tient ne se pouuoir reparer que par l'espée. Tant y a que Menodore voyant que son mary ne faisoit point estat de tirer sa raison d'vn tel outrage s'en plaint à ses parens qui blasmans la stupidité & insensibilité de ce mary entreprennent l'affaire en Iustice, font confisquer tous les biens d'Antonian adiugez à Menodore pour reparation du tort, & le font condamner à perdre la teste, son absence le garantit du supplice, non de la confiscation. Straton estant de retour de Paris, au lieu de consoler sa femme sur cet accident & de luy permettre de s'en vanger, non seulement la mesprise & la reiette comme vne personne infame & soüillée, mais la gourmande & maltraitte, comme si elle eust apporté quelque sorte de consentement au rapt d'Antonian. Ce qui met cette femme en vn tel desespoir que se retirant d'auprés cet indigne mary, elle se mit dás vn Monastere pour y viure en cloen closture en son habit seculier. Ce pendant Ligor, l'vn des plus proches parens de Menodore, & son cousin germain, qui au nom de tous les autres parens & d'elle auoit faict condamner Antonian à ce que nous auōs dit, estant tombé en propos auec Straton, & luy ayant reproché sa lascheté & sa bestise receut de cet homme des reparties si aigres que venus d'vne parole à autre aux plus sensibles reproches & outrages qui se puissent faire, sur le champ ils mirent la main à l'espee, & Ligor legerement blessé coucha Straton roide mort sur la place. Antonian ayant appris la mort de Straton s'en resioüit extremement, croyant que ce fust vne ouuerture pour rentrer en ses biens, & auoir sa grace en espousant Menodore; il fait parler de ce mariage, offrant de reparer le tort qu'il auoit faict à cette Dame en se rendant son mary. Meno-

Amph. Sanglant. Hh

dore qui l'avoit en horreur autant que la mort feignit de prester l'oreille à cette proposition, afin d'attirer cet oiseau dans les filets, & en faire vne curee au bourreau: & d'effect, sur cet espoir il reuint en France, où on luy mit aussi tost le Preuost en queuë, des mains de qui par vn stratageme subtil il eschappa: car estant assiegé dans vne hostelerie, où sans doute il eust esté pris, il donna ses habits à l'hoste qui se monstra en estant vestu, pour amuser les archers tandis qu'Antonian couuert de ceux d'vn valet d'estable se sauua dans la presse. Retourné en Hollande il fut tué en vne rencontre, & Menodore ayant failly à cette prise ne voulut plus viure dans le monde, mais se fit Religieuse, appliquant à vn Hospital tout le bien d'Antonian qui luy estoit adiugé, faisant des despoüilles d'Acá vn anatheme d'oubly, & imitant Iudith, qui ne voulut point tirer à son profit le bagage d'Holoferne qui luy estoit offert. Que de remarques nous presente cette Histoire: la preéminence de l'amour sur l'amitié, la perfidie d'vn amy, la stupidité d'vn mary, l'infortune d'vne honneste femme, la punition humaine & diuine d'vn rauisseur, qui eschappant les mains de la Iustice de la terre tomba en celle du Ciel, & en fin, le bon heur de Menodore, qui par ces tempestes fut poussée au port heureux de la Religion, & sa generosité à mespriser vn bien qu'elle ne pouuoit posseder sans horreur, encore qu'il luy fust acquis legitimement & par la voye de la Iustice.

L'Intrigue funeste.

HISTOIRE XVIII.

La Cour d'vn Prince de l'Empire, Souuerain en ses terres (ie ne le veux point nommer autrement) il arriua, il n'y a pas beaucoup d'annees, vn Intrigue qui produisit diuers effects miserables. Ce Prince estoit veuf, & parmy plusieurs enfans masles il auoit vne seule fille, qu'il éleuoit auec tout l'honneur & toute la gloire digne de sa naissance : il luy donna pour gouuernante vne Dame, vefue d'vn Gentil-homme qui auoit esté son Maistre d'hostel, & de qui la vertu luy estoit connuë par experience, parce qu'estant ieune & belle le Prince mesme en ses premiers ans en auoit esté passionné, & ce pendant il n'auoit iamais pû par presens ny par aucuns artifices corrompre son courage, ny arracher d'elle aucune faueur preiudiciable à son honnesteté, & quelque bruit qui couruſt au contraire, selon les mesdisances si communes à la Cour: le Prince assés facile à vanter ses conquestes luy rendoit toutefois ce tesmoignage glorieux, que de toutes les places qu'il auoit attaquees celle-là seule luy auoit esté inuincible. Cette Dame que nous appellerons Milburge ayant pris la conduitte de la Princesse, à qui son pere laissa les mesmes Damoiselles & presque le mesme train qu'auoit sa mere defuncte, s'y gouuerna auec tant de prudence que le Prince auoit occasion de se loüer du choix qu'il en auoit faict pour esleuer sa fille à toute sorte de bienséance. Milburge n'avoit qu'vne fille nommée Iuliane, & vn fils appellé Victorin, qui passerent avec elle dans la maison & au seruice de la Princesse, celle-là fut rangée parmi les Damoiselles, cestuy cy fut fait Escuyer. La consideration où estoit Milburge, tant pour sa propre vertu que pour sa charge, fit que les enfans furent regardez avec respect, la faueur & le credit estans les deux astres que les Courtisans adorent. Iuliane estoit lors en cette fleur de beauté qui avoit autre fois rendu sa mere si agreable aux yeux du Prince. Vn des illustres Seigneurs de la Cour, que nous nommerons Aristion, l'avoit souuét caiollée, mesme deuant qu'elle entrast au seruice de la Princesse, il continua cette muguetterie lors qu'elle fut à la Cour, & comme il avoit vn fort libre accés chez la Princesse il y voyoit assez souuent Iuliane de qui il se rendit serviteur particulier. Des-ja le bruit couroit qu'il espouseroit cette fille, car vous pouuez penser qu'elle estoit sous la discipline d'vne mere qui la gardoit comme le Dragon les pommes d'or, & qu'ayant elle mesme resisté aux poursuites du Souuerain, vn de moindre qualité ne deuoit pas aspirer à la fille que par la porte de l'Eglise, je veux dire du mariage. Mais parce qu'il y auoit vne disproportion extreme entre la qualité d'Arillon & celle de Iuliane tous les parens de ce Seigneur prierent le Prince d'entremettre son authorité pour arrester le progrés de cette recherche que ce Seigneur faisoit. Mais la defence picqua son desir, c'est pourquoy le Prince mesme conseilla qu'on vsast de diuersion, comme du remede le plus salutaire que l'on pûst employer en cette ardente maladie. Edilberte, jeune Damoiselle de l'vne des plus nobles maisons de l'Estat, au reste belle & riche, fut trouuee propre à mettre deuant les yeux d'Aristion, qui d'vn costé menacé de la disgrace du Prince s'il continuoit de seruir Iuliane, & de l'autre, alleché par le plaisir, l'honneur & le profit qu'il pouuoit esperer de l'alliance d'Edilberte, prit aussi tost le change, faisant voir que de ceste inconstance qu'on loge toute dans le cœur des filles, il y en a vne bonne partie dans le cerueau des hommes. Comme il est mal-aisé de cacher son feu quand on aime, il est aussi difficile de dissimuler sa froideur quand on n'aime plus. Aristion s'escartant de la frequentation de Iuliane, qu'auparauant il recherchoit auec des soins si exacts, luy donna assez à connoistre que le vent auoit tourné la girouette d'vn autre costé, & que quelque autre obiect l'auoit supplantee de l'affection de ce volage : comme elle s'apperceut de sa perte elle ne fut pas long-temps à reconnoistre la conqueste qu'Edilberte, l'vne de ses compagnes, auoit faite des inclinations d'Aristion, de quoy elle auertit sa mere, qui tenant comme vne chose asseurée l'alliance de ce Seigneur & de sa fille, fut extremement troublee de cette nouuelle qui luy arrachoit des mains, selon son opinion, vne bonne fortune. Comme elle estoit femme d'esprit, & qui sçauoit les ruses de la Cour, elle consola sa fille, & luy defendant d'en faire plus mauuais visage à Aristion, mais de dissimuler son mal, & de feindre d'ignorer la nouuelle passion qu'il auoit pour Edilberte, elle luy promit de faire en sorte qu'il quitteroit cette maistresse derniere pour reuenir à elle, pourueu qu'elle ne le confirmast point en son in constance par des rebuts & des desdains, n'y ayant rien qui guerisse plustost d'amour vn grand courage que le despit de se voir mesprisé. Ce precepte tiré de la prudence mondaine fut cause de la ruine de Iuliane, comme vous entendrez. Milburge femme acorte, & qui sçauoit les intrigues de la Cour, n'ignoroit pas vne ancienne affection qui estoit de longue main entre Edilberte & Policarpe, ieune Gentil-homme, des plus beaux & des plus accomplis qui fust à la Cour, comme elle estoit honneste & tendoit au mariage, aussi estoit elle forte & si puissante que la consideration de la grandeur d'Aristion, qui estoit sans doute de tout autre rang que Policarpe, n'estoit point capable d'esbranler la fidelité d'Edilberte : de là Milburge prit occasion de parler à Policarpe, & de luy donner de la ialousie sur la recherche d'Aristion qui s'estoit faict son rival, picqué de cette passion il voit Edilberte, & luy tesmoigne son ressentiment, encore qu'elle fust vn peu fachee que cet ombrage luy donnast des doutes de sa constance, si est ce qu'elle luy fit de nouuelles protestations de sa foy, & luy promit de traiter si rudement Aristion, & auec tant de mespris, qu'elle le contraindroit de se retirer d'elle, en la mesme façon que pour sevrer les enfans on frotte la mammelle de la nourrice auec du chicotin. Et d'effect elle executa si fidelement ses promesses qu'Aristion qui pensoit (& il estoit vray) luy faire beaucoup d'honneur de la rechercher, ne pouuant supporter l'insolence de ses mespris, ny les outrages qu'elle luy faisoit, se retourna selon le dessein de Milburge vers Iuliane, qui par le conseil de sa mere au commencement le vit comme vn volage, meſlant les rebuts auec tant d'attraits, que ſi elle tuoit d'vn coſté elle reſuſcitoit de l'autre, & pour échauffer dauantage ſa renaiſſante paſſion elle imita l'induſtrie des forgerons, qui auec de l'eau embraſent plus fort les charbons de leurs fournaiſes, car feignant depuis qu'Ariſtion l'auoit quittee pour s'amuſer apres Edilberte, qu'elle auoit tourné les yeux vers le beau Policarpe, que toute la Cour regardoit comme vn Medor, par cette ruſe elle redoubla la paſſion d'Ariſtion, n'y ayant rien qui augmente dauantage la flamme de l'amour que le vent d'vn riual. Et cóme Milburge eſtoit artificieuſe elle gaigna cela ſur l'eſprit de Policarpe, de luy perſuader de carreſſer ſa fille à la veuë d'Edilberte, tant pour donner de la ialouſie à Ariſtion que pour ſe rendre plus recommendable à cette fille, qui en deuint (tant elle eut peur de le perdre) beaucoup plus amoureuse. Mais si les parens d'Aristion, à cause de l'inegalité de Iuliane, empeschoient autant qu'ils pouuoient cette alliance, ceux d'Edilberte qui desiroient auec passion que leur fille eust Aristion pour mary, faisoient tous leurs efforts pour empescher le progrés de l'affection qu'elle témoignoit pour Policarpe: cependant Aristion ayant repris ses premieres erres autour de Iuliane, & ayant, ce luy sembloit, supplanté son riual par les nouuelles fidelitez qu'il auoit iurees à cette fille, sans plus songer à Edilberte, se donna tellement à elle qu'il la tira totalement à soy: Milburge en estoit bien aise, & certes son conseil n'eust pas mal reüssy si les choses en fussent demeurees en ces termes: mais qu'il est mal-aisé de dóner vn temperamment à cette passion violente qui met sa perfection dans les extremitez, & que ces meres sont peu iudicieuses qui iettent leurs filles dans les flammes & ne veulent pas qu'elles y bruslent, & que leur renommee & leur vertu s'y consument. Oyez la folie de la fille d'vne sage mere : folie qui ne peut receuoir d'excuse que par l'aueuglement de l'amour. Iuliane de peur de perdre encore vne fois Aristion, qui auoit pensé luy eschapper, se mit si auant dans le pouuoir de la fortune, que cette aueugle deesse estant conduite par vn aueuglé amour, il ne se faut pas estonner si cette fille inconsideree tomba dans le precipice. Il me semble que ie n'ay pas besoin de m'expliquer dauantage pour representer sa cheute. Sotte fille, qui de peur de perdre Aristion se perdit elle mesme de reputation & d'honneur. Ce Seigneur l'eust espousee, mais ses parens faisoient vne telle instance auprès du Prince pour empescher ce mariage, qu'il n'osa le publier, se contentant de luy faire vne promesse, & là dessus d'entrer en possession de ce qui ne se doit iamais cueillir que dans vn Hymen solennel. Milburge ne sçauoit rien de cette accointance, esperant tousiours que la Princesse qu'elle auoit en gouuernement obtiendroit à la fin de son pere la permission du mariage d'Aristion & de Iuliane: mais par le fruict l'arbre de cette mauuaise pratique fut découuert, & Iuliane deuenant plus large qu'elle n'eust voulu fit connoistre à sa mere, qui auoit bon nez, qu'il y auoit de l'ordure en son faict. Cette Calipse reconnuë enceinte, imaginez-vous quelle rumeur parmy les Nymphes de la Princesse, qui estoit leur Diane. Ce crime ne pouuoit auoir esté cómis qu'au milieu de la Cour, & dans vne maisõ presque aussi sacree qu'vn Temple. Les Princes sont extremement ialoux de la gloire de leurs maisons, & quiconque en viole le respect est tenu pour criminel de leze Maiesté. Sãs la promesse & le voile du mariage c'en estoit faict, & Iuliane & Aristion eussent finy leur amour auec leur vie. La Princesse irritee chasse honteusement Iuliane de sa suitte, & le Prince oste le gouuernement de sa fille à Milburge, & pour reparation de ce tort faict à la maison de la Princesse, Aristion est condamné à espouser Iuliane, ou à perdre la teste. Les parens qui desirent sa vie consentent à ses nopces, qui se font assez tristement loin de la Cour, & auec la disgrace du Prince & de la Princesse. Voila les miseres où l'inconsideration de la ieunesse porte ceux qui s'y laissent transporter, & comme vne mere tres-sage boit l'amertume

mertume que luy a preparee la sottise de sa fille. Victorin, aussi fils de Milburge, fut chassé au mesme temps, encore que son innocence & ses seruices plaidassent assez hautemét pour sa conseruation. Aristion & Iuliane estans mariez, & leur premiere ardeur estant esteinte par la liberté maritale, ce Seigneur ne regarda plus sa femme que comme sa pierre d'achopement, & Iuliane ne le consideroit que comme la cause de sa cheute. Vous pouuez penser qu'en cette humeur ils ne furent pas long-temps en bonne intelligence : Aristion qui estoit des principaux Seigneurs de l'Estat, auoit trop d'appuy & d'amis à la Cour pour n'y estre pas rappellé. Il laisse sa femme en la solitude de la campagne, & s'en va à la Cour y iouïr des passetemps & des delices qui y sont ordinaires. Quel creue-cœur ce luy fut de voir sur son visage faire les nopces auec honneur & appareil du beau Policarpe & de la belle Edilberte, le plus beau couple qui fut lors à la Cour : les magnificences y furent grandes, l'appareil riche & somptueux, & digne du courage de l'vn & de la richesse de l'autre. Les parens d'Edilberte voyans Aristion marié à Iuliane, & ne pouuans arracher de l'esprit de leur fille l'affection qu'elle auoit pour Policarpe, se resolurent enfin de luy permettre de l'espouser, ce ieune Gentil-homme ayant d'ailleurs tant de charmes & d'agreables qualitez pour se faire aimer, qu'il estoit communement tenu pour le plus accomply & le plus aimable Cheualier de la Cour. Ce ne fut point sans ialousie qu'Aristion vit pleuuoir tant de felicitez sur la teste de celuy qui auoit esté doublement son riual, & qui l'auoit contrepointé en toutes ses deux recherches de Iuliane & d'Edilberte de plus, estant las de Iuliane, qui l'auoit rendu la fable & la risee de ceux qui sçauoient de quelle façon il l'auoit espousee, l'ancien feu qu'il auoit eu pour Edilberte se r'alluma aisement en son cœur: mais il y auoit si peu d'apparence qu'il peust venir à bout de ses pretensions, que le desir d'vn costé & le desespoir de l'autre donnoient à son cœur de merueilleux assauts: & si le mal-heur n'eust secondé son dessein il fust demeuré à vuide: mais la fortune qui ne rit iamais pour tousiours, & qui apres les iours les plus serains faict venir les plus grands orages, changea bien tost en espines les roses du contentement d'Edilberte: ce fut la bonne grace de Policarpe qui fut cause de cette misere, parce qu'aimé par plusieurs Dames il luy fut impossible de ne correspondre pas aux affections de quelques-vnes, & de contenir tous ses

Ii ij

feux dans le sein de celle que Dieu luy auoit donnee pour compagne. Ces passions se rendirent si euidentes qu'elles vindrent à la connoissance d'Edilberte, qui en entra en des ialousies d'autant plus fortes qu'elles sembloient iustes. Aristion qui la voyoit quelque fois en compagnie, ayant remarqué en elle cette mauuaise humeur en fit comme du point que souhaitoit Archimede pour enleuer toute la terre. La femme qui a de fascheuses impressions contre son mary est à moictié renduë à celuy qui la veut perdre, ou du moins elle a de grandes dispositions à écouter ses caiolleries. Aristion qu'elle auoit autrefois regardé comme vn party auantageux & desirable, si elle n'eust point esté preoccupee de passion pour Policarpe, luy reuient à present en l'esprit, qu'elle a vlceré contre l'ingratitude d'vn mary qui la laisse pour d'autres

Prestant donc l'oreille aux discours d'Aristion, qui luy promettoit si elle le vouloit aimer de la vanger des affronts que luy faisoit Policarpe, elle donna sujet à ce Seigneur d'espier les occasions de nuire à ce Gentil-homme: il le trouua aisement, car ayant sceu qu'il voyoit assés priuement vne femme mariée, il en auertit le mary, à qui il promit assistance pour luy faire tirer raison de cet outrage. Ils n'y manquerent pas, car ayant pris le temps que Policarpe alloit voir cette mal-heureuse femme ils tuerent l'vn & l'autre, Aristion accompagnant le mary en cette sanglante deffaicte: le peu de regret que tesmoigna Edilberte de la perte de son mary fit croire qu'elle estoit complice de sa mort, & qu'elle auoit donné auis au mary & conseil à Aristion de faire vne execution si funeste. Il ne restoit plus à Aristion que de se deffaire de Iuliane qu'il n'aimoit plus, & mesme qui luy estoit en horreur, la poison fit l'effect: mais estant ouuerte, la trahison fut reconnuë, & Aristion trouué coulpable de cet empoisonnement. Voila Milburge qui demande iustice tout haut contre ce mauuais gendre, qui niant vn faict si honteux ne laissoit pas de voir Edilberte nouuellement vefue, & de tesmoigner qu'il la desiroit pour femme: mais il y a vne Iustice dans le Ciel qui ne souffre pas que de semblables crimes demeurent impunis. Et tandis qu'à pas tardifs celle de la terre marche vers ces fautes, Victorin, fils de Milburge, & frere de Iuliane, accompagné de quelques-vns de ses amis, entra dans vne maison où estoit Aristion, & se iettant sur luy comme sur le meurtrier de sa sœur, & la cause de la ruine de sa fortune, le massacra sur le champ, & puis se retira hors des Estats du Prince. Le procés fut faict à

Victorin absent, & il fut condamné à la mort, & tous ses biens confisquez: ce qui saisit Milburge d'vne telle douleur qu'elle en deuint malade, & mourut. Edilberte, soit par remords de conscience, soit de peur d'estre recherchee de la mort de son mary & de celle de Iuliane, dont elle estoit en quelque façon coulpable, se ietta dans vn Cloistre, pour y conseruer sa vie temporelle, & acquerir l'eternelle par la penitence. Ainsi se termina assés funestement cet Intrigue de Cour: d'où nous apprendrons que la Cour est vn labyrinthe où beaucoup de gens se perdent & s'égarent, & où il y a des monstres, comme en celuy de Crete, qui deuorent les biens, l'honneur, & la vie de ceux qui s'y engagent & enuelopent.

Fin du Liure deuxiesme.

EXTRAICT DV
Privilege du Roy.

Par grace & Privilege du Roy, il est permis à IOSEPH COTTEREAV Marchand Libraire à Paris, d'imprimer, ou faire imprimer pendant le temps & espace de six ans, à la charge de mettre deux exemplaires en nostre Bibliotheque, vn Liure intitulé : *L'Amphitheatre Sanglant, où sont representées plusieurs Actions de nostre Siecle*, Par *J. P. C. E. de Belley*. Auec defences à toutes personnes de quelque qualité & condition qu'elles soient, Libraires, & Imprimeurs, ou autres, de l'imprimer, ou faire imprimer, vendre, ny distribuer d'autres que de ceux qui auront esté imprimez par ledit COTTEREAV en nostre Royaume, à peine de mil liures d'amende, moitié à nous appliquable, & l'autre moitié audit exposant. Voulant en outre, que mettant au commencement ou à la fin dudit Liure ces presentes, ou vn extraict d'icelles, qu'elles soient tenuës pour signifiees & venuës à la connoissance de tous. Car tel est nostre plaisir. Donné à Sainct Germain, le 10. Nouembre 1629. Et de nostre regne le vingtiesme.

Par le Roy en son Conseil.

DE LA REBERTIERE.

www.ingramcontent.com/pod-product-compliance
Lightning Source LLC
Chambersburg PA
CBHW071713230426
43670CB00008B/999